리처드 포스터

영적 훈련과 성장

Celebration of Discipline

생명의말씀사

CELEBRATION OF DISCIPLINE
edited by Richard J. Foster

Copyright © 1978 by Richard J. Foster.
All rights reserved.

Korean Edition published by Word of Life Press, Seoul, Korea,
1986, 1995, 2009.
Translated and published by permission.
Printed in Korea.

리처드 포스터
영적 훈련과 성장

ⓒ 생명의말씀사 1986, 1995, 2009

1986년 7월 30일 1판 1쇄 발행
1993년 12월 20일   9쇄 발행
1995년 2월 20일 2판 1쇄 발행
2009년 4월 15일   53쇄 발행
2009년 5월 10일 3판 1쇄 발행
2025년 4월 1일   39쇄 발행

펴낸이 | 김창영
펴낸곳 | 생명의말씀사

등록 | 1962. 1. 10. No.300-1962-1
주소 | 서울시 종로구 경희궁1길 6 (03176)
전화 | 02)738-6555(본사)·02)3159-7979(영업)
팩스 | 02)739-3824(본사)·080-022-8585(영업)

기획편집 | 김정옥, 이은정
디자인 | 박소정, 박인선
인쇄 | 영진문원
제본 | 보경문화사

ISBN 978-89-04-15847-8 (03230)

저작권자의 허락없이 이 책의 일부 또는 전체를
무단 복제, 전재, 발췌하면 저작권법에 의해 처벌을 받습니다.

리처드 포스터

영적 훈련과 성장

Celebration of Discipline

추천의 글

내면의 삶에 관한 책은 많이 있지만 진정한 창의성과 지적 진실성이 결합된 책은 많지 않다. 그러나 리처드 포스터의 책은 이 두 가지를 제대로 갖추고 있다. 경건의 고전을 깊이 연구한 그이기에 오랫동안 평가받을 소중한 연구물을 제공했다. 본서가 고전들로부터 도움을 입은 것은 사실이지만 고전에 관한 책은 아니다. 본서는 진정한 창작물임을 보여 준다.

우리가 감명을 받는 것 중에 하나는 특히 본서가 내면의 삶을 포괄적으로 다루고 있다는 점이다. 현대의 많은 저서들이 내면의 삶의 특정 부분을 다루지만 본서는 그와는 다르다. 본서는 놀라우리 만큼 다양한 주제들을 다루고 있다. 그와 같은 새로운 시도는 대부분 본서의 과감성에서 나온다. 저자는 '고백'에서부터 '단순성', 그리고 '기쁨'에 이르기까지 광범위하게 체험을 살피고 있다. 이 작품은 광범위한 독서와 세

심한 사고에서 나온 것이기 때문에 힘들이지 않고 가볍게 읽어 넘길 수 있는 책이 아니다.

통찰의 근원도 다양하다. 물론 그 가운데 으뜸 되는 것은 성경이다. 그 다음은 인정받고 있는 경건의 고전들이다. 저자가 통찰을 얻는 곳은 여기에서 그치지 않는다. 이 책을 주의 깊게 읽는 독자들은 본서가 세상 사상가들의 자료도 많이 사용하고 있다는 것을 곧 알 수 있을 것이다. 저자 자신이 퀘이커교도라는 사실에 비추어 볼 때, 퀘이커교의 고전 저자들의 기여가 두드러져 있는 점은 그리 놀라운 일이 아니다. 여기에는 조지 폭스, 존 울먼, 한나 스미스, 토머스 켈리 등 많은 사람들이 포함된다. 여기서의 목적은 교파주의에 있지 않고 진정으로 초교파적인 데 있다. 왜냐하면 중요한 통찰은 그것이 발생한 어느 한 그룹에 제한되어서는 결코 안 되기 때문이다. 그러므로 우리는 나눔의 보편성의 한 예를 보고 있는 것이다.

'단순성'을 다룬 내용은 특히 가치가 큰데 그 부분적 이유는 단순하게 다루지 않았기 때문이다. 6장에 설명된 '단순성'에 관한 열 가지 '주된 원리'는 영적 생활을 다루는 다른 책들에 나오기에 충분한 이유가 있다. 그곳에 발표된 열 가지 원리는 고대의 지혜에 뿌리를 두고 있지만 놀라울 정도로 현대에 맞게 되어 있다.

저자는 '단순성'에 관한 강조 자체가 덫이 될 수도 있다는 것을 잘 알고 있다. 그러므로 복장에 대하여 '유행을 따르지 말고 필요한 것만을 구입하라.'고 단정적으로 말할 수도 있겠지만 그렇게 말하지 않았다. 만약 그의 이 철저한 제의가 널리 받아들여진다면 광고에 희생되고 있는 사람들로 하여금 거기에서 크게 벗어날 수 있도록 해줄 것이다. 특히 텔레비전 광고에 희생되고 있는 사람들을 말이다. 만약 많은 사람들이 '재물을 쌓지 말라.'는 강력한 명령에 순종한다면 진정한 문화적 혁명이 일어날 것이다.

우리 시대의 가장 큰 문제는 기술에 있지 않다. 기술은 아주 잘 다루고 있기 때문이다. 또한 정치적 문제나 경제적 문제도 가장 큰 문제는 아니다. 이 분야의 어려움은 눈에 크게 띄기는 하지만 파생적인 것이기 때문이다.

가장 큰 문제는 도덕적이고 영적인 문제이다. 만약 우리가 이 분야에서 어느 정도 진전을 보지 못한다면 생존조차 못할지 모른다. 과거에 발달했던 문화들이 쇠퇴한 원인도 여기에 있다. 영적 생활의 연마에 관한 이 깊이 있는 저작을 진심으로 환영하는 것도 이것 때문이다.

엘턴 트루블러드
작가, 신학자, 목회자

감사의 글

초판(1978년)

여러 사람이 함께 힘을 모을 때 가장 좋은 책이 만들어진다. 이 책을 쓰면서 내 삶의 주변에 있으면서 이 책을 위한 아이디어 자료를 준 사람들에게 크게 도움을 받았다. 내가 영적 훈련의 의미와 필요성을 처음으로 깨닫게 된 것은 댈러스 윌러드의 가르침과 그와의 친교를 통해서였다. 그의 삶은 이 책에 있는 원리들을 구현하는 것이었다.

이 책을 여러 번에 걸쳐 기도하며 주의를 기울여 한 줄 한 줄 읽어 준 베스 벌긴의 도움이 컸다. 그녀의 리듬 감각은 이 책을 읽기 쉽게 하는 데 도움이 되었다. 켄과 도리스 보이스는 끊임없는 격려와 열정으로 자신들이 생각하는 것보다 훨씬 많은 도움을 주었다. 콘니 바스도 타이핑과 문법적인 검토로 큰 도움을 주었다. 메리 마이튼은 엉성한 초고에서 마지막 원고에 이르기까지 타이핑으로 수고를 했다. 스탄 손버그는 자신의 말과 삶으로 섬김의 훈련에 대해 가르쳐 주었다. 레이첼 힌쇼는 전문 교정자로서의 능력을 보여주었다. 이 책을 완성하는 마지막 주간 동안 내게 시간을 허락해 준 뉴버그 프렌즈 교회에 특별히 감사를 드린다. 특히 내가 교회의 일을 줄임으로써 나 대신 많은 일을 해야 했던 론 우드워드에게 감사드린다.

아빠가 함께 놀아 주고 이야기해야 하는 시간을 여러 차례나 글 쓰는 데 배려해 준 아내와 자녀들의 인내를 고맙게 생각한다.

2판(1988년)

『영적 훈련과 성장』 초판을 발행한 지 10년이 되었다. 지금도 여러 사람이 함께 힘을 모을 때 가장 좋은 책이 만들어진다는 사실을 깨닫는다. 전과 다른 것은 내가 신세 진 사람들이 훨씬 더 많아졌다는 것뿐이다. 그 동안 수없이 많은 사람들이 격려하고, 도전하고, 정정하고, 내 사고를 자극하는 편지를 보내 왔다. 그 외에도 많은 사람들이, 자신들이 갈등하고 배우고 성장한 일들을 나에게 직접 이야기해 주었다. 이 모든 사람들이 영적 삶에 대해 많은 것을 내게 가르쳐 주어 이 개정판을 내는 데 기여했다.

특히 아내 캐롤린에게 감사해야 하는데, 그것은 아내가 하나님과 동행하는 일에 대해 말로 표현할 수 있는 것보다 더 많은 것을 가르쳐 주었기 때문이다. 아내에게 이 책을 바친다는 헌사는 10년 전보다 더욱더 적절하다고 확신한다. 또 행정을 맡고 있는 동역자 린다 그레이빌이 개정판이 나오기까지 수많은 일들을 지칠 줄 모르고 해준 데 대해서도 감사드린다.

개정판을 쓰면서 어휘의 빈약함 때문에 심히 놀랐다. 아무리 해도 하나님의 진리를 온전히 나타내지 못하고 단편적으로만 표현되었다. 실로 우리는 흐릿한 유리를 통해 보고 있다. 그렇지만 하나님께서는 종이 위에 적힌 단어처럼 그토록 부적절하고 불완전하며 어리석은 것을 사용하셔서 삶을 변화시키는 일을 하실 수 있다는 데 대해 더 깊이 감명을 받았다.

나는 어떻게 하여 이런 일이 일어나는지 모른다. 그것은 은혜의 기적이다. 그러므로 이 책에 있는 내용이 당신의 삶에 영향을 준다면 그건 내게서 나온 것이 아니다. 오직 하나님께 영광을!

3판(1998년)

20년 전 나는 "여러 사람이 함께 힘을 모을 때 가장 좋은 책이 만들어진다."고 썼었다. 10년 전에는 그 고백에 "전과 다른 것은 내가 신세진 사람들이 훨씬 더 많아졌다는 것뿐이다."라는 말을 덧붙였다. 이번에도 마찬가지다. 두 번 세 번 덧붙여야 할 것 같다.

그렇지만 전과 다른 한 가지를 덧붙이자면 늘 확장되던 우리 공동체의 다양한 사람들이 그 이래 사망의 음침한 골짜기를 지나갔다는 것이다. 지금 그들은 그 골짜기의 반대편에서 순전한 기쁨과 완전한 만족 가운데 넘치는 삶을 살고 있음을 믿어 의심치 않는다.

이 여정을 처음으로 지난 사람은 베스 벌긴이었다. 본서를 쓸 때, 필자는 매주 베스를 만났고 그녀는 내 작품을 비평해 주었다. 베스는 시인이었기에 내가 쓴 모든 것을 시인의 안목으로 보았다. 그렇지만 단순히 비평 이상의 것이 일어났다. 풍성하고 지속적인 우정이 생긴 것이다.

그러다가 내가 이사를 했다. 나는 베스와 내가 그 골짜기의 이쪽 편에서 다시 만나게 될 줄 몰랐다. 그런데 우리는 다시 만났다. 우리 둘 다 이번이 마지막일 거라는 생각을 하고 그렇게 말했다. 우린 대화를 나누며 회상했다. 그녀는 나에게 새로운 시를 하나 소개해 주었다. 그런 다음 나는 떨리는 목소리로 『나니아 연대기』 마지막 책의 마무리 문단을 그녀에게 읽어 주었다.

"그러나 그 이후에 일어나기 시작한 일들은 너무도 놀랍고 아름다워서 나는 그것을 글로 쓸 수가 없다. 그래서 우리에게는 이것이 모든 이야기의 끝이다. 그리고 우리가 가장 확실하게 이야기할 수 있는 것은 그들은 모두 그 이후 내내 행복하게 살았다는 것이다. 그러나 그들에게는 이것이 진정한 이야기의 시작에 불과했다. 이 세상에서 그들의 인생 전부와 나니아에서 그들의 모험 전체는 단지 표지와 제목을 쓴 페이지에 불과했다. 이제 드디어 그들은 위대한 이야기의 제1장을 시작하고 있다. 그것은 지상에 있는 어느 누구도 읽지 못한 것으로, 영원히 계속되는 것이며, 다음 장은 앞 장보다 늘 좋아진다."

내가 읽기를 마치자 우리 둘은 완전한 침묵 속에 앉아 있었다. 그런 다음 나는 나의 새 집으로 되돌아 왔다. 머지 않아 베스도 떠나서 음침한 골짜기 건너 편에 있는 새 집으로 갔다.

이런 상실은 우리 모두가 가끔씩, 아니 어쩌면 수없이 많이 맞이해야 하는 현실이다. 그러므로 찰스 웨슬리의 감동적인 글을 들어보자.

혹시 죽음이 나와 내 친구를 갈라놓을 때
주여, 나의 슬퍼함을 꾸짖지 마시고
내 눈물을 보시고 찌푸리지 마소서
지나친 감정에 빠지지 않게 하시고
주 안에 있는
조용한 고통 가운데 울게 하소서.

소멸하지 않는 강력한 소망을 느끼고
그것이 나의 슬픈 마음을 들어 올려
산과 같은 짐을 벗게 하고
사망과 슬픔, 고통에서 벗어나게 하나니
머잖아 난 하나님의 품 안에서
내 친구를 다시 만날 것입니다.

쏜살같이 지나가는 순간들을 조금 더 지나면
죽음이 앗아간 축복들
그것들이 회복되리니
나를 위해 주께서 소환장을 보내시어
이별한 내 친구들을 돌려주실 것입니다
그 영원한 날에.

리처드 포스터

Contents

추천의 글 | 05
감사의 글 | 09
들어가는 글 | 17

01 영적 훈련 자유에 들어가는 문 | 29

제1부 _ 내적 훈련

02 묵상의 훈련 | 47
03 기도의 훈련 | 73
04 금식의 훈련 | 93
05 학습의 훈련 | 114

제2부 _ 외적 훈련

06 **단순성**의 훈련 | 137
07 **홀로 있기**의 훈련 | 162
08 **복종**의 훈련 | 183
09 **섬김**의 훈련 | 205

제3부 _ 단체 훈련

10 **고백**의 훈련 | 229
11 **예배**의 훈련 | 251
12 **인도하심**을 받는 훈련 | 275
13 **축전**의 훈련 | 295

맺는 말 | 311
『영적 훈련과 성장』에 대한 축하의 글 | 313

Celebration
of Discipline

들어가는 글

어떻게 종이 위에 휘갈겨 놓은 것을 하나님께서 사용하셔서 사람들의 머리와 가슴에 그의 역사를 이루시는지, 그것은 나에게 경이로운 일이다. 어떻게 이처럼 휘갈겨 놓은 것이 글자와 단어와 문장이 되고 마지막에는 의미를 갖게 되는지? 오, 우리는 뇌 속의 신경전달물질의 기능에 대해서나 엔돌핀이 학습과 기억에 영향을 미치는 방법에 대해 약간 안다고 좋아할지 모른다. 그러나 우리가 정직하다면 생각 그 자체가 미스테리임을 알 것이다. 그러므로 찬송만이 유일하게 적합한 반응이 될 것이다.

『영적 훈련과 성장』이라는 이 휘갈겨 쓴 것이 출판된 지도 이십 년이나 되었다. 10년이 되었을 때 출판사는 이 책의 지속성과 인기에 놀라, 그 기록을 축하하기 위해 나에게 원작을 개정할 것을 요청하였고 나는 기쁘게 그렇게 했다. 그리고 이제 20년이 지났는데도 이 수수께끼 같은 일이 계속되고 있다. 웬 일인지(누가 그것을 설명할 수 있을까?) 사람들은 계속 이 책을 통해 일상에서 하나님과 동행하는 일에 도움을 받는다. 20주년을 축하하기 위해 출판사는 나에게 서문을 써 달라고 했고 이번에도 나는 기쁜 마음으로 응한다. 출판사의 요청에 응하면서 독자가 들고 있는 책이 어떻게 해서 생겨났는지 그 경위를 말하는 것이 적합할 것 같다.

영적 파산

신학대학원을 갓 나왔을 때 나는 세상을 정복할 것 같았다. 내가 처음 부임한 곳은 남 캘리포니아의 번창하는 지역에 있는 작은 교회였다. 나는 생각했다. '여기는 내가 교단의 지도자들에게, 아니 온 세상에 나의 능력을 보여 줄 수 있는 기회야.' 정말이지 사탕보다 훨씬 더한 비전들이 내 머릿속에서 춤을 추고 있었다. 전임 목사님이 내가 임명된 사실을 알고서 내 어깨에 손을 얹고 "자, 포스터, 이젠 당신이 사막에 있을 차례야."라고 말했을 때 약간 냉정해졌다. 그렇지만 '냉정함'은 잠시 동안만 지속되었다. '이 교회는 언덕 위에서 비치는 빛이 될 거야. 사람들이 몰려들 거야.' 이렇게 나는 생각했고 믿었다.

3개월쯤 지났을 때, 나는 내가 아는 모든 것을 그 작은 교인들에게 다 주었다. 그런데도 그들에게 아무 도움이 되지 않았다. 더 이상 줄 것이 없었다. 나는 영적으로 파산하였고 나는 그것을 알아챘다. '언덕 위에서 비치는 빛'도 사라졌다.

나의 문제는 이번 주일에서 다음 주일까지 말할 것을 준비하는 것만이 아니었다. 문제는 내가 한 말이 사람들을 도와줄 능력이 없다는 것이었다. 내용도 없었고 깊이도 없었다. 사람들은 하나님이 주시는 말씀에 굶주려 있는데 나는 그들에게 줄 것이 없었다. 아무것도.

나를 바꾸어 놓은 세 가지 영향력

그러나 하나님의 지혜 가운데 세 가지 영향력이 그 작은 교회를 사로잡아 내 사역, 아니 내 전 생애의 방향을 바꾸어 놓았다. 동시에 그것들은 내가 개인적으로 필요했던 깊이와 내용을 제공해 주었고, 얼마 후 그 깊이와 내용은 『영적 훈련과 성장』을 집필하게 했다. 그렇지만 이것은 내 이야기의 서두에 불과하다.

처음 일어난 일은 진정으로 궁핍한 사람들이 우리의 작은 교회로 몰려들도록 재촉했다. 그들은 마치 뇌우가 내린 후의 물줄기처럼 몰려들어왔다. 오, 그들은 영적인 것에 얼마나 굶주려 있던지, 그리고 그것을 찾기 위해 얼마나 애를 쓰던지! 이들은 오늘날의 속도 문화에서 버림받은, '짓눌리고 침뱉음당하고 배신당한' 사람들이었다. 그래서 그들의 궁핍함은 매우 분명했다. 동시에 똑같이 분명한 것은 내가 그들에게 알맹이 있는 목회적 돌봄을 줄 수 없다는 사실이었다.

이처럼 진정한 영적 깊이가 없다는 사실은 나를 거의 직관적으로 경건의 거장들―히포의 어거스틴, 앗시시의 프랜시스, 노리치의 줄리안 등―에게로 이끌었다. 웬지 모르지만 이들 고대의 저자들은 우리 작은 교회의 새 친구들이 그토록 간절하게 찾는 영적인 실체를 호흡하며 살았을 것 같았다.

나는 공부하는 동안 이 작가들의 저서를 대다수 접했다. 그러나 그것은 냉담하고 지적인 독서에 불과했다. 이제 와서 새로운 눈으로 읽으면서 가슴을 찢고 영혼을 짓밟고 내장을 뒤트는 인간의 필요들과 날마다 씨름을 했다. 이들 '성자들'—때로 우리는 그들을 이렇게 부른다—은 분명 내가 알지 못하는 방식으로 하나님을 알았다. 그들의 예수 체험은 삶의 분명한 현실이었다. 그들은 하나님을 향한 불타는 비전을 가졌고, 그것은 충성을 요구하는 다른 모든 것들에 대해 눈을 감게 만들었다. 그들은 반석 위에 세워진 삶을 체험한 것이었다.

그 당시 누구의 책을 읽든 마찬가지였다. 『하나님의 임재 체험하기』를 쓴 브라더 로렌스, 『내면의 성』을 쓴 아빌라의 테레사, 『일기』를 쓴 존 울먼, 『하나님을 바로 알자』를 쓴 에이든 토저 등 모두가 내가 체험한 것과는 전혀 다른 방식으로 하나님을 알고 있었다. 심지어 내가 체험하기 원하던 것들도 아니었다!

그러나 내가 하나님의 사랑의 불로 불붙었던 이들의 이야기에 계속 빠져들자, 나도 이런 삶을 소망하기 시작했다. 그 소망은 추구로 이어졌고, 추구는 발견으로 이어졌다. 그리하여 발견한 것은 나를 안정시켰고 깊어지게 했고 견고하게 했다.

두 번째 영향력은, 그 작은 회중 가운데 있던 사람인 댈러스 윌러드 박사로부터 왔다. 철학을 전공한 철학자 댈러스는 고전에 정통하면서도 동시에 현대의 상황을 놀랍게 꿰뚫고 있었다. 그는 우리 애숭이 그룹에게 로마서와 사도행전, 산상수훈, 영적 훈련 등 여러 가지를 가르쳐 주었다. 그러나 어느 주제를 다루든 상관없이 그는 끊임없이 우리에게 큰 그림으로 보여주었다. 그것은 늘 고전 자료를 존중하고 그것을 현대적 표현으로 바꾸는 실생활에 기초를 둔 가르침이었다. 그런 가르침은 나에게 세계관을 세워주었고, 그것을 기반으로 나는 내가 받은 모든 학문적, 성경적 훈련을 통합하게 되었다.

그의 가르침은 단순한 가르침이 아니었다. 적어도 우리가 흔히 생각하는 그런 가르침은 아니었다. 그것은 이 세계적인 철학자와 작고 초라한 그리스도의 제자들 사이를 오고간 마음과 마음을 잇는 커뮤니케이션이었다. 댈러스는 갈등과 상처, 두려움 가운데 있는 우리에게 바른 것을 가르쳐 주었다. 그는 머리를 가지고 가슴으로 내려와 그 깊은 중심에서 가르쳤다.

오랜 세월이 흐른 지금도 나는 아직 그들의 가르침 / 삶 / 기도 시간의 영향을 만끽하고 있다. 물론 그것은 공동체적 가르침이었다. 우리는 서로서로의 집을 방문하면서 함께 웃고, 함께 울고, 함께 배우고, 함께 기도했다. 최고의 가르침이 이루어진 시간들도 대개 그와 같은 가정 상황에서 나왔다. 그곳에서는 밤늦게까지 질문을 하고, 문제를 놓고 토론하고, 복음의 진리를 삶의 상황에 적용했다. 댈러스는 우리 가운데 돌아다니며 가르쳤다. 늘 가르쳤다. 내 생각에 그는 가르침에 대한 영적 카리스마를 가진 것 같다. 그의 가르침에는 지혜와 열정과 가슴이 있었다. 그리고 우리는 언제나 신령함을 느꼈다.

세 번째 영향력은, 루터교 목사인 윌리엄 루터 바스위그(이런 이름을 가진 사람이 루터교 외에 어디서 목회를 할 수 있겠는가?)로부터 왔다. 크고 영향력 있는 바스위그의 교회는 우리의 자그마한 퀘이커 모임과는 비교도 되지 않았다. 하지만 내가 빌에게 이끌린 것은 '큰 것'이나 '영향력 있는 것' 또는 '루터교'와는 전혀 상관이 없었다. 내게 보인 것은 하나님의 일에 대해 갈급해 하는 어떤 사람이었다. 그래서 나는 그분을 찾았다. 나는 이렇게 말했다. "빌, 당신은 기도에 대해 나보다 잘 압니다. 당신이 아는 것을 모두 제게 가르쳐 주십시오."

그러자 빌은 기도하는 것을 통해 나에게 기도를 가르쳐 주었다. 그 기도는 살아있고, 정직하며, 마음에서 우러나오며, 영혼을 꿰뚫고, 유쾌한 기도였다. 우리는 이렇게 기도를 하면서 거듭거듭 마담 기용이 말하는 그 '하나님께 달콤하게 빠져드는 일'을 체험하기 시작했다. 아주 솔직히 말해서 그것은 내가 경건한 거장들의 책에서 읽었던 체험들과 같은 느낌과 향취였다.

기도에 빠져 들어간 이 움직임은 실제로 오랫동안 지속된 두 가지 영향력이었다. 빌과 함께 한 기도 체험은 놀랍도록 단호한 여성 베스 사피로의 기도로 증폭되었다. 그녀는 우리 작은 모임의 장로들의 대표였다. 베스는 큰 병원의 간호사였는데, 야간조 근무를 마치면 이른 아침 우리 교회 예배당으로 와서 나와 함께 사람들을 위해 한두 시간씩 기도했다. 그 대상은 모든 종류의 사람들로 우리 모임 사람들과 모임 밖의 사람들을 포함했다. 베스는 누구든, 무슨 일을 위해서든 기도하기 원했다.

그 다음 우리는 신학, 믿음, 삶의 문제들을 놓고 토의했다. 우리가 무엇을 이야기하든 베스는 병원에서 시험을 해보았다. 만일 우리가 '안수' 문제에 대한 성경의 가르침에 대해 토의했다면, 베스는 병원에서 인큐베이터의 고무장갑 속에 손을 넣고 미숙아에게 손을 얹은 다음 조용히 다정하게 기도하고 그 작은 아기의 건강이 좋아지는지 지켜보았다. 베스는 이런 일을 하였다. 이따금씩 하는 것이 아니라 거듭거듭 그렇게 하였다. 베스를 통해 나는 영적인 것을 인간 생활에 적용해야 할 필요성을 배우게 되었다.

이 세 가지 영향력이 내가 처음 목회하던 시절 주어졌다. 그 결과 안 팎으로 조용한 혁명이 일어났다. 그리고 우리의 궁핍한 구도자의 모임에서는 배우는 모든 것을 실험했다. 당시 우리는 엄청나게 중요한 무엇에 접하고 있음을 감지하고 한껏 고조되어 있었다. 당시 우리는 일상생활이라는 단단한 모루에 대고 후에 이 책에 나온 모든 것들을 망치질하고 있었다. 그렇지만 이런 영향력들 자체가 나로 하여금 책을 쓰도록 움직이지는 않았다. 책을 쓰는 데는 그 이상의 것이 더 필요했다.

촉매 역할을 한 세 분

이 '더 필요한 것'은 세 가지 전혀 다른 촉매로 각각 다가왔다.

첫 번째 촉매는 비상한 분별력과 지혜를 가진 빌 캐더스라는 전직 선교사로 부터 왔다. 그 경위는 이렇다.

3일 동안의 금식과 기도를 마친 나는 빌을 불러 기도를 부탁하고 싶은 마음이 들었다. 그것이 내가 받은 인도함의 전부였다. 나를 위해 기도해 달라는 것이 전부였다. 그가 무엇을 어떤 이유로 기도할지에 대해서는 조금도 모르고 있었다. 그는 오기로 승낙했다.

빌이 도착했을 때, 제일 먼저 한 일은 그의 죄를 나에게 고백하는 것이었다. 나는 앉은 채 어안이 벙벙했다. '도대체 뭘하는 거지? 그는 영적 스승이 아닌가.' 내 속에서 이런 생각이 떠올랐지만 말없이 기다렸다. 마침내 그가 말을 마치자 자유케 하시는 말씀, 요한일서 1:9을 그에게 말했다. "만일 우리가 우리 죄를 자백하면 그는 미쁘시고 의로우사 우리 죄를 사하시며 우리를 모든 불의에서 깨끗하게 하실 것이요."

그러자 빌은 나를 정면으로 응시하며-나를 꿰뚫어 보며-조용히 물었다. "그럼, 지금도 내가 당신을 위해 기도해 주기를 원합니까?" 그는 내 마음속을 들여다보고 있었다! 그는 내가 그를 영적 스승으로 여겨 높은 곳에 올려놓고 있음을 알고 그 모든 것을 끌어내려 부스러기더미로 만들었다. 그의 혜안에 정신이 든 나는 짧게 "예, 그러겠습니다."라고 대답했다.

그 다음 그는 내게 손을 얹고 이제까지 내가 받아 본 기도 가운데 가장 깊은 기도를 해주었다. 그 기도의 능력은 지금까지도 나와 함께 한다. 나는 그의 기도의 높이와 깊이, 길이와 너비를 설명조차 할 수 없다. 그러나 그의 말 한마디, 즉 능력이 충만한 예언적인 말 한마디를 소개하겠다. '나는 기도합니다, 작가의 손을 가지도록.'

그랬다. 나는 오랫동안 글 쓰기를 갈망했다. 그러나 이 은밀한 갈망을 누구에게도 발설한 적이 없다. 너무 부끄러워 누구에게도 말을 하지 못했던 것이다. 그 날 나는 글 쓰는 사역에 힘을 얻는 것 같았다. 그 후 이 책이 태동하는 동안 나는 수많은 잡지에 글을 기고함으로써 필요한 훈련을 시작했다.

두 번째 촉매는 36권의 책을 쓴 저명한 작가 엘턴 트루블러드였다. 그 때 나는 태평양 북서부 쪽에서 교회성장학자들이 '대교회'라고 부르는 데서 혁신적인 목회팀을 섬기고 있었다. 그곳에서는 내가 어떤 일을 하든 순조롭게 전개되는 것 같았다. 그 때는 배운 교훈을 잘 살펴보고 더 넓게 적용하는 문제를 고려해야 할 때였다.

이 기간에 나는 전국 퀘이커 지도자 모임에 참석했고 거기서 트루블러드 박사를 만나게 되었다. 대회가 끝난 후 나는 동역자 론 우드워드와 함께 며칠을 더 묵으면서 앞으로 몇 달 동안 사용할 설교를 계획하고 있었다.

그 때 우연히 호텔 로비에서 트루블러드 박사를 만났다. 전혀 모르는 사람에게 보여 준 그의 진지한 관심과 친절은 아무리 말해도 부족할 것이다. 잠시 대화를 나누던 그는 불쑥 나를 보면서 어떤 책을 쓰고 있느냐고 물었다. 완전히 충격적인 질문이었기에 나는 더듬거리면서 아직 책을 만들 만한 노력은 못했고 다만 몇 가지 기사를 쓰고 있다고 대답했다. "음" 하면서 생각하던 그는 "그래요, 괜찮아요. 하지만 머잖아 책을 한 권 쓰셔야 합니다!"라고 말했다. 그 말은 대단한 권위와 무게가 있어서 내 의식 속에서 지울 수가 없었다. 그날 그는 나에게 '진실을 능력 있게 말했다.'

집으로 돌아온 후 나는 트루블러드 박사께 사실 한 권의 책을 쓸 아이디어가 있음을 알리면서 현재 『영적 훈련과 성장』이 된 책의 간단한 개요를 동봉했다. 그러나 그는 따뜻한 격려의 회신과 함께 엄중한 권고를 담은 회신을 보내주었다. '독자들이 다음 장을 읽지 않으면 안 되도록 모든 장을 쓰도록 하십시오.' 이것은 실로 이 책의 순서를 가르쳐준 조언이었다.

세 번째 촉매를 소개하겠다. 앞의 두 경험은 극적인 것이었지만 세 번째는 오래 걸리고 쉽게 눈에 띄는 것이 아니었다. 그분들은 켄과 도리스 보이스 부부로, 나의 생부모가 사망의 음침한 골짜기를 건너가신 후에 부모와 같은 역할을 해주신 오랜 후원자이시다.

그들은 수없이 많은 방법으로 도와주셨다. 대학원 시절, 도리스는 기말에 제출하는 논문을 타이핑해 주었고(컴퓨터가 생기기 오래 전이다), 박사 논문도 그랬다. 그녀는 늘 조심스럽게 그 글들이 아주 좋다고 말했다. 심지어 내가 쓴 내용이 매우 전문적이어서 이해가 쉽지 않은 부분에 대해서도 그렇게 말했다.

그리고 켄은 오랫동안 나에게 현실의 신학에 대해 이야기하면서 그 실례들을 보여주었다. 그는 항상 나를 격려해 주었다. 결점이 있을 때도 그랬던 것 같다. 두 분 모두 항상 주의해서 내가 쓴 글에 대해 너무 많은 말은 하지 않았지만 늘 나의 글쓰기를 격려했다. 그들은 곁에서 나를 응원했고 나 스스로도 믿지 못할 때 나를 믿어주었다.

한 중요한 시기에는 그들의 모터 홈(트럭<버스>의 차대 위에 만든 이동주택-역자 주)을 사용하게 함으로써 내가 방해받지 않고 글을 쓸 수 있게 해주었다. 나는 거기서 아이디어를 찾고, 말을 고르고, 문장을 다듬고 또 다듬었다. 그 모터 홈에서 나는 이 책의 처음 부분을 썼다.

이 세 가지 경험들이 내가 글을 쓰도록 만들었다. 그러나 원고 작성이 출판은 아니다. 솔직히 나는 편집, 교정쇄, 교정 등의 세계에 대해서는 문외한이었다. 원고를 책으로 출판하는 데까지는 내가 어떻게 할 수 없는 여러 가지 일들을 거쳐야 했다.

하나님의 섭리 세 가지

오레곤주 포틀랜드 근처에서 작가 대회가 열렸다. 나는 사전의 약속들 때문에 참석이 불가능했지만 수강료 전액을 내고 하퍼 앤 로 출판사에서 온 대표와 단 10분간의 면담을 했다. 내가 알기로 하퍼 앤 로 출판사는 일반 출판사로 탄탄한 종교 전담 부서가 있고 진지한 책을 내기로 정평이 나 있었다. 다행히 나는 책을 내본 적이 없는 작가를 그런 대단한 출판사에서는 전혀 귀를 기울이지 않는다는 사실을 모르고 있었다.

그리하여 나는 하퍼 출판사의 종교부서 편집자 로이 칼리슬을 만났다. 대화는 순조롭게 진행되었고, 그는 책에 대한 완전한 기획서를 보내라고 했다. 나는 즉시 그렇게 하면서 대담하게 표지에 '이 책은 현대의 종교 문화를 포함하여 현대 문화에 염증난 모든 사람들을 위한 것입니다.'라고 썼다.

칼리슬은 나의 기획에 대해 시의적절하게 반응했는데 그 편지의 서두에 나온 문장을 늘 기억하고 있다. '한마디로 우린 귀하의 제안에 열광하고 있습니다.' 그 회사에 제출된 칠백 여 원고들 가운데서 유일하게 내 원고만 받아들여진 것이다. 왜 그랬는지 나는 알 수 없다!

당시 나는 두 번째 섭리가 진행 중임을 알지 못하고 있었다. 내가 칼리슬과 대화하고 있던 바로 그 시기에 엘턴 트루블러드 박사가 내 책에 대한 요약을 진심 어린 추천서와 함께 그 출판사의 종교부문 출판자인 클레이턴 칼슨에게 보냈다. 엘턴 박사는 하퍼 출판사에서 36권의 책을 낸 사람으로 칼슨 씨와 오랫동안 친분을 갖고 있었다. 분명 칼슨 씨는 다른 방법으로는 열리지 않을 수도 있었던 문을 열어주었다. 20여 년 동안 이 사실을 모르고 있다가 최근에 와서야 칼슨 씨로부터 듣게 되었다. 트루블러드 박사는 한 번도 이것을 언급하지 않았다.

이것뿐이 아니다. 기획서가 받아들여졌을 때 나는 어려운 딜레마에 빠졌다. 설교 준비, 병원 심방, 상담 등, 교회에서 맡은 임무는 나의 전적인 집중을 요구했다. 그런 까닭에 원고 마감일이 다가오자 나는 패닉 상태에 빠지게 되었다. 이 일을 어떻게 하나? 솔직히 나는 할 수 없다는 것을 알고 있었다. 그러면 나는 어떻게 해야 하는가? 당황스러웠다. 내가 생각할 수 있는 유일한 해법은 책 쓰기를 포기하는 것이었다.

이 절대절명의 위기에서 팀 사역의 지혜로움이 입증되었다. 우리 팀의 지도자인 론 우드워드가 나서서 순전히 은혜와 자기 희생의 결단을 내렸다. 원고를 다 쓸 때까지 모든 설교를 대신해 주겠다고 자원한 것이다. 장로들도 이번이 중요한 기회라는 것을 인정했다. 그리하여, 더 큰 그리스도인 공동체를 위하여, 실제로 모든 목회 책임에서 벗어나 오직 저술에만 에너지를 쏟을 수 있게 해주었다. 33일 동안 매일 12-15시간을 글 쓰는 데 집중했다. 당연히 그 이후에도 노력이 들어갔지만, 책의 기본 구조는 그 집중한 기간에 완성되었다. 그 이전에도, 그 이후에도 모든 책임과 임무로부터 그처럼 완벽하게 자유로웠던 적은 없다. 나는 교회의 장로들과 론 및 다른 팀원들의 성령의 감동을 받은 비이기적인 행위 덕분에 이런 일이 가능했다고 생각한다. 이렇게 해서 『영적 훈련과 성장』이 존재하게 되었다.

그러면 이 책은 무엇인가? 종이 위에 휘갈겨 놓은 것에 불과하다. 그러나 하나님의 은혜로 말미암아 무려 20년 이상 동안 사람을 변화시키는 도구로 사용되고 있다. 이점에 대해 하나님께 감사드린다. 그러면 앞으로는 어떻게 될까? 기꺼이 하나님의 섭리의 손길에 맡긴다. 오직 하나님께 영광을.

1997년 9월 리처드 포스터

영적 훈련
자유에 들어가는 문

나는 영원으로 향한 길을 가는 나그네로서 인생을 가고 있다. 나는 하나님의 형상으로 지음받았으나 그 형상에 손상을 입었으므로 어떻게 묵상해야 하는지, 어떻게 예배해야 하는지, 어떻게 생각해야 하는지를 배워야 한다 _도널드 코건

피상성은 우리 시대의 비극이다. 즉시 만족을 누리려는 사상은 근본적으로 영적인 문제이다. 오늘날 절실히 필요한 것은 똑똑한 사람이나 천재가 아니라 깊이가 있는 사람이 많아지는 것이다.

영적인 삶의 고전적 훈련[1]은 피상적인 삶을 떠나 깊이 있는 삶을 살도록 요청한다. 고전적 훈련은 영적 세계의 깊은 내부를 탐구할 것을 요구한다. 고전적 훈련은 공허한 세상에 해답이 될 것을 우리에게 촉구한다. 존 울먼은 우리에게 다음과 같이 권면했다. "당신은 깊이 있는 삶을 살아야 한다. 그렇게 할 때 당신은 사람들의 영을 이해할 수 있고 느

---

[1] 이 책에서 훈련을 왜 고전적이라고 하는지 의아해 할지도 모른다. 훈련이 고대부터 성실한 사람들에 의하여 이행되어 오고 있기는 하지만 단순히 훈련이 고대부터 있었다는 이유 때문에 고전적이라고 한 것은 아니다. 훈련은 체험적인 기독교에 있어서 심히 중요하기 때문에 고전적이라고 했다. 위대한 신앙의 인물들은 모두가 어떤 형태로든지 훈련이 불가결함을 확인했다.

낄 수 있다."²⁾

　훈련은 영적인 거장들을 위한 것이므로 우리는 그런 훈련과 상관없다는 생각을 해서는 결코 안 된다. 또한 훈련은 자신의 시간을 기도와 묵상에 전적으로 바치는 사람들을 위한 것이므로 우리는 그와 같은 훈련에 도달할 수 없다고 생각해서도 안 된다. 하나님께서는 영적인 삶의 훈련이 보통 사람들에게 이루어지기 원하신다. 직장에서 일하는 사람, 자녀를 돌보는 사람, 그릇을 씻는 사람, 잔디를 깎는 사람 등 보통 사람에게 말이다.

　사실 훈련은 하루하루의 일상 활동 속에서 가장 잘 이루어진다. 만약 그 훈련이 변화시키는 효력을 갖고 있다면, 그 효력은 인간 생활의 일반적인 접촉, 즉 남편과 아내 사이, 형제자매 사이, 친구 사이, 이웃 사람 사이 등의 관계 속에서 발견되어야 할 것이다.

　영적 훈련을 사람들의 얼굴에서 웃음을 빼앗아 가는 침울한 고역 같은 것으로 생각해서는 안 된다. 즐거움이 모든 훈련의 기조(基調)이다. 훈련의 목적은 이기주의와 공포의 노예로부터 자유함을 얻는 데 있다. 인간의 영혼이 모든 억압으로부터 자유함을 얻는 일을 침울한 고역이라고 할 수는 없다. 영적 삶의 훈련은 노래와 춤과 외침으로 그 특징을 설명할 수 있다.

　어떤 중요한 의미에서 보면 영적 훈련은 어려운 것이 아니다.³⁾ 훈련을 위해 먼저 신학적인 지식부터 쌓아야 할 필요는 없다. 갓 회심한 사

---

2) John Woolman, *The Journal of John Woolman* (Secaucus, New Jersey : Citadel press, 1972), P. 118.
3) 다른 한 의미에서 영적 훈련이 어렵다는 것이다. 이 주제에 대해서는 나중에 다루기로 하겠다.

람들도 훈련을 해야 한다. 우선 요청되는 것은 하나님을 갈망하는 마음이다. 시편 기자는 다음과 같이 기록했다.

"하나님이여 사슴이 시냇물을 찾기에 갈급함같이 내 영혼이 주를 찾기에 갈급하니이다 내 영혼이 하나님 곧 살아 계시는 하나님을 갈망하나니"(시 42:1-2).

초보자도 훈련을 받아야 한다. 나는 이 책에 진술된 모든 훈련을 여러 해에 걸쳐 행하고 있지만 나도 역시 초보자이다. 토머스 머턴은 다음과 같은 말을 했다.

"우리는 초보자라는 말을 듣기 원치 않는다. 그러나 우리는 일생 동안 초보자 이외에 아무것도 아니라는 사실을 깨달아야 한다!"[4] 시편 42:7에 "깊은 바다가 서로 부르며"라는 말씀이 있다. 당신은 인생의 깊은 골방 어디에선가에서 보다 깊고, 보다 충만한 삶으로 부르는 소리를 들었을 것이다. 당신은 아마 하찮은 체험과 깊이 없는 가르침에 싫증을 느끼고 있을 것이다. 또 당신은 항상 당신이 이미 알고 있는 것 이상의 무엇인가에 대한 암시를 느끼며 내면 깊은 곳에 들어가기를 갈망하고 있을 것이다.

깊은 내부에서 부르는 소리를 듣고 그리고 영적 훈련의 세계를 탐구하기를 소원하는 사람들은 즉각적으로 두 가지 어려움에 직면하게 된다.

첫째 어려움은 **철학적인 것**이다. 오늘날 우리 시대는 물질주의적 기반이 너무나도 팽배해 있기 때문에 물질적인 세계를 초월한 다른 세계

---

[4] Thomas Merton, *Contemplative prayer* (Garden City, New York: Doubleday, 1969), p. 37.

에 도달할 가능성에 대해 크게 의심하게 된다. 많은 뛰어난 과학자들은 우리 인간이 시공時空의 세계에 제한되어 있는 존재가 아님을 알고 있기 때문에 그와 같은 의심을 하지 않는다. 그러나 보통 사람들은 통속 과학의 영향을 받아서 비물질적 세계를 무시하는 편견을 갖고 있다.

사람들은 통속 과학의 사상에 너무 깊이 물들어 있다. 예를 들어 묵상의 경우를 보면, 묵상을 하나님과 사람의 만남으로 생각하는 것이 아니라 심리적 조종으로 생각한다. 사람들은 일반적으로 진정한 묵상의 세계에 들어가지 못하고 피상적인 데 머문다. 우리는 오늘날 우리 시대의 편견을 극복하고, 가장 뛰어난 과학자들처럼 물질 세계를 초월한 세계가 있다는 것을 확언할 수 있는 용기를 가져야 한다. 우리는 지적인 정직성을 가지고 이 다른 세계를 엄숙하게 그리고 철저하게 연구하고 탐구해야 한다.

둘째 어려움은 실제적인 어려움이다. 우리는 이 내면의 삶을 어떻게 탐구해야 할지 모른다. 어느 시대에나 다 그랬던 것은 아니다. 1세기와 그 이전에는 영적인 삶의 훈련을 어떻게 해야 하는지 그 방법을 사람들에게 가르칠 필요가 없었다. 성경은 사람들에게 금식, 기도, 예배, 찬양 등과 같은 훈련을 요구했다.

그러나 성경은 그와 같은 훈련의 방법에 대해서는 거의 아무런 교훈도 하지 않았다. 그 이유는 쉽게 알 수 있다. 그와 같은 훈련은 너무나도 흔히 이행되고 있었고 그리고 일반 문화의 한 부분이었기 때문에 그 방법은 누구나 알고 있는 것이었다. 예를 들어, 금식은 너무도 보편적이어서 금식하기 전에 무엇을 먹어야 하는지, 또 금식을 어떻게 중단해야 하는지, 또 금식기간 동안 현기증을 어떻게 대비해야 하는지에 대하여 물어볼 필요가 없었다. 모든 사람들이 이미 다 알고 있었던 것이다.

그러나 오늘날 우리 세대의 실정은 그렇지 않다. 오늘날 사람들은 모든 고전적인 영적 훈련의 가장 단순하고도 실제적인 측면도 전혀 알지 못한다. 그러므로 영적 훈련을 주제로 하는 모든 책은 훈련의 방법에 대한 실제적 지침을 제시하지 않으면 안 되게 되었다.

그러나 한 가지 주의할 점은 방법을 안다는 것이 곧 훈련을 실행한다는 의미는 아니라는 것이다. 영적 훈련은 내면적인 것이며 영적인 것이다. 따라서 마음 자세가 영적 생활의 실현을 위한 방법들보다 훨씬 더 중요하다.

우리는 영적 훈련법을 실행하는 데 열심인 나머지 훈련을 하지 못할 수 있다. 하나님이 기뻐하시는 삶은 종교적 의무 실행의 삶이 아니다. 우리가 할 일은 오직 한 가지, 즉 하나님과 온전한 관계를 맺고 친밀하게 교제하는 것뿐이다. 빛들의 아버지이신 하나님은 변함도 없으시고 회전하는 그림자도 없으시다(약 1:17 참조).

뿌리 깊은 습관의 노예

우리는 흔히 죄를, 하나님께 불순종하는 개별적인 행동으로 생각한다. 물론 그것도 죄이지만 성경은 그 이상을 말한다.[5] 사도 바울은 로마

---

5) 죄는 이렇게 복잡하다. 히브리어에는 죄에 대한 단어가 여덟 가지 있는데, 성경에는 그 여덟 가지 단어가 모두 나타나 있다.

서에서 죄를, 인류를 끊임없이 괴롭히는 하나의 상태라고 말했다(롬 3:9-18). 하나의 상태인 이 죄는 '육신의 지체'를 통하여 작용한다. 다시 말하면 육신의 뿌리 깊은 습관을 통하여 작용한다(롬 7:5 이하). 죄의 뿌리 깊은 습관의 노예만큼 처참한 노예는 없다.

이사야 57:20에서 다음과 같은 말씀을 읽을 수 있다. "악인은 평온함을 얻지 못하고 그 물이 진흙과 더러운 것을 늘 솟구쳐 내는 요동하는 바다와 같으니라." 바다는 진흙과 더러운 것을 내어 놓기 위해 특별히 어떤 일을 해야 할 필요가 없다. 바다는 자연스러운 움직임의 결과로 진흙과 더러운 것을 내놓을 따름이다.

우리가 죄 아래 있을 때 그 같은 현상이 나타난다. 즉 우리 삶의 자연스러운 움직임이 진흙과 더러운 것을 산출한다는 말이다. 죄는 우리 삶의 내적 구조의 한 부분이다. 죄를 짓기 위해 특별한 노력이 필요한 것이 아니다. 우리가 옴짝달싹 못하는 것은 이상한 일이 아니다.

보통 우리가 뿌리 깊은 죄를 처리하는 방법은 정면으로 공격하는 일이다. 우리는 우리의 의지와 결심을 의지한다. 당면한 문제가 어떠한 것이든(분노, 원한, 폭식, 교만, 정욕, 알콜, 공포 등) 우리는 다시 그와 같은 문제의 행동을 되풀이하지 않겠다고 결심한다. 그리고 기도하며 투쟁한다. 그러나 그 모든 일이 허사로 돌아간다. 그리고 우리는 다시 한번 도덕적으로 파탄되거나 전보다 더 악화된다. 우리의 외적 의에 대하여 그렇게도 자만했던 상태는 '회칠한 무덤'에 불과했다고 설명할 수 있다.

헤이니 아놀드는 그의 유명한 저서 『죄 된 사고로부터의 자유』에서 다음과 같은 말을 했다. "우리는 우리의 의지의 힘을 발휘함으로써 우리의 마음을 자유케 할 수도 없고 정결케 할 수도 없다는 것을 명백히 해두고자 한다."6)

바울은 골로새서에서 사람들이 죄를 다스리기 위해 사용하는 외적 방식을 몇 가지 열거했는데 그것은 다음과 같다. "붙잡지도 말고 맛보지도 말고 만지지도 말라"(골 2:21). 바울은 이어서 이런 것들은 '자의적 숭배'로서 "육체 따르는 것을 금하는 데는 조금도 유익이 없느니라"고 했다(골 2:23). '자의적 숭배' (또는 '의지 숭배'), 이 얼마나 적절한 표현이며 우리의 삶을 잘 설명해 주고 있는가! 우리의 의지의 힘만으로 죄를 물리치고 승리할 수 있다고 생각하는 바로 그 순간이 우리가 의지를 숭배하는 순간이다. 바울이 인간의 영적 행위의 가장 열성적인 노력을 보고 '자의적 숭배,' 즉 우상 숭배라고 일컬었다는 사실이 얼마나 놀라운가!

의지력은 깊이 뿌리박힌 죄의 습관을 결코 해결해 주지 못한다. 에밋 폭스는 다음과 같은 말을 했다. "당신이 어떤 원치 않는 상황을 정신적으로 대항하는 순간, 당신은 그것에 보다 더 큰 힘을 부여하게 된다. 결국 그 상황은 그렇게 부여된 힘을 사용해서 당신을 대항한다. 그래서 당신 자신의 자원은 그만큼 고갈된다."7)

헤이니 아놀드는 다음과 같은 결론을 내렸다. "의지의 힘으로 자신을 구할 수 있다고 생각하는 한, 우리 속의 악의 세력을 보다 더 강하게 만들 뿐이다."8) 이와 같은 진리는 경건한 삶을 산 많은 위대한 작가들에

---

6) Heini Arnold, *Freedom from Sinful Thoughts : Christ Alone Breaks the Curse* (Rifton, New York : Plough Publishing House, 1973), p. 94.
7) Emmet Fox, *The Sermon on the Mount* (NY: Harper & Row, 1938), p. 88.
8) Arnold, p. 82.

의해 체험되었다.

'자의적 숭배'는 일시적으로 성공의 모습을 보여 줄 수는 있다. 그러나 삶의 틈바구니를 통하여 우리의 깊은 내부의 상태가 항상 드러나기 마련이다.

예수께서는 바리새인들의 의의 겉모양에 대하여 말씀하시면서 바로 그와 같은 내부의 상태를 설명하셨다. "너희는 악하니 어떻게 선한 말을 할 수 있느냐 이는 마음에 가득한 것을 입으로 말함이라……내가 너희에게 이르노니 사람이 무슨 무익한 말을 하든지 심판 날에 이에 대하여 심문을 받으리니"(마 12:34-36).

사람은 의지의 힘으로 일시적으로 선의 모양을 보일 수는 있으나 조만간에 '부주의한 말'이 흘러 나와서 마음의 실상을 드러내 보이게 된다. 만약 우리에게 자비심이 가득 차 있다면 그 자비심은 밖으로 드러나게 된다. 만약 우리에게 원한이 가득 차 있다면 그 원한도 밖으로 드러나기 마련이다.

물론 의도적으로 그렇게 하는 것은 아니다. 우리는 의도적으로 분노를 폭발한다든지 혹은 거만을 부리지는 않는다. 다만 사람들과 함께 있을 때 우리의 실상이 드러날 뿐이다.

우리의 모든 힘을 들여 그 같은 실상을 감추려고 노력해도 우리의 눈과 혀와 턱과 손과 몸가짐이 우리의 노력을 배반한다. 의지력이 부주의한 말이나 방심한 순간을 막지는 못한다. 의지도 율법과 같은 결함을 갖고 있다. 의지는 외적인 것을 다룰 수 있을 뿐 내적 심령에 필요한 변화를 일으키지는 못한다.

영적 훈련이 문을 열다

인간의 의지와 결심의 능력을 통하여 내적 변화를 얻는 일에 실패할 때에, 내적 의는 은혜로 주어지는 하나님의 선물이라는 놀라운 인식의 문 앞에 서게 된다. 우리 속에 필요한 변화는 하나님이 하시는 일이지 우리가 하는 일이 아니다. 필요한 것은 내적인 일이며 오직 하나님만이 그 내면의 일을 하실 수 있다. 우리는 하나님 나라의 의에 도달할 수도 없고, 얻을 수도 없다. 오직 은혜로만 얻을 수 있을 뿐이다.

사도 바울은 로마서에서 이 의[9]는 하나님의 선물임을 설명하기 위해 많은 노력을 했다. 바울은 로마서에서 이 의라는 말을 35차례나 사용했다. 그때마다 그는 인간의 노력을 통해서는 그 의를 얻을 수 없다는 사실을 강조했다. 가장 명확한 그의 진술 가운데 하나가 로마서 5:17에 나타나 있다.

"……은혜와 의의 선물을 넘치게 받는 자들은 한 분 예수 그리스도를 통하여 생명 안에서 왕노릇하리로다."

물론 이 교훈은 로마서에서뿐만 아니라 성경 전체를 통하여 나타나 있다. 그리고 이 교훈은 기독교 신앙의 초석 가운데 하나이다.

이 놀라운 진리를 깨닫는 순간 우리는 그 반대 방향의 과오를 저지를 위험이 있다. 즉 우리가 할 수 있는 일은 아무것도 없다는 사고에 빠질 위험이 있다. 인간의 모든 노력이 도덕적 파탄으로 끝난다면(우리가

---

[9] 이것은 객관적 의와 주관적 의를 포함한다. 이 책에서 우리는 주관적 의 (혹은 성화, 당신이 만일 다른 신학적 술어를 채택하고 싶어한다면)의 문제를 다루고 있지만 이 두 가지는 다같이 하나님의 은혜로운 선물임을 이해하는 것이 중요하다. 사실상 성경은 객관적 및 주관적 의–신학자들은 흔히 두 가지를 구분하는 습관이 있으나 성경 기자들은 한 가지를 빼놓고 다른 것만 이야기하는 것을 우스꽝스럽게 여긴다–사이의 명확한 구분을 짓지 않는다.

노력해 본 결과 그렇게 됨을 알고 있다), 그리고 의가 하나님의 은혜의 선물이라면(성경이 분명하게 말하는 그대로) 하나님께서 오셔서 우리를 변화시켜 주시기를 기다려야 마땅하지 않을까? 이상하게 들릴지 모르지만 그 말은 결코 모순되는 말이 아니다. 어디까지나 인간의 노력은 불충분하며 의는 하나님의 선물이다.

그러나 인간이 할 바가 아무것도 없다는 말은 잘못이다. 무엇인가 우리가 할 수 있는 일이 있다. 인간의 노력을 택하든지 아니면 손발을 묶고 있어야 하는 딜레마에 빠질 필요가 없다. 하나님께서는 자신의 은혜를 받는 방법으로 영적 삶의 훈련을 우리에게 주셨다. 이 훈련이 하나님 앞에 나아가도록 하여, 하나님께서 우리를 변화시키실 수 있게 한다.

사도 바울은 다음과 같이 말했다.

"자기의 육체를 위하여 심는 자는 육체로부터 썩어질 것을 거두고 성령을 위하여 심는 자는 성령으로부터 영생을 거두리라"(갈 6:8).

농부 자신의 힘으로 곡식을 자라게 할 수는 없다. 농부가 할 수 있는 일은 단지 곡식이 자라는 데 필요한 조건을 제공해 주는 것뿐이다. 농부는 땅을 갈고 씨를 뿌린다. 물을 준다. 그러면 땅에서는 자연의 힘이 씨를 맡아서 곡식으로 자라게 한다.

영적 훈련도 이와 마찬가지다. 영적 훈련은 성령을 위하여 씨를 뿌리는 일과 같다. 그 훈련은 우리를 땅 속에 심는 하나님의 방법이다. 그 훈련은 하나님이 우리 속에서 일하실 수 있고 우리를 변화시킬 수 있는 곳에 우리를 심는다. 영적 훈련 그 자체만으로는 아무것도 이룰 수 없다. 단지 그것은 무엇인가가 이루어질 수 있는 곳에 우리를 가져다 놓을 뿐이다. 영적 훈련은 하나님의 은혜의 통로이다. 우리가 추구하는 내적 의는 우리의 머리 위에 부어지는 것이 아니다. 하나님께서 영적 삶의 훈련을 통로로 정하셨는데 우리는 그 통로를 통해 하나님이 우리를 축복하실 수 있는 곳에 놓이게 된다.

이런 점에서 '훈련으로 은혜받는 길'이라는 말은 합당한 말이다. '은혜'는 값을 내지 않고 거저 받는다는 의미가 있고, '훈련'은 우리에게 무엇인가 할 바가 있다는 의미가 있다.

디트리히 본회퍼는 『제자가 되기 위한 대가』 The Cost of Discipleship에서 은혜는 값을 내지 않고 받는 것이지만 결코 값싼 것은 아님을 분명히 밝혔다. 하나님의 은혜는 인간의 힘으로 얻는 것도 아니고 얻을 수도 없지만, 우리가 은혜 안에서 성장하기를 원한다면 우리는 의식적으로 일련의 선택적 행동을 지속해야 한다. 여기에는 개인의 삶과 또 단체 생활 모두가 포함된다. 영적 성장이 바로 영적 훈련의 목적이다.

우리가 이제까지 논의한 것을 그려 보는 것이 유익할 것이다. 양쪽에 가파른 낭떠러지가 있는 좁은 길이 있다고 상상해 보자. 오른쪽의 낭떠러지는 인간의 노력으로 의에 이르려 하다가 떨어지는 도덕적 파탄이다. 역사적으로 이것은 도덕주의 이단이라고 일컬어졌다. 그리고 왼쪽의 낭떠러지는 인간의 노력의 부재不在로 말미암아 떨어지는 도덕적 파탄이다. 이것은 도덕률 폐기론 이단이라고 일컬어져 왔다.

우리는 오른쪽으로나 왼쪽으로 치우쳐서는 안 된다. 바로 이 길이 영적 삶의 훈련의 길이다. 그 길이 우리가 찾는 내적 변화와 치유의 길이다. 그 길에는 심한 어려움이 있지만 말로 다할 수 없는 기쁨도 있다.

그 길을 걸어갈 때 하나님의 축복이 우리에게 임하고 우리는 하나님의 아들 예수 그리스도의 형상으로 재창조된다. 그 길이 변화를 주는 것은 아니라는 사실을 항상 기억해야 한다. 그 길은 변화가 발생할 수 있는 곳에 우리를 데려다 놓을 뿐이다. 이것이 훈련으로 은혜를 받는 길이다.

도덕 신학에 '미덕은 쉽다.'는 말이 있다. 그러나 하나님의 은혜가 우리 내면의 영을 붙들어 변화시킴으로써 뿌리 깊은 삶의 방식을 바꾸어 놓으시는 만큼만 이 말이 옳다. 그렇게 되기 전까지는 미덕은 너무나도 어렵다. 우리는 사랑과 자비를 나타내려고 애쓰지만 그것은 마치 바깥에서부터 속으로 무엇을 끌어들이려 하는 것과 같다. 그래서 결국 깊은 곳에서부터 노출되는 것은 우리가 원치 않았던 미움과 원한뿐인 것이다. 그러나 우리가 일단 훈련으로 은혜를 받는 삶을 시작하면 내적 변화가 일어나는 것을 발견하게 될 것이다.

단지 선물을 받은 것뿐이지만 우리에게 진정한 변화가 일어난 것이다. 과거에는 자비를 베풀기가 그렇게도 어려웠는데 이제는 자비 베풀기가 쉬워진 것을 볼 때 그 변화가 진정한 변화였다는 것을 알 수 있다. 사실은 우리 속에 미움이 가득 차 있었기 때문에 자비를 베풀기가 그렇게도 어려웠던 것이다. 하나님의 사랑이 내면의 영 속으로 들어오셔서 우리의 옛 습관을 접수했다. 그래서 매순간 우리 내면의 성소로부터 '사랑과 희락과 화평과 오래 참음과 자비와 양선과 충성과 온유와 절제'가 저절로 흘러나온다(갈 5:22-23). 이제는 우리의 속사람을 감추려고 애쓸 필요가 없다. 선과 친절을 나타내려고 수고할 필요가 없다. 왜냐하면 선하고 친절한 존재가 되었기 때문이다. 이제는 선과 친절이 본성의 일부분이 되었기 때문에 오히려 선과 친절을 베풀기를 그만두는 일이 어려운 수고가 된다.

과거에는 우리의 삶의 자연적인 움직임이 진흙과 더러운 것을 산출하였던 것과 마찬가지로, 현재에는 우리의 삶의 자연적인 움직임이 성령의 열매를 산출한다. 셰익스피어는 이렇게 기록한다. "자비의 특성은 억지로 나오는 것이 아니다." 그 어떤 미덕도 역시 억지로 나오는 것이 아니다. 우리가 성령의 사람이 될 때 영적인 미덕은 저절로 흘러나온다.

사망의 길 : 훈련을 율법으로 바꾸는 일

영적 훈련은 우리의 유익을 위한 것으로 하나님의 풍성함을 삶으로 가져오기 위한 것이다. 그러나 영적 훈련이 영혼을 죽이는 율법의 또 다른 도구가 될 수도 있다. 율법적인 훈련은 사망을 가져온다.

예수께서는 우리의 의가 서기관과 바리새인의 의보다 더 나아야 한다고 가르치셨다(마 5:20). 그러나 우리는 서기관과 바리새인의 의가 결코 작은 것이 아니었음을 알아야 한다. 그들은 우리 가운데 많은 사람들이 엄두도 못 낼 정도로 하나님을 따르는 일에 헌신했다. 그렇기는 했지만 그들의 의의 중심부에는 항상 '형식주의'라는 것이 있었다. 그들의 의는 외적인 것에 있었다. 그들의 의에는 다른 사람들을 조종하는 일도 흔히 내포되어 있었다.

우리의 의가 서기관과 바리새인의 의보다 얼마나 우월하느냐 하는 것은, 우리의 생활이 하나님의 내적 역사를 얼마나 드러내느냐 하는 것으로 알 수 있다. 하나님의 역사는 결과적으로 외부에 드러나는 것이기는 하지만 어디까지나 내적인 것이다. 그럼에도 불구하고 영적 훈련에 대한 우리의 열성이 그 영적 훈련을 서기관과 바리새인의 외적 의로 전환시키기가 쉽다.

훈련이 율법으로 전락할 때 그 훈련은 사람들을 조종하고 지배하는 데 사용된다. 우리는 계명들을 취하여 다른 사람들을 노예로 만드는 데 사용한다. 이와 같이 영적 훈련이 타락할 때 교만과 공포가 나타난다. 교만은 우리 자신을 올바른 사람이라고 생각하기 때문에 나타난다. 그리고 공포는 통제력을 상실할지도 모른다는 불안 때문에 나타난다.

훈련이 저주가 아니라 축복이 되도록 영적인 진보를 하려면 우리는 다른 사람들을 조종하고 지배해야 한다는 부담감을 벗어 버리는 위치에 이르러야 한다.

다른 사람들을 조종하고 지배해야 한다는 부담감이 그 무엇보다도 영적 훈련을 율법으로 만든다. 일단 그렇게 율법으로 전환시킨 후에는 형식주의를 가지게 된다. 그리고 그 형식주의로 다른 사람들의 자격을 판단한다. 율법만 없으면 훈련은 근본적으로 내적 활동이 된다. 율법은 내적 활동을 다스릴 수 없다. 내적 변화는 우리의 일이 아니라 하나님의 일임을 진심으로 믿을 때 다른 사람들을 바로잡아 놓겠다는 우리의 열정을 평정시킬 수 있다.

이 말씀 저 말씀을 취해서 율법으로 전환시키는 성향을 우리는 특히 조심해야 한다. 말씀을 율법으로 전환시키는 순간 우리는 예수께서 바리새인들을 향하여 하신 엄중한 선언을 들어야 할 사람이 된다. "또 무거운 짐을 묶어 사람의 어깨에 지우되 자기는 이것을 한 손가락으로도 움직이려 하지 아니하며"(마 23:4).

이 문제에 있어서 우리는 사도 바울의 말을 마음속에 새겨야 할 필요가 있다. "그가 또한 우리를 새 언약의 일꾼 되기에 만족하게 하셨으니 율법 조문으로 하지 아니하고 오직 영으로 함이니 율법 조문은 죽이는 것이요 영은 살리는 것이니라"(고후 3:6).

영적 훈련의 내적 세계에 들어갈 때, 항상 영적 훈련을 율법으로 전환시킬 위험이 있다. 그러나 인간 스스로 이것을 해결해야 하는 것은 아니다. 예수 그리스도께서 늘 우리의 스승과 인도자가 되어 주시기로 약속하셨으므로 그분의 음성을 듣기는 어렵지 않다. 또한 그분의 교훈도 이해하기가 쉽다. 살아 있고 성장하는 것을 붙잡기 시작하면, 예수 그리스도께서 우리에게 가르쳐 주신다.

우리는 예수 그리스도의 교훈을 신뢰할 수 있다. 우리가 길을 잃고 그릇된 사상이나 혹은 무익한 행위를 할 때 예수 그리스도께서 우리를 인도하시고 돌이키게 하신다. 만약 하늘의 권고자에게 기꺼이 귀를 기울인다면 우리에게 필요한 지시를 받을 수 있다.

우리 세계는 진정으로 변화된 사람들을 절실히 필요로 한다. 톨스토이는 다음과 같이 말했다. "모든 사람들은 인간이 변화되어야 한다고 생각하나 자기 자신이 변화되어야 한다는 것은 생각하지 않는다."[10] 우리 인생의 내적 변화가 최선의 노력을 기울여야 할 가치가 있는 목표라는 것을 믿는 사람이 되도록 하자.

---

10) Frank S. Mead, ed., *Encyclopedia of Religious Quotations* (London: Peter Davis, 1965), p. 400.

제 1 부

내적 훈련

Celebration of Discipline

Celebration
of Discipline

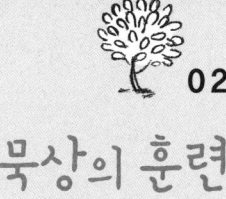

묵상의 훈련

진정한 묵상은 심리학적 수법이 아니라
신학적인 은총이다 _토머스 머턴

　현대 사회에서 우리의 대적은 다음 세 가지, 즉 소란함과 조급함과 혼잡함을 통하여 주로 역사한다. 우리의 대적은 우리를 '물량주의'에 빠지게 했을 때 만족한다. 정신분석학자 칼 융은 이렇게 말했다. "조급함은 마귀에게서 나온 것이 아니라 그 자체가 마귀이다."[1]
　우리가 우리 문화(우리의 종교 문화 포함)의 피상성을 넘어서기 원한다면 재창조의 침묵 속, 묵상의 깊은 세계 속으로 들어가야 한다. 묵상의 세계를 체험한 위대한 인물들은 그들의 저서를 통하여 우리를 성령과 만나는 이곳으로 들어오라고 손짓한다. 이와 같은 말이 현대인들

---

1) Morton T. Kelsey, *The Other Side of Silence : A Guide to Christian Meditation* (New York : Paulist Press, 1976), p. 83.

에게는 이상하게 들릴지도 모른다. 그러나 우리는 묵상 기도 학교의 학생으로 등록하기를 부끄러워하지 말아야 한다.

성경의 증인들

묵상은 성경 저자들에게 아주 익숙한 것이었음이 분명하다. 성경은 묵상이라는 개념을 나타내기 위해 두 가지의 히브리어(הָגָה, שִׂיחַ)를 쓰고 있는데 이 두 단어는 성경에서 약 58회 사용되었다. 이 두 단어는 하나님의 말씀을 귀 기울여 들음, 하나님의 일을 생각함, 하나님께서 하신 행위를 되풀이하여 말함, 하나님의 법을 반추함 등의 의미를 갖고 있다.

어느 경우든 살아 계신 하나님과의 만남의 결과인 변화된 행위를 강조한다. 묵상에 대한 성경적 이해는 어느 것이든 회개와 순종을 핵심적인 특징으로 한다. 시편 기자는 이렇게 외쳤다. "내가 주의 법을 어찌 그리 사랑하는지요 내가 그것을 종일 작은 소리로 읊조리나이다……내가 주의 말씀을 지키려고 발을 금하여 모든 악한 길로 가지 아니하였사오며 주께서 나를 가르치셨으므로 내가 주의 규례들에서 떠나지 아니하였나이다"(시 119 : 97, 101, 102).

기독교의 묵상과 동양 및 세상의 묵상을 가장 잘 구분짓는 것은 바로 이 순종과 충성에 대한 지속적인 강조이다.

성경에 나오는 인물들은 묵상 방법을 잘 아는 사람들이었다. "이삭이 저물 때에 들에 나가 묵상하다가"(창 24:63). "내가 나의 침상에서 주를 기억하며 새벽에 주의 말씀을 작은 소리로 읊조릴 때에 하오리니"(시 63:6).

시편은 사실상 하나님의 백성들이 하나님의 법을 묵상하는 것을 노래한 것이다. "주의 말씀을 조용히 읊조리려고 내가 새벽녘에 눈을 떴나이다"(시 119:148). 시편의 첫 시는 모든 사람들에게 "여호와의 율법을 즐거워하여 그의 율법을 주야로 묵상하는"(시 1:2) '복 있는 자'가 되라고 격려한다.

늙은 제사장 엘리는 하나님의 음성 듣는 법을 알고 있었으므로 어린 소년 사무엘이 하나님의 말씀을 알도록 도와주었다(삼상 3:1-18). 엘리야는 광야에서 수많은 밤을 지새며 '여호와의 세미한 음성'을 분별하는 법을 배웠다(왕상 19:9-18). 이사야는 높이 들린 보좌에 앉으신 주를 보고 "내가 누구를 보내며 누가 우리를 위하여 갈꼬" 하시는 음성을 들었다(사 6:1-8). 예레미야는 여호와의 말씀이 "불 붙는 것 같아서 골수에 사무치는"(렘 20:9) 경험을 했다. 이 외에도 증인들은 허다하다. 이들은 하나님의 말씀을 잘 알았던 사람들이다. 하나님께서 그들에게 말씀하신 것은 그들에게 특별한 능력이 있어서가 아니라 그들이 귀 기울여 들을 준비가 되어 있었기 때문이다.

예수님은 눈코 뜰 새 없이 분주한 사역 가운데서도 "한적한 곳"[2]으로 물러가는 습관이 있으셨다(마 14:13). 예수님은 단지 사람들로부터 벗어난 것이 아니라 하나님과 함께 계신 것이다. 예수께서 그 한적한 곳에 계실 때 무슨 일을 하셨을까? 그는 하나님 아버지를 찾으셨다. 그는 하나님께 귀 기울이고 대화하셨다. 그리고 우리에게도 그렇게 하라고 하신다.

---

[2] 마태복음 4:1-11, 14:23, 17:1-9, 26:36-46 ; 마가복음 1:35, 6:31 ; 누가복음 5:16, 6:12을 보라.

듣기와 순종하기

기독교의 묵상을 간단히 말하면 하나님의 음성을 듣고 그의 말씀에 순종하는 능력이다. 아주 간단하다. 하지만 복잡한 것을 좋아하는 사람들을 위해 좀 복잡하게 이야기하겠다. 여기에는 숨은 비결도, 비밀스러운 주문도, 정신 운동도, 환각적인 초월의식도 없다. 다만 위대하신 우주의 하나님, 만물의 창조주께서 우리와의 교제를 원하신다는 사실이 있을 뿐이다.

에덴 동산의 아담과 하와는 하나님과 더불어 이야기했고, 하나님은 그들과 더불어 이야기하셨다. 즉 교통한 것이다. 그러다가 타락이 왔다. 타락의 가장 큰 의미는 영원한 교제가 깨졌다는 것이다. 아담과 하와가 하나님을 피하여 숨었기 때문이다. 그러나 하나님께서는 계속해서 손을 내밀어 거역하는 자녀들을 찾으셨다. 가인, 아벨, 노아, 아브라함의 이야기에서 우리는 말씀하고 행동하며 가르치고 인도하시는 하나님을 볼 수 있다.

모세는 여러 번 흔들리고 주저앉았지만 하나님의 음성을 듣고 순종하는 법을 배웠다. 실제로 성경은 "사람이 자기의 친구와 이야기함같이 여호와께서는 모세와 대면하여 말씀하시며"(출 33:11)라고 증거하고 있다. 여기에는 친밀한 관계, 교제의 의미가 내포되어 있다. 그러나 이스라엘 민족은 이러한 친밀함을 갖지 못했다. 그들은 하나님에 대해 조금 배우고 나서는 하나님의 존전에 나아가는 것이 두려운 일이라는 것을 깨달았다.

그래서 모세에게 이렇게 말했다. "당신이 우리에게 말씀하소서 우리가 들으리이다 하나님이 우리에게 말씀하시지 말게 하소서 우리가 죽을까 하나이다"(출 20:19). 이렇게 하여 그들은 위험 부담 없이 종교적 체면을 유지할 수 있었다. 이것은 모세를 선두로 하는 선지자와 사사 반열의 시작이었다. 그러나 한편으로 이것은 현재감, 낮에는 구름 기둥으로 밤에는 불기둥으로 함께 하신다는 느낌으로부터 벗어나는 발길이었다.

때가 차자 예수께서 오셔서 하나님 나라를 가르치시고 그 나라의 삶이 어떠한가를 본보여 주셨다. 예수님은 자신을 구속자와 왕으로 알게 하는 살아 있는 교제를 확립해 주셨는데, 그것은 모든 일에 그의 말씀을 듣고 항상 그를 순종하는 것이었다. 예수님은 아버지와의 친밀한 교제를 통해서 듣고 순종하는 삶의 모습을 우리에게 본보이셨다.

"아들이 아버지께서 하시는 일을 보지 않고는 아무것도 스스로 할 수 없나니 아버지께서 행하시는 그것을 아들도 그와 같이 행하느니라"(요 5:19). "내가 아무것도 스스로 할 수 없노라 듣는 대로 심판하노니"(요 5:30). "내가 너희에게 이르는 말은 스스로 하는 것이 아니라 아버지께서 내 안에 계셔서 그의 일을 하시는 것이라"(요 14:10).

예수께서 제자들에게 내 안에 거하라고 하실 때, 제자들은 아버지 안에 거하는 것이 무슨 뜻인지 이해할 수 있었다. 예수님은 자신이 선한 목자이며 자기 양은 그의 목소리를 안다고 하셨다(요 10:4). 예수님은 보혜사, 즉 우리를 모든 진리 가운데로 인도할 진리의 성령께서 오실 것이라고 이야기하셨다(요 16:13).

누가는 그의 두 번째 책에서, 사람들이 예수님을 육안으로 볼 수 없음에도 예수님은 부활과 승천 후에도 '행하시며 가르치기를' 계속하셨다고 시사한다(행 1:1). 베드로와 스데반은 모두 예수님이 신명기 18:15에 있는 모세와 같은 선지자들에 대한 예언의 성취라고 지적한다. 모세는 말하는 자이고 백성들은 그 말을 듣고 순종해야 할 사람들

이었다(행 3:22, 7:37).[3]

사도행전에서 우리는 부활하셔서 통치하시는 그리스도를 본다. 그분은 성령을 통해서 자녀들을 가르치고 인도하신다. 빌립을 인도하여 새로이 미전도 지역에 가게 하시고(행 8장), 자신의 메시아 됨을 바울에게 보이시고(행 9장), 베드로에게 그의 유대 민족주의를 가르치시고(행 10장), 교회를 인도하여 문화의 속박에서 벗어나게 하신다(행 15장). 우리가 거듭거듭 보게 되는 것은, 하나님의 백성들이 그의 음성을 듣고 순종하는 것을 기초로 사는 법을 배우는 모습이다.

간단히 말해서 이것이 묵상에 대한 성경의 토대이다. 놀라운 것은 예수께서는 행하고 말씀하시는 것으로 끝내지 않으셨다는 것이다.

그분은 부활하셔서 지금 이 세상에서 일하고 계신다. 그분은 게으름 피우거나 뒷짐지고 계시지 않았다. 그분은 우리 가운데 살아 계시는 대제사장으로서 우리를 용서하고, 선지자로서 우리를 가르치며, 왕으로서 우리를 다스리고, 목자로서 우리를 인도하신다.

모든 세대 모든 성도들이 이 사실을 경험했다. 그동안 충성된 신자들이 묵상에 대해 써 놓은 엄청난 양의 글들을 현대 그리스도인들이 모른다는 것은 정말 안타까운 일이다! 주님과 항상 교제하는 즐거운 삶을 간증하는 것이 그들의 글에서 볼 수 있는 공통점이다. 가톨릭에서 개신교에 이르기까지, 동방정교에서 서양의 자유 교회에 이르기까지 우리에게 촉구하는 것은 한결같이 "방해받지 않는 교제 가운데 그의 임재 안에서 살라."[4]는 것이다. 러시아의 한 신비주의자는 "기도는 생각을

---

[3] 신명기 18:15-18; 마태복음 17:5; 요한복음 1:21, 4:19-25, 6:14, 7:37-40; 히브리서 1:1-13, 3:7-8, 12:25을 보라.

가지고 마음으로 내려가 거기서 어디나 계시고 모든 것을 보시며 당신 안에 계시는 주님의 면전에 서는 것이다."5)라고 말했다. 영국의 성직자 제레미 테일러는 "묵상은 만인의 의무이다."6)라고 선언했다. 현대에 와서 루터교 순교자 디트리히 본회퍼는 왜 묵상하느냐는 질문에 "나는 그리스도인이기 때문이다."7)라고 대답했다.

성경의 증거들과 경건의 대가의 증거들이 이처럼 많기 때문에, 하나님의 임재하심이 너무나도 분명하기 때문에, 마담 기용이 말한 바대로 "예수 그리스도의 깊이"8)를 체험하라는 은혜로운 충고를 무시하는 것은 어리석은 짓이다.

묵상의 목적

묵상할 때 우리는 토마스 아 켐피스가 말한 "예수님과 친한 우정 관계"9)로 들어가게 된다. 우리는 그리스도의 빛과 생명 속으로 들어가 그 자세를 편히 즐기는 것이다. 하나님의 영원한 임재(우리는 편재라 함)는 신학적 교리에서 찬란한 현실로 변화된다. '그가 나와 함께 걸으시며 나와 함께 말씀하신다.' 는 말은 경건한 사람의 전유물이 아니라 일상 생활에 대한 솔직한 표현이다.

---

4) Madame Guyon, *Experiencing the Depths of Jesus Christ* (Goleta, CA : Christian Books, 1975), p. 3.
5) Timothy Ware, ed., *The Art of Prayer : An Orthodox Anthology* (London : Faber & Faber, 1966), p. 110.
6) Jeremy Taylor, *The House of Understanding : Selections from the Writings of Jeremy Taylor*, ed. Margaret Gest (Philadelphia : Univ. of Pennsylvania Press, 1954), p. 106.
7) Dietrich Bonhoeffer, *The Way to Freedom* (New York : Harper & Row, 1966), p. 57.
8) Guyon, op. cit., p. 32.
9) Thomas à Kempis, *The Imitation of Christ* (『그리스도를 본받아』, 생명의 말씀사 역간, Garden City, New York : Image Books, 1955), p. 85.

내 말을 잘 이해하기 바란다. 어떤 감상적이고 즉흥적이며 입에 발린 관계를 이야기하는 것이 아니다. 그런 감상적인 생각은 성경에 나타난 높이 들린 주님을 우리가 얼마나 모르며 얼마나 멀리 떨어져 있는가를 보여 줄 따름이다. 요한은 요한계시록에서 그가 왕 위에 계신 그리스도를 보았을 때 죽은 자처럼 엎드러졌다고 했는데 우리도 그래야 한다(계 1:17). 내가 말하는 것은 제자들이 다락방에서 체험했던, 무척 다정하면서도 두려울 정도로 존경스러운 그런 체험과 더 가까운 것이다.

묵상할 때에 우리는 정서적, 영적 공간을 만들어 그리스도께서 마음속에 성소를 건축하실 수 있게 한다. "볼지어다 내가 문 밖에 서서 두드리노니"(계 3:20)라는 놀라운 말씀은 본래 신자들을 위한 것이지 불신자들을 위한 것이 아니었다. 삶을 주님께 맡긴 우리는 주님께서 우리와 함께 먹고 함께 대화하기를 얼마나 원하시는지 알 필요가 있다. 주님은 우리 마음속 성소에서 영원한 성찬을 하기 원하신다. 묵상이 이 문을 열어 준다. 그래서 우리가 특정 시간에 특정한 일을 묵상할지라도 그 묵상은 이 생명력 넘치는 현실을 삶 전체에 실현하는 것이다. 움직이는 성소가 우리의 성품과 행위에 들어온다.

이런 유의 내적 교제는 우리의 속사람을 변화시킨다. 마음속 성소의 영원한 불길이 타오르면 변하지 않을 수 없다. 하나님의 불이 부정한 모든 것을 소멸하기 때문이다. 항상 곁에 계시는 우리의 스승께서는 늘 우리를 인도하여 "성령 안에 있는 의와 평강과 희락"(롬 14:17)을 누리게 하신다.

그의 길에 어울리지 않는 것은 무엇이든지 버려야 한다. '의무'가 아니라 '소원'으로 그래야 한다. 우리의 욕구와 열망이 갈수록 그의 길과 맞추어지기 때문에 그것은 어려운 일이 아니다. 갈수록 우리 안에 있는 모든 것이 성령의 북극을 가리키는 바늘같이 흔들리게 되는 것이다.

흔히 있는 그릇된 생각들

기독교의 묵상 개념을 중요시하는 곳에는 반드시 그것을 동양 종교의 명상/묵상 개념과 같은 것으로 보는 사람들이 있다. 그러나 실상은 이 두 가지 개념이 세상을 나누어 놓는다. 동양의 명상은 마음을 비우기 위한 노력이다. 반면에 기독교의 묵상은 마음을 채우기 위한 시도이다. 이 두 개념은 이처럼 전혀 다르다.

동양의 명상에서는 세상에서 떨어지는 것을 강조한다. 개성과 자아를 버리고 범아와의 일치를 강조한다. 이 세상의 수고와 고통에서 해방되어 비인격의 열반으로 들어가는 것을 동경한다. 개인의 정체성은 상실된다. 실제로 개성은 궁극적 환상으로 간주된다. 다만 비참한 존재의 바퀴로부터 도피가 있을 뿐이다. 매달리거나 말씀을 들을 하나님은 없다. 초연이 동양 종교의 궁극적 목표이다.

기독교의 묵상은 초연의 개념보다 훨씬 더 높은 것이다. 물론 초연도 필요하다. 20세기 베네딕투스 수도회 수도승 피터는 이것을 "사색의 안식"[10]이라고 불렀다. 그렇지만 초연함과 결부시켜서만 생각하면 위험하다. 악한 것을 비웠으나 선한 것을 채우지 않아 나중이 처음보다 더 나빠진 사람에 대한 예수님의 이야기가 그것을 보여준다. "더러운

---

10) Thomas Merton, *Contemplative Prayer* (Garden City, New York: Doubleday, 1969), p. 59.

귀신이 사람에게서 나갔을 때에 물 없는 곳으로 다니며 쉬기를 구하되……이에 가서 저보다 더 악한 귀신 일곱을 데리고 들어가서 거하니 그 사람의 나중 형편이 전보다 더 심하게 되느니라"(눅 11:24-26).[11]

그렇다. 초연만으로는 충분하지 않다. 초연을 넘어 집착으로 나아가야 한다. 우리 주위의 혼란으로부터의 초연은 하나님께 더 잘 집착하기 위한 것이다. 기독교의 묵상은 우리 자신을 자유롭게 하나님께 드리는 데 필요한 내적 완전함으로 이끌어 준다.

묵상에 대한 또 하나의 오해는, 묵상이 너무 어렵고 복잡하다는 생각이다. 묵상은 내면을 탐구할 시간이 있는 전문가에게 맡기는 것이 최고라고 생각한다. 그러나 전혀 그렇지 않다. 이 분야에 탁월하다고 인정받는 사람들 가운데, 그들이 특별한 소수의 영적 거장들이 되기만을 추구한다고 한 사람은 없다. 그런 말을 들으면 박장대소할 것이다. 그들은 자신이 하는 일이 인간의 자연스러운 활동-호흡과 같이 자연스럽고 중요한 일-이라고 생각한다. 그들은 특별한 은사나 정신적인 능력이 없어도 된다고 말한다.

토머스 머턴은 이렇게 썼다. "묵상은 실제로는 대단히 단순한 것이다. 그러므로 그것을 하는 법을 가르쳐 주는 정교한 기술이 별로 필요하지 않다."[12]

세 번째 오해는, 묵상을 비실제적인 것으로 여기며 20세기에는 전혀

---

11) Morton Kelsey in *The Other Side of Silence* makes an excellent analysis of Eastern and Christian meditation, See especially pp. 1, 57, 98, and 121.
12) Thomas Merton, *Spiritual Direction and Meditation* (Collegeville, MN : Liturgical Press, 1960), p. 68.

맞지 않는 것으로 생각하는 것이다. 도스토예프스키가 『카라마조프의 형제들』에서 묘사한 금욕적인 신부 페라폰트 같은 사람이 될까 두려워하기 때문이다. 그는 엄격하고 독선적인 사람으로서 순전히 노력으로 자신을 세상으로부터 구출하고 세상에 저주를 내리는 사람이다. 그와 같은 묵상은 아무리 해도 불건전한 현실도피(타계 지향)로 이끌고 가서 우리들로 하여금 인간의 고난에 대하여 무관심하게 만든다고 사람들은 생각한다.

그와 같은 견해는 과녁에서 멀리 빗나간 것이다. 사실 묵상은 인생을 성공적으로 다룰 수 있도록 우리의 삶의 방향을 바꾸어 줄 수 있는 것이다. 토머스 머턴은 다음과 같이 기록했다. "묵상이 삶에 굳게 뿌리를 내리지 않는 한, 아무런 핵심도, 실제도 없다."13) 역사적으로 볼 때 퀘이커 교도들만큼 침묵 가운데 듣는 일을 강조한 단체는 없었다. 그 결과 그들은 숫자에 비해 엄청난 영향을 끼쳤다. 윌리엄 펜은 이렇게 말한다. "참된 경건은 사람을 세상에서 몰아내는 것이 아니라 세상에서 더 잘 살면서 세상을 개선하기 위해 노력하게 한다."14)

묵상은 흔히 아주 실제적이며, 거의 현실적인 통찰력을 낳는다. 묵상을 통하여 아내는 남편을, 남편은 아내를 어떻게 대해야 하는지에 대한 지침을 얻는다. 또한 민감한 문제나 사업을 어떻게 다루어야 할지에 대한 지침도 얻는다. 어떤 특별한 묵상이 황홀경에 이르게 한다는 것은 참으로 놀랍다. 그러나 일반적인 인간 문제를 다루는 데 있어서 안내를 받는다는 것은 훨씬 더 보편적이다. 묵상은 보다 훌륭한 시각과 균형을 갖고 일상 세상 속으로 들어갈 수 있게 해준다.

---

13) Merton, *Contemplative Prayer*, p. 39.
14) William Penn, *No Cross, No Crown*, ed. Ronald Selleck (Richmond, IN : Friends United Press, 1981), p. 12.

아마 모든 오해 가운데서도 가장 보편적인 오해는, 묵상을 종교적 형태의 심리 조종으로 보는 견해일 것이다. 그것은 혈압을 내리거나 혹은 긴장을 해소하는 데 도움이 될 수도 있다. 또한 그와 같은 견해는 잠재의식 세계와 접촉하도록 함으로써 뜻 깊은 통찰을 제공해 줄 수도 있을 것이다. 그러나 그와 같은 견해를 가진 사람들에게는 아브라함, 이삭, 야곱이 실제로 하나님과 만나 교제했다는 생각이 불합리하게 들린다. 만약 우리가 순전히 물질적인 우주 속에서 산다고 생각한다면 당신은 묵상을 지속적으로 알파파를 획득하는 좋은 방법이라고 생각할 것이다. 그러나 만약 무한하시며 인격이신 하나님에 의하여 창조된 우주 속에서 살고 있다고 믿는다면, 또한 그 하나님께서 우리와의 교제를 기뻐하신다고 믿는다면 당신은 묵상을 사랑의 하나님과 사랑받는 우리 사이의 교통으로 볼 것이다.

묵상에 대한 이 두 가지 개념은 서로 완전히 반대된다. 전자는 우리를 전적으로 인간적인 체험으로 제한하고, 후자는 우리를 하나님과의 만남 속에 들어가게 한다. 전자는 잠재의식을 개발하는 일을 말하고, 후자는 "우리가 발견한 그분 안에 거하는 일에 대하여, 우리를 사랑하시며 우리 가까이 계시는 분에 대하여, 그리고 우리에게 오셔서 우리를 자신에게로 이끄시는 분에 대하여"[15] 말한다. 이 둘은 모두 종교적인 것으로 들릴 수도 있고 또 종교적인 용어를 사용할 수도 있다. 그러나 전자는 궁극적으로 영적인 실재를 위한 자리가 없다.

그러면, 어떻게 하면 우리가 영의 세계를 믿을 수 있게 될까? 맹목적

---

[15] Merton, *Contemplative Prayer*, p. 29.

인 믿음에 의하여 믿을 수 있게 될까? 아니다. 결코 그렇지 않다. 영적 세계의 내적 실재는 찾으려는 사람은 누구나 얻을 수 있다. 나는 종종 영적인 세계가 실제로 있는지 십 분도 찾아보지 않고 영적인 세계를 거리낌 없이 비방하는 사람들을 본다.

영적인 세계의 실재에 대해 실험하는 자세를 가져야 한다. 다른 모든 과학적 노력이 그러하듯이 우리는 가설을 세우고 그 가설이 참인지 아닌지 알아보기 위해 실험을 해야 한다. 첫 번째 실험이 실패한다 해도 실망해서는 안 되고, 모든 것이 거짓이라고 속단해서도 안 된다. 절차를 재조사하고 다시 실험하며 이와 같은 일을 꾸준히 하기를, 최소한 모든 과학 분야에서 하는 것과 같이 해야 한다. 너무나 많은 사람들이 그렇게 하기를 싫어한다는 사실은 그들의 지성을 드러내는 것이 아니라 그들의 편견을 드러내는 것이다.

살아 계신 하나님의 음성을 갈망하라

우리 속에 있는 모든 것이 프레더릭 파버의 다음 시를 긍정하는 때가 있다.

> 가만히 앉아서 하나님을 생각하니
> 그 얼마나 기쁜지!
> 그 생각을 하고 그 이름을 호흡하고
> 이 땅에서 이보다 더 복된 일은 없다.[16]

---

16) A. W. Tozer, *The Knowledge of The Holy* (New York : Harper & Brothers, 1961), p. 20.

그러나 묵상하는 사람들은 영적 해이와 냉담함과 바라는 마음의 부족이 빈번하게 나타남을 잘 안다. 사람들은 누군가가 자신들을 대신하여 하나님께 말해 주기를 바라는 경향을 끊임없이 갖고 있는 것 같다.

우리는 간접적인 메시지를 듣기 좋아하는 경향이 있다. 이스라엘 민족의 결정적인 실수 하나는 하나님의 직접적인 통치보다는 인간 왕을 달라고 고집한 것이다.

우리는 "그들이 너를 버림이 아니요 나를 버려 자기들의 왕이 되지 못하게 함이니라"(삼상 8:7)고 안타까워하시는 하나님의 말씀을 볼 수 있다. 종교는 역사의 왕, 중재자, 제사장을 취하려고 거의 필사적으로 애쓰는 이야기이다. 그렇게 함으로써 우리는 하나님께 나아갈 필요가 없게 된다. 그와 같은 방법은 변화의 필요를 회피하도록 한다.

왜냐하면 하나님의 임재하심 안에 있다는 것은 변화해야 한다는 것을 의미하기 때문이다. 그와 같은 방법은 도덕적 변화의 필요없이 종교적 체면을 유지하게 하는 것이기 때문에 대단히 편리하다. 중재자의 종교에 의하여 마음이 사로잡혀 있는 현실은 오늘의 문화를 조금만 관찰해도 알 수 있다.

묵상을 대단히 두렵게 생각하는 이유가 여기에 있다. 묵상은 우리 자신이 살아 계신 하나님 앞에 나아갈 것을 요구하며 하나님께서 지금 말씀하고 계시고 또한 우리에게 말씀하기를 원하신다는 사실을 우리에게 가르쳐 준다.

예수님과 신약의 저자들은 묵상이 종교 전문가들제사장들만을 위한 것이 아니라 모든 사람들을 위한 것임을 분명히 밝혔다. 예수 그리스도를 주님으로 시인하는 모든 사람들은 하나님의 보편적인 제사장이 된다.

그러므로 그들 모두는 지성소에 들어갈 수 있고 살아 계신 하나님과 대화할 수 있다.

오늘날 사람들이 하나님의 음성을 들을 수 있다는 것을 믿게 하기는 대단히 어려운 것 같다. 워싱턴에 있는 세이비어 교회의 교인들은 얼마 동안 이 방면의 실험을 계속했다. 결국 그들은 다음과 같은 결론을 내렸다. "우리는 우리가 20세기 또는 21세기의 사람들이라고 생각한다. 그렇지만 우리는 아나니아에게 명백하게 지시가 주어졌던 것과 마찬가지로 우리도 지시를 받을 수 있다는 암시를 갖고 있다. …… '일어나 직가라 하는 거리로 가서.'"17)

우리가 하나님의 음성을 듣지 못할 이유가 어디 있는가? 하나님이 살아 계신다면, 그리고 하나님이 인간의 일에 개입하신다면 오늘날 우리가 하나님의 음성을 듣지 못할 이유가 무엇이며 또 순종 못할 이유가 무엇인가? 하나님을 현재의 스승과 예언자로 아는 모든 사람들은 하나님의 음성을 들을 수 있다.

어떻게 하면 하나님의 음성을 듣기 원하는 소원을 받을 수 있을까? "이 소원은, 바꾸어 말하면 은혜의 선물이다. 묵상을 위한 소원과 은혜 받기를 기도하는 일 없이 그냥 묵상을 시작할 수 있다고 생각하는 사람은 누구나 얼마 가지 않아 포기하게 될 것이다. 그러나 묵상을 하려는 소원과 묵상을 시작하도록 하는 은혜는 보다 더 큰 은혜에 대한 은연 중의 약속으로 받아들여져야 한다."18) 이 '은혜의 선물'을 구하고 받는 일은 우리들로 하여금 내적 여정을 지속하게 하는 유일한 것이다. 이것

---

17) Elizabeth O'Connor, *Search for Silence* (Waco, TX : Word Books, 1971), p. 95.
18) Merton, *Spiritual Direction and Meditation*, p. 98.

은 앨버트 공의 말대로 "성도들의 묵상은 묵상되는 자, 즉 하나님의 사랑에 의해 불붙는다."[19]

상상을 성화하라

우리는 상상을 통해 아주 쉽게 머리에서 가슴으로 내려갈 수 있다. 이것에 대하여 스코틀랜드의 위대한 설교가 알렉산더 화이트는 "그리스도인의 상상이라는 신성한 직분과 화려한 봉사"[20]라고 말했다. 추상적인 묵상만으로 하나님을 체험한 사람은 별로 많지 않을 것이다. 그러나 우리 대부분은 좀더 깊이 오관을 의지할 필요가 있다. 우리는 이렇게 단순하고, 상당히 초라한 방법을 통해 하나님의 존전에 나아가는 것을 무시해서는 안 된다. 예수님 자신도 이 방법으로 가르치시며 늘 상상력에 호소하셨다. 많은 경건의 거장들도 마찬가지로 이 길을 권장한다.

아빌라의 테레사도 "나의 명철로는 숙고할 수 없으므로 내 안에 계신 그리스도를 궁리하여 그릴 수밖에 없다."[21]고 했다. 우리 가운데 많은 사람이 그녀의 말에 동감할 것이다. 우리 역시 지적으로 접근했지만 너무 추상적이고, 너무 냉담했었음을 알고 있지 않은가? 더군다나 상상은 우리의 생각을 고정시키고 주의를 집중시키는 데 도움이 된다. 프랑수아 드 살르는 이렇게 지적한다. "우리는 상상을 통해서 우리가 묵상하는 신비한 것 안에 우리의 생각을 고정시켜 이리저리로 배회하지 않게 할 수 있는데, 이것은 마치 새를 새장 안에 가두거나 매를 가죽 끈

---

19) Ibid., p. 47.
20) Alexander Whyte, Lord, *Teach Us to Pray* (New York : Harper & Brothers, n. d.), p. 249.
21) As quoted in Lynn J. Radcliffe, *Making Prayer Real* (New York : Abington Cokesbury Press, 1952), p. 214.

으로 묶어 손 안에 머물게 하는 것과 같다."22)

어떤 이들은 상상은 신뢰할 수 없으며 악한 자에게 이용당할 수 있다는 우려에서 상상을 반대한다. 그런 우려는 충분히 타당성이 있다. 우리의 모든 능력과 마찬가지로 상상도 타락에 관여했기 때문이다. 그렇지만 하나님께서 우리의 이성(타락한 상태의)을 취하여 거룩하게 하신 후 그의 선하신 뜻을 위해 사용하실 수 있는 것처럼, 상상도 거룩하게 하신 후 그의 선하신 뜻을 위해 사용하실 수 있다고 믿는다. 물론 상상도 사탄에 의해 왜곡될 수 있다. 그러나 그건 우리의 모든 능력이 다 마찬가지이다. 하나님은 우리를 상상을 가진 피조물로 만드셨다. 그리고 피조물의 주이신 하나님은 상상을 구속하실 수 있고 또 그렇게 하셔서 하나님 나라를 위해 사용하신다.

상상에 대한 또 하나의 우려는 인간의 조작과 자기 기만에 대한 두려움이다. 어떤 사람들은 이른바 '지나친 상상'을 한다. 그래서 그들은 자기들이 원하는 것은 무엇이든지 상상해 낼 수 있다. 성경도 악한 사람들이 '허망한 생각'을 한다고 경고하고 있지 않은가?(롬 1:21). 그러니 우려를 가질 만도 하다. 이 모든 것이 인간의 헛된 노력에 불과할 수도 있다. 그렇기 때문에 이 일에 있어서 전적으로 하나님을 의지하는 것이 극히 중요하다.

우리는 하나님을 좇아 하나님의 생각을 하고, 그분 앞에서 즐거워하고, 그의 진리와 길을 원한다. 우리의 이런 삶이 깊어질수록 하나님은 더욱 우리의 상상력을 그의 뜻을 위해 사용하신다. 실제로 하나님과 동

---

22) St. Francis de Sales, *Introduction to the Devout Life*, Trans. John K. Ryan (New York : Doubleday, 1955), p. 84.

행하는 사람들이 가지는 공통적인 체험은 어떤 일이 가능하다는 영상을 받는 체험이다. 종종 나는 사람들을 위해 기도하는 가운데 그들이 처한 상황에 대한 그림이 떠오른다. 그리하여 그 그림에 그들과 함께 동참하노라면 깊은 탄식이 나오거나 눈물이 흐르게 된다. 후에 그들이 "어떻게 그걸 알았습니까?"라고 물으면 "글쎄, 몰랐어요. 다만 보았을 뿐이에요."라고 한다.

하나님께서 상상을 성화하여 사용하실 수 있다고 믿는 것은 기독교의 성육신 사상을 진지하게 받아들이는 것이다. 하나님은 자신을 세상에 맞도록 적응시키고 육화하셔서, 우리가 알고 이해하는 상상을 이용해 우리가 거의 알지 못하고 이해하기 어려운, 보이지 않는 세계를 가르치신다.

묵상을 위한 준비

묵상을 어떻게 해야 하는지는 한 책에서 배울 수 있는 것이 아니다. 묵상은 실제로 묵상을 함으로써 배울 수 있다. 그러나 적시에 이루어지는 단순한 암시는 막대한 차이를 가져다 줄 수 있다. 앞으로 제시하는 실제적 암시와 묵상 연습은 묵상을 실제로 하는 데 도움을 주기 위한 것이지 법칙으로 제한을 두려는 것은 아니다.

묵상을 위한 적절한 시간이 있는가

내면의 삶에서 일단 숙달된 경지에 도달하면 묵상을 실행하는 일은 거의 모든 장소, 모든 환경에서 가능하게 된다. 17세기의 브라더 로렌스와 20세기의 토머스 켈리는 모두 이 사실에 대해 웅변적으로 증거한다. 그러나 우리는 초보자에게나 숙달된 사람에게나 하루의 일정한 시간을 공식적인 묵상에 사용하는 것이 중요함을 인식해야 한다.

묵상을 위해 따로 시간을 정하기로 결심한 후, 특정 시간에 하는 종교적 행위를 묵상한 것으로 보는 개념을 조심해야 한다. 묵상은 우리의 삶 전체가 포함되는 것이다. 묵상은 하루 24시간의 일이다. 묵상 기도는 하나의 생활 방식이다. 바울은 "쉬지 말고 기도하라"살전 5:17고 권고했다. 셀의 피터는 유머가 섞인 다음과 같은 말을 했다. "악의 밤에 코를 골며 자는 사람은 묵상의 빛을 알 수 없다."[23]

그러므로 우리는 묵상 시간을 위한 준비를 하는 데 하루 전체가 얼마나 중요한지를 깨달아야 한다. 만약 끊임없이 뛰어다니며 정신 없이 활동에 몰입한다면 내적 침묵의 시간에 주의를 집중할 수가 없다. 외적인 일로 시달리며 분산되어 있는 마음은 묵상을 위한 준비가 되어 있지 않은 마음이다. 교부들은 종종 '서룩한 여가'라는 말을 사용했다. 이 말은 생활의 균형을 유지해야 한다는 의미와, 하루의 활동 중 평화로울 수 있는 능력, 쉬면서 미를 즐기는 시간을 가질 수 있는 능력, 그리고 자기 자신의 페이스를 조절할 수 있는 능력을 가져야 한다는 의미를 갖고 있다. 성과로 사람을 억압하는 경향이 있는 우리는 '거룩한 여가'를 잘 가꾸어야 할 것이다. 그리고 묵상하는 일에 성공하기 원한다면 하루하루의 생활 일정에 대해 단호한 결심을 가지고 '거룩한 여가'를 추구해야 할 것이다.

---

[23] Merton, *Contemplative Prayer*, p. 59.

묵상을 위한 장소는 어디가 좋을까

이 사항에 대해서는 '홀로 있기 훈련'에서 자세히 논의하기로 하겠다. 여기에서는 간단히 언급하고 지나가는 것이 좋겠다. 아무런 방해도 받지 않는 조용한 장소를 찾기 바란다. 가까운 곳에 전화가 없어야 한다. 가능하면 아름다운 풍경이 있는 장소라면 더욱 좋다. 매일 다른 장소를 찾아다니기보다 일정한 장소를 정해두는 것이 가장 좋다.

자세는 어떠해야 할까

어떤 의미에서 자세는 별로 중요하지 않다. 어디서나, 어느 때나 그리고 어떤 자세로도 기도할 수 있다. 그러나 또 다른 의미에서 외적 자세는 심히 중요하다. 몸과 마음과 영은 불가분의 관계에 있다. 마음의 긴장은 몸짓으로 나타난다. 나는 예배 시간에 계속해서 껌을 씹고 있는 사람들을 실제로 목격했다. 그들이 비록 전혀 알지 못해도 그들의 마음속 깊은 곳에는 긴장이 있다. 그렇듯 외적 자세가 내부의 상태를 반영할 뿐만 아니라 기도의 내적 태도를 향상시키는 데도 도움을 줄 수 있다. 만약 내적으로 산만함과 불안으로 가득 차 있다면, 의식적으로 편안한 자세를 취하는 것이 우리의 내적 불안을 잠잠케 하는 성향을 갖게 할 것이다.

바른 자세를 규정하는 법은 없다. 성경은 바닥에 엎드린 자세에서부터 손과 머리를 하늘을 향해 들고 서 있는 자세에 이르기까지 온갖 자세를 다 이야기하고 있다. 가장 좋은 방법은 가장 편안하고 주의를 산만케 하지 않는 자세를 갖는 것이다.

유쾌한 기질을 갖고 있던 14세기의 신비가 리처드 롤은 앉은 자세로 묵상하기를 즐겨했다. 그는 다음과 같이 말했다. "……나는 걷거나 서 있거나 혹은 무릎을 꿇고 있기보다 앉은 자세가 더 오래 견딜 수 있다는 것을 알았다. ……앉은 자세를 취할 때 나는 가장 편안하고, 그리고 나의 마음도 가장 힘이 있다."[24] 나는 이 말에 동감한다. 그리고 나는 의자에 앉아서 등을 바르게 세우고 두 발은 바닥에 놓는 자세가 가장 좋다는 것을 알게 되었다. 수그리는 자세는 방심을 나타내는 것이며, 또 다리를 포개는 자세는 혈액 순환을 억제한다. 손은 무릎 위에 올려놓고 손바닥을 펴 받는 자세를 취하기 바란다. 산만함을 없애기 위해 그리고 살아 계신 그리스도께 주의를 집중하기 위해 때로는 눈을 감는 것이 좋다. 또 때로는 주님의 모습을 생각한다든지 혹은 아름다운 나무나 어떤 식물을 내다보는 것이 도움이 된다. 어떠한 자세를 취하든 목표는 "예수 그리스도의 얼굴에 있는 하나님의 영광"(고후 4:6)에 몸과 마음과 감정과 정신을 집중하는 데 두어야 한다.

묵상의 방식들

전 역사를 통해 기독교인들은 다양한 방법으로 하나님의 말씀을 듣는 법, 하늘과 땅의 창조주와 교제하는 법, 세상을 영원히 사랑하는 분을 체험하는 방법을 이야기해 왔다. 축적된 그들의 경험 지식은 우리가 그들처럼 하나님과의 사귐, 하나님께 대한 충실을 추구할 때 큰 도움이 된다.

경건의 시간을 위한 자료들 가운데 '성경에 대한 묵상' *meditatio*

---

24) Merton, *Spiritual Direction and Meditation*, p. 75.

*Scripturarum*은 가장 표준적인 것으로 다른 모든 묵상 방식들이 올바르게 되었는지 알 수 있게 한다. 성경 공부는 주석을 중심으로 하는 반면, 성경 묵상은 본문을 내면화하고 개별화하는 데 중점을 둔다. 기록된 말씀이 당신에게 말하는 살아 있는 말씀이 되는 것이다. 이 시간은 전문적인 연구나 분석, 또는 다른 사람과 나눌 자료를 얻는 시간이 아니다.

교만해지려는 모든 유혹을 물리치고 겸손한 마음으로 당신에게 전해지는 말씀을 받아들이라. 종종 나는 이 특별한 시간에는 무릎 꿇는 것이 아주 적절하다는 것을 깨닫는다. 본회퍼는 이렇게 말했다. "당신이 사랑하는 사람의 말을 분석하려 하지 않고 말 그대로 받아들이는 것처럼, 하나님의 말씀을 받아들여서 마리아처럼 마음에 두고 생각하라."[25] 본회퍼는 핑칸발데에 신학교를 세웠을 때, 그곳 사람들은 반드시 반 시간씩 조용히 성경을 묵상하도록 했다.

많은 본문을 피상적으로 읽고 넘어가려는 유혹을 이겨야 한다. 우리가 서두르는 것은 내적 상태를 반영하는 것이므로 내적 상태가 변화되어야 한다. 본회퍼는 한 본문을 가지고 일주일 내내 묵상할 것을 권고했다! 그러므로 한 사건이나 한 비유, 또는 몇 구절이나 한 단어를 택해서 그것을 파고들기 바란다. 우리의 오관을 이 일에 사용하라는 이그나티우스 데 로욜라의 격려를 기억하면서 이런 체험을 할 수 있도록 노력하기 바란다.

바다의 냄새를 맡으라. 해변의 파도 소리를 들으라. 무리들을 보라. 머리에 비치는 태양과 뱃속의 굶주림을 느끼라. 공기 속의 소금기를 맛보라. 그의 옷자락을 만지라. 이것에 대해 알렉산더 화이트는 이렇게 권고한다. "진실된 그리스도인의 상상은 예수 그리스도를 그의 시야에

---

25) Bonhoeffer, p. 59.

서 결코 벗어나게 하지 않는다. ……당신은 신약을 편다. ……그 순간 당신은 상상을 통하여 그 현장에 있는 그리스도의 제자들 가운데 하나가 된다. 그리고 그의 발 아래 앉는다."26)

"나의 평안을 너희에게 주노라"(요 14:27)고 하신 예수님의 놀라운 말씀을 묵상하려고 한다 하자. 우리가 할 일은 그 구절을 연구하는 것이라기보다는 그 말씀을 하신 상황으로 들어가는 것이다.

우리는 지금 그분이 자신의 평안을 우리에게 채워 주려고 한다는 사실을 깊이 생각한다. 마음과 생각과 영이, 그분이 채워 주시는 평안을 깨닫기 시작한다. 우리는 두려움에서 오는 모든 동작이 "능력과 사랑과 절제하는 마음"(딤후 1:7)에 의해 잠잠해지고 정복되는 것을 느낀다. 우리는 평안을 깨뜨리지 않고 오히려 그 안으로 들어간다. 우리는 그 평안 속에 갇히고, 흡수되고, 빨려들어간다.

이런 체험에서 놀라운 것은 자기를 완전히 잊는다는 것이다. 우리는 자신을 어떻게 하면 더 평안하게 할 수 있는가에 대해 염려하지 않는다. 우리 마음 안에서 이루어지는 평안의 전수에 동참하고 있기 때문이다. 이제는 더 이상 평화로운 것처럼 행동하려고 애쓰지 않는다. 평안의 행위가 안에서 저절로 나오기 때문이다.

우리는 수동적인 구경꾼이 아니라 적극적인 참여자로 이 이야기에 들어간다는 것을 기억하라. 또 그리스도께서 늘 우리와 함께 계시면서 우리를 가르치고, 치료하며, 용서하신다는 것을 기억하라. 알렉산더 화이트는 이렇게 말한다. "당신은 거룩한 기름을 부음받은 상상력을 가지고 신약을 다시 펼친다. 당신은 어떤 때는 세리가 되고, 어떤 때는 탕자가 되

---

26) Whyte, op. cit., pp. 249-250.

며……어떤 때는 막달라 마리아가 되고, 어떤 때는 뜰에 있는 베드로가 된다. ……그리하여 신약성경 전체가 모두 당신의 자서전이 된다."27)

두 번째 묵상 방식은 '집결'이라고 하는 중세의 묵상법으로, 퀘이커 교도들은 흔히 '집중'이라고 부른다. 이 시간에는 가만히 있으면서 재창조의 침묵으로 들어가 우리 생각의 단편들을 집중시킨다.

다음은 당신이 '집결'을 하는 데 도움을 줄 수 있는 간단한 연습이다. '손바닥 아래로, 손바닥 위로'라는 것인데, 우선 '손바닥 아래로'부터 시작한다. 이것은 당신이 가질 수 있는 모든 염려를 하나님께 드리는 것을 상징한다. 그러면서 속으로는 이렇게 기도한다.

'주님, 존에 대한 나의 분노를 주께 드립니다. 오늘 아침 예약된 치과 치료에 대한 두려움을 맡깁니다. 이 달 생활비 부족에 대한 고민을 넘겨 드립니다. 오늘 저녁 아기 볼 사람을 찾지 못한 좌절감을 맡깁니다.' 당신의 마음을 짓누르는 것이든, 신경이 쓰이는 것이든 무엇이든지 그냥 '손바닥 아래로'라고 말하라. 그것들을 손에서 떨어뜨려 버리는 것이다. 당신은 그 모든 것들이 손에서 떨어져 나가는 느낌을 가질 수도 있을 것이다.

얼마 동안 맡기는 시간을 가진 다음에는 손바닥을 위로 한다. 이것은 주께로부터 받기 원한다는 상징이다. 말 없이 이렇게 기도할 수도 있다. '주님, 저는 존을 향한 주의 거룩한 사랑을, 치과 치료에 대한 주의 평안을, 주의 인내를, 주의 기쁨을 받고 싶습니다.'

무엇이 필요하든지 '손바닥 위로'라고 하기 바란다. 버리는 시간을

---

27) Ibid., p. 251.

가졌으므로 이제는 나머지 시간을 완전한 침묵 가운데 보낸다. 아무것도 구하지 말라. 주님께서 당신과 교제하시고 당신을 사랑하시도록 하라. 어떤 암시나 지시가 온다면 좋다. 그러나 오지 않아도 좋다.

세 번째 묵상 방식은 '창조에 대한 묵상' 이다. 이것은 유치한 범신론이 결코 아니다. 대단한 단일신론으로서 우주의 창조자께서 그분의 창조물들을 통해서 그분의 영광을 우리에게 보여 주는 방법이다. 하늘이 하나님의 영광을 선포하고 궁창이 그가 만드신 일을 드러낸다(시 19:1). 에블린 언더힐은 이렇게 이야기한다. "옛날 신비주의자들이 '피조물 안에 계신 하나님 발견' 이라고 불렀던 첫 번째 형태의 묵상을 시작하라."[28]

이처럼 당신의 주의를 피조된 세계로 돌리라. 나무들을 보라. 정말로 보라. 꽃을 보되 그 아름다움과 대칭의 미가 당신의 마음과 생각 깊숙이 파고들게 하라. 새 소리에 귀 기울이라. 그것들은 하나님의 사자들이다. 땅에 기는 작은 동물들을 주의해 보라. 이것은 하찮은 행동이지만, 우리가 조용히 귀를 기울이면 이 단순한 방법이 우리에게 큰 영향을 줄 수 있다.

네 번째 묵상 방식은 세 번째 방식과는 정반대적인 면을 갖고 있다. 그것은 '우리 시대의 사건들을 묵상' 하면서 그 의미를 찾는 것이다. 우리는 능력이 아니라 선지자적 관점을 얻기 위해서 우리 시대에 일어나는 사건들의 내적 의미를 꿰뚫어 볼 의무가 있다.

토머스 머턴은 그런 사람에 대해 이렇게 말했다. "그리스도의 고난만

---

28) Evelyn Underhill, *Practical Mysticism* (New York : Dutton, 1943), p. 90.

묵상하고 닥하우와 아우슈비츠의 수용소를 묵상하지 않는 사람은 우리 시대의 기독교를 온전히 체험하지 못한 것이다."[29]

이 묵상 방식은 한 손에는 성경을, 한 손에는 신문을 갖고 있을 때 가장 잘할 수 있다! 그렇지만 어리석은 정치꾼들에게 조종당하거나 광고가 우리를 먹이도록 해서는 안 된다. 실제로 신문들은 일반적으로 너무 피상적이고 편향적이어서 크게 도움이 되지 못한다. 이 시대의 사건들을 하나님 앞에 갖고 나아가 이들의 추이에 대한 선지자적 통찰을 구하는 것이 좋을 것이다. 나아가 우리는 이 어둡고 썩어 가는 세상에서 소금과 빛의 역할을 하도록 인도하심을 구해야 한다.

묵상 초기에 얻는 것이 별로 없더라도 낙심해서는 안 된다. 영적 삶은 점진적으로 발전한다. 그러므로 영혼의 에베레스트 산에 도전하기 전에 작은 산들을 오르는 경험을 하는 것이 지혜롭다. 그러므로 인내하라. 더군다나 당신은 지금까지 전혀 배우지 않았던 분야를 공부하고 있다. 우리 문화도 당신이 이런 기술을 배우는 것을 권장하지 않는다. 당신은 시대 조류를 거슬러 가고 있는 것이다. 그러나 낙심하지 말라. 당신이 하는 일은 엄청난 가치가 있다.

묵상 영역에는, 살펴보면 유익한 부분들이 아직도 많다.[30] 하지만 묵상은 단 한번의 행동으로 되는 것이 아니다. 또 의자를 만드는 것처럼 완성되는 일도 아니다. 묵상은 생활 방식이다. 당신은 내적 깊이를 더함에 따라 끊임없이 배우고 성장할 것이다.

---

[29] Merton, *Spiritual Direction and Meditation*, pp. 88-89.
[30] 묵상과 밀접하게 연관되는 두 가지 주제를 '홀로 있기 훈련'에서 논의하기로 하겠다. 이 두 가지 주제는 고요함을 창조적으로 사용하는 일과 십자가의 성 요한(St. John of the Cross)이 개발한 개념이다. 그는 그 개념을 사실적으로 일컬어서 '영혼의 어두운 밤'이라고 했다.

기도의 훈련

나는 너희가 간구하는 근거이다. 우선, 너희가 그 근거를 갖는 것이 나의 뜻이다. 다음으로, 내가 너희로 그것을 원하게 하겠다. 그리고 내가 너희로 간구하도록 한 후에야 너희는 그것을 간구하게 된다. 그런데 너희가 간구하는 것을 얻지 못할 수가 있겠는가? _노리치의 줄리안

    기도는 우리로 영적 생활의 최전방에 서게 한다. 모든 영적 훈련 중에서 기도가 가장 중요한 이유는, 우리를 아버지와 영원한 교제 가운데로 이끌기 때문이다. 묵상은 우리를 내적 삶으로 인도한다. 금식은 하나의 부수적인 수단이다. 공부는 우리의 지성을 변화시킨다. 그러나 인간 심령의 가장 깊고 가장 높은 행위 속에 들어가게 하는 것은 기도의 훈련이다. 진정한 기도는 생활을 변화시키고 또 생활을 창조한다. 윌리엄 캐리는 다음과 같이 기록했다. "기도―은밀하고 열렬한 믿음의 기도―는 모든 그리스도인의 경건의 밑뿌리에 있다."[1)]

    기도하는 것은 변하는 것이다. 기도는 하나님께서 우리를 변화시키

---

1) E. M. Bounds, *Power Through Prayer* (『기도의 능력』, 생명의 말씀사 역간, Chicago : Moody Press, n d), p. 23.

는 데 사용하시는 중요한 수단이다. 우리가 변화하기를 원치 않는다면 우리 생활의 큰 특징인 기도를 버릴 것이다. 하나님께 더 가까이 나아갈수록 우리의 부족함을 더 잘 보게 되고, 그리고 그리스도와 일치하기를 더욱더 원하게 된다.

윌리엄 블레이크는, 인생에서 우리가 할 일은 하나님의 '사랑의 빛'을 가지는 법을 배우는 것이라고 했다. 그런데 우리는 우리를 영원히 사랑하시는 하나님을 피하기 위해 얼마나 자주—빛을 차단하는—도피의 옷을 만드는지. 하지만 기도할 때 하나님께서는 서서히 그리고 자비롭게 우리들이 숨어 있는 장소를 드러내 보여 주시고 우리가 숨어 있던 장소에서 나와 자유롭게 되도록 하신다.

"구하여도 받지 못함은 정욕으로 쓰려고 잘못 구하기 때문이라"(약 4:3). '바르게' 구하는 일은 정욕이 변화되는 일을 포함한다. 진정한 기도를 할 때 우리는 하나님의 생각을 따라 생각하게 되고, 하나님이 원하시는 것을 원하게 되며, 또 하나님이 사랑하시는 것을 사랑하게 된다. 기도할 때 우리는 사물을 하나님이 보시는 관점에서 보는 법을 배우게 된다. 하나님과 동행한 사람들은 모두 다 기도를 그들의 삶의 주된 일로 보았다. 마가복음에 보면 다음과 같은 말씀이 있다. "새벽 아직도 밝기 전에 예수께서 일어나 나가 한적한 곳으로 가사 거기서 기도하시더니"(1:35). 하나님을 간절히 사모하는 다윗의 마음은 잠의 유혹에서 떠나도록 했다. '내가 일찍 주를 찾되'(시 63:1, KJV). 사도들이 다른 중요하고 필요한 일에 힘을 기울이도록 유혹을 받았을 때, 그들은 기도하는 일과 말씀 전하는 사역에 계속적으로 전념하기로 결심했다(행 6:4).

마틴 루터는 다음과 같이 선언했다. "나는 할 일이 너무 많기 때문에 하루 세 시간씩 기도하지 않을 수 없다." 그는 또 다음 말을 영적 좌우명으로 여겼다. "기도를 잘하는 사람은 공부를 잘한다."2)

존 웨슬리는 다음과 같이 말했다. "하나님은 오직 기도에 응답하여 일하신다."3) 웨슬리는 하루에 두 시간을 기도하는 일에 바침으로 그의 확신을 뒷받침했다.

데이비드 브레이너드의 생애에서 가장 주목할 만한 특징은 기도에 있다. 그의 일기는 기도와 금식과 묵상에 대한 기록으로 채워져 있었다. "나는 기도하는 시간을 많이 가질 수 있는 오두막에 홀로 있기를 즐겨 한다. 나는 이 날을 하나님 앞에서 은밀히 금식하고 기도하는 날로 떼어 놓았다."4)

믿음의 최전방에서 탐험하는 사람들에게 기도는 삶의 변두리에 덧붙는 작은 습관이 아니라 그들의 삶 자체이며 그들의 가장 생산적인 시기의 가장 진지한 일이었다. 윌리엄 펜은 조지 폭스에 대하여 다음과 같이 증언했다. "그는 무엇보다도 기도에 뛰어났다. ……내가 보고 느낀 자태 가운데서 가장 위엄 있고, 가장 활기 있고 가장 존경할 만한 자태는 그의 기도하는 자태였다."5)

아도니람 저드슨은 기도하는 그 거룩한 일을 하기 위해 하루에 일곱 차례씩 물러가 기도하는 시간을 가졌다. 그는 자정에 기도하고, 새벽에 다시 기도하고, 그 다음에는 아홉 시에, 또 열두 시에, 세 시에, 여섯 시

---

2) Ibid., p, 38.
3) Ibid., pp. 38, 77.
4) Ibid., pp. 41, 54.
5) Ibid., p. 13.

에, 밤 아홉 시에 기도했다.

기도의 사도 존 하이드는 "기도하는 하이드"[6]라는 별명을 들을 만큼 기도가 그의 생애를 지배하는 특징이었다. 내면의 삶 깊은 곳에 도전한 사람들 모두에게 기도는 호흡이었다.

그러나 우리 대부분은 그러한 모범에 용기를 얻기보다는 오히려 실망한다. 그들 '믿음의 영웅들'이 체험한 것은 우리가 체험하는 것보다 뛰어나다고 생각하기 때문에 실망하기가 쉽다. 그러나 우리 자신의 부족을 자책할 것이 아니라 하나님께서는 항상 우리가 있는 그 자리에서 우리를 만나신다는 사실과, 우리로 점진적으로 깊은 데로 들어가게 하신다는 사실을 기억해야 한다. 이따금씩 달리기를 하는 사람이 갑자기 올림픽 마라톤에 나갈 수는 없다. 올림픽에 나가기 위해서는 일정 기간 동안의 연습과 준비가 있어야 한다. 그런 발전이 이루어진 후에 비로소 일 년 후에는 지금보다 더 능력 있고 신령한 기도를 할 수 있으리라 기대할 수 있다.

우주의 모든 것이 이미 고정되어 있기 때문에 변화가 있을 수 없다는 생각 때문에 아예 처음부터 낙심하기가 쉽다. 변화가 불가능하다면 기도할 필요가 있겠는가? 이렇게 침울한 생각을 할 수도 있지만 성경은 결코 그렇게 가르치지 않는다. 성경의 기도자들은 기도가 상황을 변화시킬 수 있다고 믿고 기도했다. 사도 바울은 "우리는 하나님의 동역자들이요"(고전 3:9)라고 선언했다. 그러니까 우리는 사건의 결과를 결정하기 위해 하나님과 함께 일하고 있다는 것이다.

닫힌 세계를 주장하는 것은 성경이 아니라 스토아 철학이다. 현재 상

---

6) *Praying Hyde*, 『잠들지 않는 기도의 사도, 기도하는 하이드』, 생명의 말씀사 역간.

태가 '하나님의 뜻'이라고 체념하도록 강조하는 사람들은 그리스도께 가까운 사람들이 아니라 스토아 철학자 에픽테토스에 가까운 사람들이다. 모세는 기도가 상황을 바꿀 수 있고, 심지어 하나님의 마음까지도 바꿀 수 있다고 믿었기 때문에 담대하게 기도했다. 사실상 성경은 우주가 열려 있다는 것을 강조하고 있고, 하나님은 자신의 변함없는 사랑을 따라 마음을 늘 바꾸신다는 것을 말해준다(출 32:14 ; 욘 3:10).

이 사실은 우리에게 진정한 자유를 가져다주는 동시에 중대한 책임을 부여하기도 한다. 우리는 미래를 결정하기 위해 하나님과 함께 일하고 있다. 우리가 바르게 기도하면 역사 속에 어떤 일이 일어난다. 우리는 기도로 세상을 변화시켜야 한다. 우리는 이 가장 숭고한 인간의 행동을 배우기 위해 얼마나 많은 자극을 받아야 할까?

기도는 이렇게 대단하고 광범위한 주제이기 때문에 기도의 모든 면을 한 장에서 다루기는 불가능함을 즉각적으로 알 수 있다. 철학적으로 중대한 질문들이 많이 있다. 왜 기도가 필요한가? 기도는 어떻게 역사하는가? 다시 말해서 유한한 인간이 어떻게 무한하신 우주의 창조주와 대화할 수 있는가? 어떻게 기도와 같은 비물질적인 것이 물질 세계에 영향을 줄 수 있는가? 이와 같은 질문은 이 외에도 많다.

그 외에도 기독교 역사를 통해 발전된 다양한 기도 방식이 있다. 추론적인 기도, 지적인 기도, 집중 기도, 침묵 기도, 포기하는 기도, 인도를 구하는 기도 등 많은 것이 있다.

기도에 관하여 정말로 좋은 책들이 많이 저술되었다. 그 중 가장 좋은 책 중 하나가 앤드류 머리의 고전적인 책, 『그리스도의 기도 학교』

에서이다. 기도의 방법을 알기 원한다면 광범위하게 책을 읽고 깊은 체험을 하는 것이 좋다. 한 측면에 한정하면 명료성이 증가하므로 본장에서는 다른 사람들을 위한 기도로 제한하겠다. 현대인들은 우리가 제공할 수 있는 도움을 절실히 필요로 하기 때문에 우리의 최선의 힘을 이 과업에 바쳐야 한다.

기도를 배우라

진정한 기도는 배워야 하는 것이다. 제자들은 예수님께 다음과 같이 요청했다. "우리에게도 가르쳐 주옵소서"(눅 11:1). 제자들은 항상 기도를 해 왔지만 그럼에도 불구하고 예수님의 기도의 질과 양은 기도에 관하여 그들이 아는 것이 얼마나 부족한지를 깨닫게 했다. 그들의 기도가 변화를 일으키려면 몇 가지 배워야 할 사항이 있었다.

기도에는 배움의 과정이 있음을 깨닫고 나는 자유함을 가질 수 있었다. 나는 배우고 있는 사람임을 알게 되었기 때문에 자유롭게 묻고, 실험하고, 심지어 실패할 수도 있었다. 나는 여러 해 동안 열성적으로 많은 것들을 위해 기도했지만 얻는 것은 아주 적었다. 그렇지만 이때 나는 무엇인가 과오를 저지르고 있을 가능성이 있음을 알게 되었으며 무엇인가 다른 것을 배울 수 있음을 알게 되었다.

나는 복음서에서 기도에 관한 모든 말씀을 뽑아 모았다. 그리하여 기도에 관한 예수님의 가르침을 한꺼번에 읽을 수 있었을 때 나는 큰 충격을 받았다. 응답받지 못한 기도에 대해 내가 배운 변명과 합리화가 잘못되어 있든지, 아니면 예수님의 말씀이 잘못되어 있다는 것이다. 나는 예수님의 말씀이 나의 무력한 체험에 일치되지 않고 나의 체험이 예수님의 말씀에 일치되도록 기도를 배우기로 결심했다.

예수님의 기도에서 가장 놀라운 특징은 예수님이 다른 사람들을 위해 기도하실 때 '만일 하나님의 뜻이라면'이라는 말로 결론을 내리지 않으셨다는 사실이다. 사도들이나 선지자들도 다른 사람들을 위해 기도할 때는 그와 같이 하지 않았다. 그들은 믿음의 기도를 하기 전에 하나님의 뜻이 무엇인지 알고 있었다. 그들은 성령 속에 잠겨 있었기 때문에 특정 상황을 만났을 때 어떤 일을 해야 하는지 알고 있었다. 그들의 기도는 너무나도 적극적이어서 종종 '걸어라', '나아라', '일어서라' 등 직접적이고도 권위 있는 명령 형태를 취했다. 그들이 다른 사람들을 위해 기도할 때 거기에는 우물쭈물한다거나 실험적으로 한다거나 반신반의하는 그런 여지가 없었음을 나는 발견했다. 즉 거기에는 '만일 하나님의 뜻이라면'이 없었다.

물론 '만일 주의 뜻이라면'이라고 기도하는 것이 적합한 때와 장소가 있다. 예를 들면, 인도를 구하는 기도를 할 때, 우리는 하나님의 뜻을 간절히 알고 싶어한다. '주의 뜻은 무엇입니까?' '주께서는 무엇을 기뻐하십니까?' '어떻게 하면 세상에서 주의 나라를 확장시킬 수 있습니까?' 이것은 우리의 삶 전체에 걸쳐 이루어져야 할, 뜻을 구하는 기도이다.

그리고 포기의 기도에서는, 우리의 뜻이 하나님의 뜻이나 길과 배치될 때는 언제든지 우리의 뜻을 포기한다. 분명 우리의 목적은 하나님을 따라 하나님의 생각을 하는 것이다. 그렇지만 인간적 욕구가 방해하는 경우를 누구나 경험한다. 그런 때는 주님이 동산에서 하신 기도, "그러나 내 원대로 마시옵고 아버지의 원대로 되기를 원하나이다"(눅 22:42)를 따라야 한다.

배우면서 나는 기도에 있어서 나보다 더 큰 능력과 효과를 체험한 사람들을 찾았다. 그리고 또 기도에 관한 좋은 책들을 읽음으로써 기도의 거장들의 체험과 지혜를 찾았다. 나는 새로운 관심을 가지고 모세와 엘리야, 한나, 다니엘 등 구약의 기도의 용사들을 공부하기 시작했다.

그와 동시에 나는 변화가 발생할 것을 기대하면서 다른 사람들을 위해 기도하기 시작했다. 다른 사람들을 위한 기도를 하기 전에 내가 완전해지거나 모든 것을 해결하지 않아도 되는 것을 너무나 감사히 여긴다. 그렇지 않으면 나는 다른 사람들을 위한 기도를 시작하지 못했을 것이다.

포사이스는 "기도와 신앙과의 관계는 최초의(독창적인) 연구와 과학 사이의 관계와 같다."[7]고 말했다. 나는 성령의 학교에서 '최초의(독창적인) 연구'를 하고 있는 것같이 느꼈다. 그 체험은 말로 다할 수 없이 감격적이었다. 실패처럼 보이는 체험이 모두 새로운 배움의 과정이었다. 그리스도께서는 나와 언제나 함께하시는 스승이셨으므로 그리스도의 말씀은 점진적으로 나의 체험에 적용되었다. "너희가 내 안에 거하고 내 말이 너희 안에 거하면 무엇이든지 원하는 대로 구하라 그리하면 이루리라"(요 15:7).

기도하는 일이 배우는 과정과 관계가 있다는 것을 알 때 우리는 기도를 거짓되다고 또는 비현실적이라고 포기해 버리는 오만에서 벗어날

---

7) Thomas Merton, *Contemplative Prayer* (Garden City, New York : Doubleday, 1969), p. 11.

수 있다. 텔레비전을 켰는데도 화면이 나오지 않을 때 우리는 전파 같은 것은 없다고 생각하지 않고 무엇인가 잘못되었다고 생각한다. 우리는 무엇인가 잘못된 것을 발견하고 바로잡을 수 있다. 우리는 화면을 전달하는 그 신비로운 힘의 흐름을 무엇이 차단하고 있는지를 발견할 때까지 플러그나 스위치 등을 조사한다. 텔레비전이 작동하는지의 여부를 확인함으로써 제대로 고쳐졌는지를 알 수 있다.

기도도 마찬가지이다. 만약 우리의 요구 사항이 이루어졌다면 우리는 올바르게 기도하고 있다고 결론내릴 수 있다. 만약 그렇지 못한 경우에는 '고장'을 찾아야 한다. 우리는 기도를 그릇되게 하고 있는지도 모른다. 또한 우리 속에 무엇인가가 변화되어야 할 것과, 우리가 배워야 할 새로운 기도의 원리가 있는지도 모른다. 인내와 끈기가 필요한지도 모른다. 우리는 귀를 기울이고 들은 후에 필요한 조정을 한다. 그리고 다시 시도한다. 우리는 텔레비전이 작동하고 있다는 것을 알 수 있는 것과 마찬가지로 기도가 응답되고 있다는 것을 확실히 알 수 있다.

다른 사람들을 위한 기도를 배우는 일에 있어서 가장 중요한 측면 가운데 하나는 하나님과 접촉하는 일이다. 그렇게 할 때 하나님의 생명과 능력이 우리를 통하여 다른 사람들에게 전달될 수 있다. 우리는 흔히 실제로 접촉되어 있지 않은데도 접촉되어 있다고 생각한다.

예를 들어 보자. 당신이 이 글을 읽는 동안에도 텔레비전의 많은 프로그램은 당신의 방을 통과하고 있지만 텔레비전 채널이 거기에 맞추어져 있지 않기 때문에 그 프로그램을 잡지 못한다.

사람들은 모든 믿음을 가지고 기도를 되풀이하고 있는데도 아무 일이 발생하지 않는다. 그것은 그들이 하나님과 접촉되어 있지 않기 때문이다. 다른 사람들을 위해 기도할 때 먼저 정신을 집중하고 하나님의 조용한 음성에 귀를 기울여야 한다. 우리 자신을 하나님의 호흡에 맞추는 것은 신령한 일이다. 이 신령한 일이 없으면 기도는 헛된 반복에 그치고 만다(마 6:7).

성공적인 중보 기도를 위해 필요한 것은 첫째도, 둘째도 하나님의 음성에 귀를 기울이는 것이다. 키에르케고르는 일찍이 다음과 같이 말했다. "어떤 사람이 기도를 하였는데, 처음에는 기도는 말하는 것이라고 생각했다. 그러나 그는 점점 더 조용하게 되어서 결국 기도는 듣는 것이라는 사실을 깨달았다."[8]

하나님께 귀 기울이는 것은 중보 기도에 필요한 전주곡이다. 중보 기도를 하는 일은—때때로 믿음의 기도라고 일컬어진다—아버지의 지시를 구하는 기도를 계속적으로 드리는 것을 전제로 한다. 우리는 다른 사람들의 삶에 하나님의 뜻이 이루어지기를 기도하기 전에 하나님의 뜻을 듣고, 알고 순종해야 한다. 하나님의 뜻을 구하는 기도는 항상 믿음의 기도에 선행한다. 그러므로 다른 사람을 위한 기도를 배우는 데 있어서 그 출발점은 하나님의 인도를 듣는 데 있다. 처음에는 아주머니의 관절염 치료를 위해 20년 동안이나 해온 기도를 보류해 두는 것이 지혜로운 일이다. 육체적인 문제에 대하여 우리는 항상 가장 어려운 것부터 먼저 기도하는 경향이 있다. 그러나 귀를 기울이고 들을 때 우리는 감기나 혹은 귀앓이 같은 작은 문제부터 시작하는 것이 중요하다는

---

[8] Søren Kierkegaard, *Christian Discourses*, trans. Walter Lowie (Oxford : Oxford University Press, 1940), p. 324.

사실을 알게 된다. 작은 문제에서의 성공은 보다 더 큰 문제에 대한 자신을 갖게 한다. 우리가 고요한 가운데 귀를 기울이고 듣는다면 하나님이 누구신지를 알게 될 뿐만 아니라 하나님의 능력이 어떻게 작용하는지도 알게 될 것이다.

때로 우리는 이 어린이를 위해 혹은 저 가정을 위해 기도할 만한 믿음이 없다고 염려한다. 우리는 이와 같은 염려를 버려야 한다. 왜냐하면 성경은 우리의 작은 겨자씨만한 믿음을 통하여 위대한 기적이 가능하다고 말하고 있기 때문이다. 어떤 사람을 찾아가서 기도해 주겠다고 하는 그 용기가 일반적으로 충분한 믿음의 증표이다.

흔히 우리에게 부족한 것은 믿음이 아니라 동정심이다. 기도를 하는 사람과 기도를 받는 사람 사이의 순수한 동정심이 흔히 변화를 일으킨다. 예수께서 사람들을 불쌍히 여기는 마음을 가지셨다는 말씀을 볼 수 있다. 동정심이 신약성경의 모든 치료에 있어서 명백한 특징이었다.

우리는 '물질'로서의 사람을 위해 기도하는 것이 아니라, 우리가 사랑하는 '인간'으로서의 사람을 위해 기도한다. 만약 하나님께서 주신 동정심과 관심을 다른 사람들을 향해 가지고 있다면 기도할 때 우리의 믿음은 자라나고 강해질 것이다. 사실 사람들을 진심으로 사랑한다면 우리 자신의 힘으로 그들에게 줄 수 있는 것 이상의 것을 주기를 원하게 된다. 바로 그 원하는 마음이 우리로 기도하게 만든다.

동정심을 내적으로 느끼는 일이 '이것이 너의 기도 제목이다.' 하는 가장 명확한 하나님으로부터의 지시이다. 묵상하는 시간에 당신의 마음속에 중보 기도를 위한 강권과 정확성에 대한 확신과 성령의 감동이 발생할 수도 있다. 내적인 긍정이 당신에게 그 사람이나 혹은 그 상황을 위해 기도하라는 하나님의 승인이다. 만약 당신의 마음에 어떤 무거운 느낌이 수반된다면 당신은 그 문제를 보류해 두어야 한다. 그 문제를 위해서는 하나님께서 다른 누군가가 기도하도록 하실 것이다.

기도의 동산

기도를 너무 복잡하게 만들어서는 안 된다. 기도를 배워야 하는 것으로 알게 되면 기도를 복잡하게 만들기 쉽다. 기도를 복잡하게 만들면 만들수록 사람들이 기도를 배우려고 우리에게 더욱더 의존하기 때문에 그런 유혹에 빠지기 쉽다. 그러나 예수께서는 어린이가 아버지께 나아가는 것처럼 그렇게 나아오라고 가르치셨다. 어린이가 아버지와 교통할 때 그 특징은 솔직과 정직과 신뢰이다. 하나님이 기도를 응답하시는 이유는 자녀가 구하기 때문이다. 부모와 자녀 사이의 그 친밀함에는 엄숙함과 미소, 그 둘 모두를 위한 자리가 있다. 마이스터 에크하르트는 다음과 같이 말했다. "하나님이 영혼에게 미소를 보내고 그리고 그 영혼이 하나님께 미소의 반응을 나타낼 때 그 영혼은 인격의 열매를 맺는다."9)

예수님은 우리에게 일용할 양식을 위해 기도하라고 가르치셨다. 어린이는 점심이 주어진다는 것을 전적으로 신뢰하는 가운데 점심을 요청한다. 또 그는 내일 샌드위치를 먹지 못하리라는 염려 때문에 오늘의 샌드위치를 감추어 둘 필요가 없다. 어린이의 생각에는 샌드위치가 무

---

9) Meister Eckhart, *Meister Eckhart*, trans. C. de B. Evans, Vol. 1 (London : John M. Watkins, 1956), p. 59.

한히 공급된다. 어린이는 아버지에게 말하는 일에 대하여 어렵게 생각하거나 복잡하게 생각하지 않는다. 또한 어린이는 자신의 요구를 말하는 것을 난처하게 생각하지도 않는다. 우리는 아주 간단한 것이라도 아버지께 가져가는 것을 주저해서는 안 된다.

어린이들은 또한 상상의 가치를 우리에게 가르쳐 준다. 묵상과 마찬가지로 기도에서도 상상은 힘있는 도구이다. 우리는 상상으로 기도하는 것을 수준 이하의 것으로 여겨 꺼려할지 모른다. 그러나 어린이들에게는 그와 같은 망설임이 없다.

아빌라의 테레사도 역시 그와 같은 망설임을 가지지 않았다. "그것이 나의 기도 방법이었다. 나는 나의 이해력으로 생각할 수 없으므로, 내 속에서 그리스도를 그려 보려고 했다. ······나는 이러한 단순한 일들을 많이 했다. ······나는 이와 같은 방법으로 나의 영혼이 많은 것을 얻었다고 믿는다. 왜냐하면 나는 기도가 무엇인지 모르고도 기도하기 시작했기 때문이다."[10]

버나드 쇼의 『성 조엔』 Saint Joan 에서 아크의 조엔은 그녀가 하나님으로부터 오는 음성을 들었다고 주장했다. 이때 회의주의자들은 그녀에게 그 음성은 그녀의 상상에서 온 것이라고 말했다. 조엔은 조금도 흔들림 없이 다음과 같이 대답했다. "그렇습니다. 상상이 하나님께서 나에게 말씀하시는 방법입니다."

상상은 종종 믿음의 문을 연다. 만약 하나님께서 우리에게 깨어진 가정이 회복되거나, 병든 사람이 낫는 것을 보여 주신다면 실제로 그렇게

---

[10] Lynn J. Radcliffe, *Making Prayer Real* (New York : Abington Cokesbury Press, 1952), p. 214.

된다고 믿는 데 도움이 될 것이다. 어린이들은 이와 같은 일을 즉각적으로 이해하고 상상으로 기도하는 일에 잘 응한다.

한번은 내가 몹시 아픈 여자 아기를 위해 기도하려고 한 가정을 방문한 일이 있었다. 그 아기의 오빠가 방 안에 있었는데, 그는 네 살이었다. 나는 그 아이에게 동생을 위해 기도하는 데 그의 도움이 필요하다고 말했다. 아이는 아주 기뻐했다. 나도 역시 기뻐했다. 어린이들의 기도가 특별한 효력을 나타내는 일이 흔히 있다는 것을 알고 있었기 때문이다. 아이는 내 옆 의자에 올라앉았다.

나는 다음과 같은 말을 했다. "우리 재미있는 일을 생각해 볼까? 잘 들어봐. 예수님은 항상 우리와 함께 계시지 않니? 그러니까 예수님이 바로 저 맞은편 의자에 앉아 계신다고 생각하는 거야. 예수님은 우리가 예수님만 바라보기를 기다리고 계셔. 예수님을 볼 때 줄리가 얼마나 아플까 하는 생각보다 예수님의 사랑은 참 놀랍구나 하고 생각하는 거야. 예수께서 미소를 지으며 일어나셔서 우리에게로 오실 거야. 그러면 우리 둘이서 손을 줄리 몸에다 얹어 놓는 거야. 우리가 그렇게 할 때 예수께서는 손을 우리 손 위에 얹으실 거야. 예수님으로부터 빛이 나와서 너의 동생 줄리에게 흘러 들어가고 줄리는 낫게 돼. 그리스도의 빛이 나쁜 병균과 싸워서 마침내 병균이 모두 물러나 버린다고 생각하렴. 이제 되었지!"

그 어린이는 진지하게 고개를 끄덕였다. 우리는 함께 어린이같이 기도했다. 그리고 우리가 본 그대로 될 것에 대하여 주님께 감사드렸다. 나는 정확히 무슨 일이 일어났는지, 또는 어떻게 해서 그렇게 되었는지는 모른다. 그러나 어쨌든 그 다음날 아침에 줄리가 완전히 나았다.

여기서 한 가지 주의를 주고자 한다. 우리는 사실이 아닌 어떤 것을 상상 속으로 불러내는 것이 아니다. 또 하나님을 조종하여 무슨 말을 하게 하는 것도 아니다. 그와 정반대이다. 하나님께서 우리에게 할 일을 말씀해 달라고 하는 것이다. 노리치의 줄리안이 한 말처럼 하나님은 우리가 간구하는 근거이시다. 우리는 전적으로 그분을 의지한다. 우리의 기도는 하나님이 먼저 우리 마음에 넣어 주신 것을 반영하는 행동일 뿐이다. 우리를 위해 "말할 수 없는 탄식으로 우리를 위하여 친히 간구하시는"(롬 8:26) 성령께로부터 온 것이 아니면 생각도, 모습도, 말도 모두 헛것이다.

교실에서 문제를 겪는 어린이들은 기도에 신속하게 반응을 나타낸다. 나의 한 친구는 정서적 장애가 있는 어린이들을 가르치고 있었는데 그는 그 어린이들을 위해 기도하기로 결심했다. 물론 그는 어린이들에게 그런 계획을 말하지 않고 기도하는 일을 시작했다. 한 어린이가 책상 아래로 기어 들어가 태아와 같은 자세를 취했을 때 나의 친구는 그 어린이를 팔에 안고 그리스도께서 그 어린이의 상처와 자기 증오를 치료해 주시기를 말 없이 기도했다. 그 어린이를 난처하게 만들지 않기 위해 그 친구는 교실을 걸으면서 그의 일상적인 임무를 계속했다. 그러면서 그는 기도했다.

잠시 후에 그 어린이는 편안한 자세로 그의 책상에 앉게 되었다. 때때로 나의 친구는 그 어린이에게 경주에서 이기는 기분이 어떤지 생각해 본 일이 있느냐고 물었다. 그 어린이가 그렇다고 대답하자 나의 친구는 많은 친구들이 기뻐하며 응원하는 가운데 결승선을 통과하는 자신의 모습을 그려 보라고 그 어린이에게 권면했다. 이와 같은 방법으로 그 어린이는 자아 수용을 강화하는 일과 아울러 그 기도 계획에 협력할 수 있게 되었다.

그 해 학년말에 두 어린이를 제외한 모든 어린이가 정규 학급으로 돌아갈 수 있었다. 우연의 일치일까? 물론 우연의 일치라는 것도 없지 않다. 그러나 윌리엄 템플은 그가 기도했을 때 우연의 일치는 훨씬 더 빈번하게 발생한다고 말했다.

하나님께서는 결혼 생활이 건강하고 온전하며 영구적인 것이 되기를 원하신다. 그런데 결혼 생활이 심한 어려움에 부딪혀 당신의 도움을 필요로 하는 경우가 있을 것이다. 남편 되는 사람이 다른 여자와 좋지 못한 관계를 갖고 있는 경우도 있을 것이다.

이 경우에 당신이 그 가정을 위해 30일 동안 하루에 한 번씩 기도할 계획을 세우기 바란다. 그 남편이 다른 여자를 만난 것을 실망하고 크게 후회하는 모습을 상상하라. 그 부정한 관계가 그 남편에게 혐오감을 일으키는 것을 그려 보라. 그 남편이 문에 들어서서 그의 아내를 바라보고 사랑의 감정을 느끼는 것을 그려 보라.

그들이 함께 산책을 하면서 여러 해 전에 그러했던 것과 같이 서로 정다운 사랑을 하는 것을 그려 보라. 그들이 점점 더 서로 마음을 열고 대화하며 서로를 아끼는 것을 그려 보라. 당신은 상상 가운데서 그 남편과 다른 여자 사이에 큰 벽돌담을 세우도록 하라. 그 남편과 아내를 위해서는 깊은 관심과 사랑이 있는 가정을 건설하도록 하라. 그 가정을 그리스도의 평화로 채우도록 하라.

교회의 목사와 교회 예배도 기도에 잠겨야 한다. 바울은 그의 교인들을 위해 기도했다. 그리고 교인들에게 그를 위해 기도해 달라고 요청했다.

스펄전은 성공의 공을 교회의 기도에 돌렸다.

프랑크 루박은 교인들에게 다음과 같이 말했다. "나는 대단히 민감하여 여러분들이 나를 위해 기도하는지 그렇지 않은지를 압니다. 만약 여러분들 가운데 한 사람이 나를 넘어지게 하면 나는 그것을 느낍니다. 여러분들이 나를 위해 기도할 때 나는 기이한 능력을 느낍니다. 목사가 설교하는 동안 교회의 모든 교인들이 열성으로 기도하면 기적이 발생합니다."[11]

예배 시간이 여러분의 기도에 잠겨 있도록 하라. 높은 곳에 계시는 주님을 영상으로 그리고 주님의 임재가 성전에 가득한 것을 그려라.

성적性的 탈선이 있을 경우에도 진정한 변화가 가능하다는 확신을 가지고 기도할 수 있다. 성性은 마치 강물과 같다. 강물은 그 강의 본래의 수로에 있을 때 유익하고 복된 것이다. 그러나 강물이 제방을 넘을 때는 위험한 것이다. 그릇된 성적 욕구도 이와 마찬가지이다. 성을 위해 하나님께서 만드신 제방은 무엇일까? 그것은 한 남자와 한 여자가 일생 동안 결혼 생활을 통하여 함께 사는 것이다. 성적인 문제를 가진 사람들을 위해 우리는 기도해야 한다. 강물이 제방을 넘쳐흐르는 것을 영상으로 그리면서 주님께 그 강물이 본래의 수로로 돌아가도록 요청해야 한다.

자녀들은 당신의 기도를 통하여 변화를 받을 수 있고 또 변화를 받아야 한다. 자녀들이 함께 참여할 수 있는 적합한 시간을 택하여 자녀들을 위해 기도하기 바란다. 또한 자녀들이 밤에 잠을 잘 때 자녀들을 위해 기도하기 바란다. 한 가지 좋은 방법은 자녀들의 침실로 들어가 잠

---

11) Frnak C. Laubach, *Prayer the Mightiest Force in the World* (New York : Fleming H. Revell, 1946), p. 31.

을 자는 자녀에게 당신의 손을 가볍게 얹고 기도하는 일이다. 그리스도의 빛이 당신의 손을 통하여 흘러 들어가서 그날 당신의 자녀가 체험한 모든 정서적 상처를 치료하는 것을 상상하기 바란다. 주님의 평화와 기쁨이 그 자녀에게 가득 차도록 하라. 잠자는 동안에 자녀는 기도에 대하여 아주 수용적이다. 왜냐하면 하나님의 영향에 담을 쌓는 경향이 있는 의식적인 마음이 편히 쉬고 있기 때문이다.

그리스도의 제사장으로서 당신은 어린이들을 안고 축복함으로써 놀라운 일을 행할 수 있다. 성경에 보면 부모들이 자녀를 예수께 데리고 나왔는데, 그렇게 한 것은 예수께서 어린이들과 논다든지 혹은 어린이들을 가르친다든지 하는 그런 일을 위한 것이 아니라, 손을 어린이에게 얹고 축복하시게 하려는 것이었다(막 10 : 13-16). 예수께서는 당신에게 그와 같은 일을 할 수 있는 능력을 주셨다. 축복하는 법을 알고 있는 어른들에게 축복을 받는 어린이는 복 있는 어린이다.

프랭크 루박은 기도에 관하여 쓴 많은 책 가운데서 '섬광 기도'flash prayer라는 탁월한 개념을 개발했다. 그는 어떤 삶을 살면 "어떤 사람이 기도하게 되는 것을 '보고', 어떤 사람이 기도하는 것을 '듣게' 되는지"[12] 알려고 했다. 사람들을 향해 직접 강하게 기도의 섬광을 쏘는 일은 감격적이며 놀라운 결과를 가져올 수 있다.

나는 섬광 기도를 해보았다. 내가 만나는 모든 사람들 마음속에 주님의 기쁨과 주님의 임재 의식이 발생하기를 속으로 구하면서 섬광 기도를 쏘아보았다. 때로는 사람들이 아무 반응을 나타내지 않았지만, 또

---

[12] Frank C. Laubach, *Learning the Vocabulary of God* (Nashville : Upper Room, 1956), p. 33.

때로는 사람들이 뒤를 돌아다보면서 인사를 받았다는 듯이 미소를 지었다. 버스 속이나 혹은 비행기 속에서, 우리는 예수님이 통로를 걸어가시며 사람들의 어깨에 손을 대시고 다음과 같이 말씀하시는 것을 상상할 수 있다. "나는 너를 사랑한다. 나의 가장 큰 기쁨은 너를 용서하고 너에게 모든 좋은 것을 주는 일이다. 너는 봉오리 속에 아름다운 눈을 가지고 있다―네가 만약 '예' 라고 말하기만 하면 내가 그 봉오리를 싹트게 하겠다. 네가 만약 그렇게 하도록 한다면 나는 너의 삶을 다스리기를 기뻐한다."

프랑크 루박은 우리가 만나는 모든 사람에게 섬광 기도를 실험하고 그 결과를 서로 말한다면, 우리는 다른 사람을 위해 기도하는 법에 대해 많은 것을 알 수 있을 것이라고 했다. 수많은 그리스도인들이 주변에 있는 모든 사람을 위해 계속 그와 같은 기도를 한다면 나라 전체의 분위기를 바꾸어 놓을 수 있을 것이다. "물방울처럼 하나하나의 기도가 결합할 때, 대항할 수 없는 대양이 이루어진다."13)

우리는 악과 싸우는 기도 법을 배워야 한다. 옛 저자들은 "세상과 육과 악' 과 맞서는 영적 전쟁을 하라고 촉구했다. 우리는 우리 영혼의 대적들이 '우는 사자' 같이 돌아다니며 삼킬 자를 찾고 있다는 사실을 잊지 말아야 한다(벧전 5:8). 우리는 기도 가운데 정사와 권세 잡은 자들과 싸운다. 또 우리는 보호를 구하는 기도를 함으로써 그리스도의 생명으로 우리를 두르고, 그리스도의 보혈로 우리를 덮으며, 그리스도의 십자가로 우리를 인쳐야 한다.

---

13) Bounds, op. cit., p. 83.

다른 사람을 위해 기도하고 싶은 마음이 생길 때까지 기다려서는 안 된다. 기도는 다른 모든 일과 마찬가지다. 일을 하고 싶지 않을 수도 있다. 그러나 얼마 동안 일을 하다 보면, 그 일을 하고 싶은 감정을 느끼기 시작한다. 피아노 연습을 하고 싶지 않을 때도 있다. 그러나 일단 얼마 동안 연습을 하고 나면 피아노를 치고 싶어진다. 이와 마찬가지로 기도의 근육은 얼마 동안 준비 운동을 필요로 한다. 일단 중보 기도의 혈액이 흐르기 시작하면 우리는 기도하고 싶은 감정을 느낀다.

이와 같은 일이 우리의 시간을 너무 빼앗을까봐 걱정할 필요가 없다. 왜냐하면 "그 일은 우리의 시간을 빼앗아 가는 것이 아니라 우리의 모든 시간을 차지하기"14) 때문이다. 기도는 일에 추가되는 것이 아니라 일과 동시에 존재하는 것이다. 우리는 기도로 모든 일을 시작하고 진행한다. 기도와 행동은 결합된다. 토머스 켈리는 이렇게 증언했다. "우리의 정신적 삶을 동시에 하나의 이상의 차원에 작동하게 하는 방법이 있다. 한 수준에서는 우리가 모든 외적 일의 요청을 생각하고, 논의하며, 이해하고, 계산하며 대처한다. 그러나 외적인 것 배후에 있는 보다 더 깊은 수준에서는 우리가 또한 기도하고, 찬양하며, 경배하고, 거룩한 영감을 받아들일 수 있다."15)

아직도 배워야 할 것이 많다. 우리 마음의 열망을 테이트 대감독의 다음과 같은 말로 요약할 수 있을 것이다. "나는 더 위대하고 더 깊고 더 진실한 기도의 삶을 원한다."16)

---

14) Thomas R. Kelly, *A Testament of Devotion* (New York : Harper & Brothers, 1941), p. 124.
15) Ibid., p. 35.
16) Bounds, op. cit., p. 35.

04

금식의 훈련

어떤 사람들은 금식을 성경과 이성보다 더 중시하고,
어떤 사람들은 금식을 전적으로 무시한다 _존 웨슬리

어떤 문화에서는 금식을 적절하지 않은 것, 시대에 맞지 않는 것으로 본다. 사실상 금식은 오랜 세월 동안 교회 안에서나 교회 밖에서나 일반적으로 무시되어 왔다. 예를 들면, 내가 조사해 본 결과 1861년부터 1954년에 이르기까지 그리스도인의 금식을 주제로 쓰여진 책이 단 한 권도 나오지 않았다. 근래에 들어오면서 금식에 대한 관심이 새롭게 대두되고 있지만 성경적인 균형과는 거리가 먼 상태다.

성경에서 그렇게 자주 언급되었고 그리고 오랜 역사를 통하여 그리스도인들에 의하여 열성적으로 이루어진 금식이, 거의 전적으로 무시되는 이유를 어떻게 설명할 수 있을까? 여기에는 두 가지 이유가 있다.

첫째로, 금식은 중세의 지나친 금욕적 행위의 결과로 나쁜 평판이 생졌다. 믿음의 내적인 면이 쇠퇴함과 아울러 외적인 형식을 강조하는 경향이 점점 증대했다. 영적 능력 없이 형식만 있는 곳에는 언제나 율법이 지배하게 된다. 율법은 늘 안전하다는 느낌과 조종하는 힘을 갖고 있기 때문이다. 이리하여 금식은 가장 엄격한 규율에 속하게 되었고 극단적인 금욕과 채찍질로 이행되었다. 그래서 현대 문화는 그와 같은 지나친 금욕에 반발을 하고 금식과 금욕을 혼동하는 경향으로 기울어졌다.

둘째로, 오늘날 끊임없이 들려오는 광고는 하루 세 끼 식사와 간식을 먹지 않으면 영양실조가 된다고 믿도록 만들었다. 또 여기에 인간의 모든 식욕을 채우는 것이 미덕이라고 하는 통속적인 신념이 추가되어서 금식을 케케묵은 풍습으로 만들었다.

금식하려고 진지하게 시도하는 사람은 누구나 반대에 부딪히게 되었다. '나는 금식이 당신의 건강에 해로운 것으로 알고 있습니다.' '금식은 당신의 힘을 빼앗아 갑니다. 따라서 당신은 일을 할 수 없습니다.' '금식은 건강한 몸의 조직을 파괴하지 않습니까?' 물론 이 모든 말은 편견에 근거를 둔 어리석은 생각이다. 공기나 물이 없이는 인간의 육체가 오래 지탱할 수 없지만, 인간이 아사 지경에 이르기까지는 여러 날이 걸린다. 어떤 집단의 과장된 주장에 맞장구칠 필요는 없지만, 금식을 올바르게 행하기만 하면 육체에 유익한 결과를 가져온다는 말은 과장된 말이 아니다.

성경은 금식에 대하여 많은 말을 하고 있다. 그러므로 우리는 마땅히 이 고대의 '훈련'을 다시 살펴보아야 한다. 성경에서 유명한 인물들이 금식한 사실을 볼 수 있다. 율법을 쓴 모세, 다윗 왕, 선지자 엘리야, 왕후 에스더, 환상을 본 다니엘, 여선지 안나, 사도 바울, 하나님의 아들 예수 그리스도, 이 모두가 그러했다.

또한 교회 역사 전체를 통하여 많은 위대한 그리스도인들이 금식을 하였고, 금식의 가치를 증언했다. 마틴 루터가 그러하였고 칼빈, 존 녹스, 존 웨슬리, 조나단 에드워즈, 데이비드 브레이너드, 찰스 피니, 중국의 시Hsi 목사가 그러했다.

물론 기독교에만 금식이 있는 것은 아니다. 세계의 주요 종교는 모두 금식의 가치를 인정하고 있다. 조로아스터와 공자와 인도의 요가 수행자들이 금식을 했다. 또한 플라톤과 소크라테스와 아리스토텔레스도 모두 금식을 했다. 현대 의학의 조상인 히포크라테스까지도 금식을 신뢰했다. 성경 안에 있는 사람이나 또는 성경 밖에 있는 사람 모두가 금식을 존중했다는 사실이 금식을 정당한 것으로 만들거나 혹은 바람직한 것으로 만드는 것은 아니다. 그러나 그 사실은 오늘날 '금식 훈련'에 관한 일반적인 전제들을 재평가하도록 만든다.

성경에 나타난 금식

성경에서 금식은 영적 목적을 위해 음식을 삼가는 것을 의미한다. 이 금식은 정치적 세력을 얻기 위해서나 혹은 어떤 좋은 목적에 주의를 끌기 위해서 하는 단식 투쟁과는 구분된다. 또한 금식은 건강을 위한 식이요법과도 구분된다. 식이요법은 음식을 금하는 것을 강조하기는 하지만, 영적인 목적이 아니라 육체적인 목적을 위해 하는 것이다. 세속

화된 현대 사회에서는 종종 금식이 허영심에 의하여, 혹은 세력을 얻기 위한 욕망에 의하여 동기가 부여되기도 한다. 이러한 형태의 금식이 반드시 나쁘다는 말은 아니지만 그 목적이 성경에서 설명된 금식의 목적과는 다르다는 말이다. 성경의 금식은 언제나 영적인 목적을 중심으로 이루어진다.

성경에서 말하는 일반적인 금식은, 모든 음식은 금하지만 물은 금하지 않는다. 예수께서 40일 동안 금식하실 때, '아무것도 잡수시지 아니하시니'라고 했다. 그리고 금식이 끝나갈 무렵 예수님이 심히 주리셨다고 했다. 이때 마귀가 예수께 돌로 떡을 만들어 먹으라고 시험했는데, 이것은 예수님의 금식이 음식은 금했으나 물은 금하지 않았다는 사실을 가리킨다(눅 4:2-4). 육체적인 견지에서 볼 때 일반적으로 금식은 음식을 금할 뿐 물은 금하지 않는 것을 의미한다.

때로는 '부분적인 금식'이라고 볼 수 있는 금식이 설명되어 있는데, 이 경우에는 식사를 제한할 뿐 음식을 완전히 금하는 것은 아니다. 선지자 다니엘은 전적으로 음식을 금하는 금식이 습관이 된 것 같다. 그러나 다니엘은 3주간 동안 다음과 같이 한 경우가 나타나 있다. "……좋은 떡을 먹지 아니하며 고기와 포도주를 입에 대지 아니하며 또 기름을 바르지 아니하니라"(단 10:3). 다니엘이 이때 왜 그의 정상적인 금식을 하지 않았는지 이유를 알 길은 없으나, 아마 그의 행정적인 과업이 정상적인 금식을 할 수 없게 했던 것 같다.

또한 성경에는 음식과 물을 모두 다 금하는 금식, 즉 '절대 금식'이 몇 차례 나타나 있다. 이 '절대 금식'은 어떤 비상사태에 대처하기 위한 필사적인 조치인 것 같다. 학살이 에스더 자신과 그녀의 백성 앞에 기다리고 있다는 것을 안 에스더는 모르드개에게 다음과 같이 통보했다. "당신은 가서 수산에 있는 유다인을 다 모으고 나를 위하여 금식하되 밤낮 삼 일을 먹지도 말고 마시지도 마소서 나도 나의 시녀와 더불어 이렇게 금식한 후에……"(에 4:16).

바울은 살아 계신 그리스도를 만난 직후에 삼 일 동안 '절대 금식'을 했다(행 9:9). 인간의 육체는 물을 마시지 않고는 3일 이상을 지탱할 수 없기 때문에, 모세와 엘리야가 40일 동안 '절대 금식'을 한 것은 초자연적인 것으로 생각해야 한다(신 9:9 ; 왕상 19:8). '절대 금식'은 예외적인 것이므로 하나님의 명확한 명령이 있기 전에는 삼 일 이상의 '절대 금식'을 해서는 안 된다는 것을 알아야 한다.

대부분의 경우 금식은 하나님과 개인 사이의 사적인 일이다. 그러나 단체적 혹은 공적인 금식을 하는 때가 있다. 모세의 율법에서 요구하는 연례적인 공적 금식은 속죄일에 있었다(레 23:27). 이 단체적인 금식은 유대인의 월력에 있어서 그 백성들이 죄 사함을 위해 슬퍼하고 괴로워하는 날에 있었다(오늘에 이르기까지 점차적으로 다른 금식일이 추가되어 결국 금식일은 스무 날이 넘게 되었다).

또한 단체적으로나 혹은 국가적으로 긴급한 일이 있을 때 금식이 선포되었다. "너희는 시온에서 나팔을 불어 거룩한 금식일을 정하고 성회를 소집하라 백성을 모아……"(욜 2 : 15-16). 유다가 침략을 받았을 때 여호사밧 왕은 백성에게 금식할 것을 선포했다(대하 20 : 1-4). 요나가 심판을 선포하자 짐승을 포함하여 니느웨 성 전체가 금식했다. 예루살렘으로 돌아오는 여행을 하기 전에 에스라는 금식을 선포하고 위험한 길의 안전을 위해 기도했다(스 8: 21-23).

단체 금식은 한마음이 된 사람들이 있으면 놀라운 힘을 발휘할 수 있다. 교회나 혹은 그밖에 어떤 단체가 심각한 문제를 가지고 있을 때, 일치된 단체 기도와 금식을 통하여 치유를 받을 수 있다. 충분한 수의 백성들이 문제의 내용을 올바로 이해할 때 국가적으로 기도와 금식을 선포하는 일은 역시 유익하고 복된 결과를 가져 올 수 있다.

1756년 영국의 국왕은 프랑스의 침공 위협을 받고 기도와 금식의 날을 선포했다. 존 웨슬리는 2월 6일의 일기에서 다음과 같이 기록하고 있다. "이 금식의 날은 영광스러운 날이었다. 왕정복고 이후 런던에서 보기 드문 날이었다. 런던의 모든 교회가 초만원을 이루었다. 그리고 모든 사람들의 얼굴에는 엄숙함이 깃들어 있었다. 하나님은 분명히 기도를 들으신다고 믿는다. 그리고 우리의 평온이 다가오고 있다고 믿는다." 웨슬리는 각주에 다음과 같이 기록했다. "프랑스의 침공 위협을 막을 수 있게 됨으로 겸허한 행위는 국가적인 기쁨으로 변했다."1)

또한 전 역사를 통해서 정규적인 금식이라고 일컬어질 수 있는 금식이 전개되었다. 스가랴 시대에 네 가지 정규적인 금식이 이루어졌다(슥 8:19). 예수님의 비유에서 지적된 바리새인의 교만을 보면 정규적으로 금식하는 날이 있었던 것을 알 수 있다-"나는 이레에 두 번씩 금식하고"(눅 18:12).2) 디다케 *Didache*는 일주일에 이틀, 즉 수요일과 금요일에 금식할 것을 촉구하고 있다. 6세기에 제2차 오를레앙 공의회에서 정규적인 금식이 의무적인 것으로 정해졌다. 존 웨슬리는 디다케의 가르침 회

---

1) John Wesley, *The Journal of the Reverend John Wesley* (London : Epworth Press, 1938), p. 147.
2) 바리새인들은 주로 장날인 월요일과 목요일에 금식했다. 그것은 장날에 많이 모이는 사람들이 그들의 신앙을 보고 칭찬해 주기를 바랐기 때문이다.

복을 추구하여 초기 감리교 신자들에게 수요일과 금요일에 금식할 것을 촉구했다. 그는 금식을 크게 중요시하고 그 이틀에 금식하지 않는 사람에게는 감리교 목회자로 안수하기를 거부했다.

일부 사람들의 삶에서 규칙적인 금식 혹은 매주의 금식이 이렇게 큰 영향을 미쳤기 때문에, 그들은 규칙적인 금식에 대한 성경의 명령을 찾아서 모든 그리스도인들에게 촉구하려고 했다.

그러나 그와 같은 노력은 허사였다. 성경에는 규칙적인 금식을 명령하는 계명이 없다. 하지만 복음 안의 자유가 방종을 의미하는 것은 아니다. 기회가 주어진 것을 의미한다. 우리를 매는 법이 없기 때문에, 우리는 어느 날이든 자유롭게 금식할 수 있다. 사도 바울에게 있어서 자유는 자주 금식하는 데 사용되었다(고후 11:27). 우리는 항상 사도 바울의 권면을 명심해야 한다. "······그 자유로 육체의 기회를 삼지 말고"(갈 5:13).

오늘날 널리 알려져 있는 훈련으로 금식과 동일하신 않지만 비슷한 것이 있다. 그것은 '철야' 라고 하는데, 이것은 바울이 그리스도를 위한 그의 고난과 관련하여 '잠을 자지 못했다.' 는 말을 사용한 데서 비롯되었다(고후 6:5, 11:27). 철야는 기도나 혹은 그밖의 영적인 임무에 집중하기 위해 잠을 자지 않는 것을 의미한다. 철야가 금식과 어떤 중요한 관계가 있다는 시사는 없다. 만약 철야와 금식이 깊은 관계가 있다면, 우리는 짧은 기간의 금식밖에 할 수 없을 것이다.

철야가 중요하다 해도 그리고 하나님께서 어떤 특별한 필요를 위해 우리에게 철야를 요구하신다 해도, 우리는 성경과 관계가 별로 없는 이 일들을 중요한 의무 사항으로 높이지 않도록 조심해야 한다. 모든 훈련을 논의하는 데 있어서 바울의 다음과 같은 경고를 유의하고 올바른 자세를 취해야 한다.

"……자의적 숭배와 겸손과 몸을 괴롭게 하는 데는 지혜 있는 모양이나 오직 육체 따르는 것을 금하는 데는 조금도 유익이 없느니라"(골 2:23).

금식은 명령인가?

당연히 많은 사람들이 관심을 갖고 있는 문제는, 성경이 금식을 모든 그리스도인들이 지켜야 할 의무로 규정하고 있느냐 하는 것이다. 이 질문의 해답을 얻기 위한 시도가 많이 있었으나 결론은 아주 다양했다. 1580년에 토머스 카트라이트는 이 방면에서 고전적인 책이라 할 수 있는 『진정한 금식의 거룩한 실행』 The Holy Exercise of a True Fast에서 금식을 그리스도인이 지켜야 할 의무로 보는 답변을 했다.

금식을 다룬 대목이 성경에 많이 있지만, 그 가운데서도 두 곳이 특히 중요하다.

그 첫 번째는, 예수께서 산상수훈에서 금식에 대하여 가르치신 내용이다. 우리는 여기에서 두 가지 사실을 주목할 수 있다. 그 하나는 금식에 관한 예수님의 교훈이 헌금과 기도에 관한 교육의 맥락 속에 있다는 사실이다. 여기에서 헌금과 기도와 금식은 모두 다 그리스도인의 경건 생활의 한 부분이라는 것을 전제로 하고 있는 것 같다. 이 교훈에서 헌금이나 기도를 제외할 이유가 없는 것과 마찬가지로 금식도 제외할 이유가 없다.

또 하나는 예수께서 "금식할 때에 너희는……"(마 6:16)이라고 말씀하셨다는 사실이다. 예수님은 사람들이 금식하는 것을 전제하고, 금식을 올바르게 하는 방법을 가르치고 계시는 것 같다. 마틴 루터는 다음과 같이 말했다. "금식을 배격하거나 무시하는 것이 그리스도의 의도가 아니었다. ……올바른 금식을 회복시키는 것이 그리스도의 의도였다."3)

그러나 우리는 여기에서 예수님의 이 말씀이 명령이 아니었음을 알아야 한다. 예수님은 그 당시 일반적인 관습을 올바르게 실행하는 일에 관하여 교훈하고 계셨다. 예수님은 금식이 올바른 관습인지 혹은 금식은 계속되어야 하는 것인지에 대해서는 한마디도 말씀하지 않으셨다. 그러므로 예수님은 "너희가 금식을 하려면"이라고 말씀하지 않으셨을 뿐만 아니라, "너희는 금식을 해야 한다."라는 말씀도 하지 않으셨다.

금식에 관한 두 번째 중요한 언급은, 세례 요한의 제자들의 질문에 대한 예수님의 답변에 나타나 있다. 세례 요한의 제자들은 자신들과 바리새인들은 금식하는데 예수님의 제자들은 왜 금식을 하지 않는지를 의아하게 생각하고 질문했다. 예수께서는 다음과 같이 대답하셨다. "혼인집 손님들이 신랑과 함께 있을 동안에 슬퍼할 수 있느냐 그러나 신랑을 빼앗길 날이 이르리니 그때는 금식할 것이니라"(마 9:15). 오늘날 그리스도인들이 금식을 해야 하는지에 대한 신약성경의 가장 중요한 진술이 바로 이 말씀이다.

---

3) David R. Smith, *Fasting : A Neglected Discipline* (Fort Washington, Pennsylvania Christian Literature Crusade, 1969), p. 6.

예수님이 오심으로 새 날이 시작되었다. 하나님의 나라가 현실적인 능력으로 그들 가운데 임했다. 신랑이 그들 가운데 있었다. 이때는 금식할 때가 아니라 잔치할 때였다. 그러나 비록 옛 질서의 율법적인 것은 아니지만 그의 제자들에게 금식할 때가 온다고 하셨다.

예수님의 제자들이 금식할 때에 대한 가장 자연스러운 해석은 오늘날의 교회 시대일 것이다. 특히 그 대답에 곧 이어서 나온 하나님 나라의 새 포도주 부대에 관한 예수님의 진술이 그 대답과 미묘하게 연관되어 있는 것을 비추어 볼 때 더욱 그렇다(마 9:16-17). 아서 월리스는 예수님이 그의 죽음과 부활 사이의 삼 일 동안을 가리키신 것이 아니라 오늘날의 교회 시대를 가리키신 것이라고 주장했다. 월리스는 다음과 같이 그의 주장을 결론짓는다.

"그러므로 우리는 신랑을 빼앗길 그날을 오늘날 이 시대로 보아야 한다. 즉 예수님이 아버지께로 올라가신 때로부터 하늘에서 재림하실 때까지 그 사이의 시대로 말이다. 사도들이 이해한 바가 분명히 이것이었다. 왜냐하면 예수님이 아버지께로 승천하기 전까지는 사도들이 금식했다는 기사를 읽을 수 없기 때문이다(행 13:2, 3). 우리 주님께서 '그때에는 금식할 것이니라.'고 말씀하신 그때가 오늘날 교회의 이 시대이다. 그때는 지금이다!"[4)]

여기에 나타난 예수님의 말씀을 피할 길은 없다. 예수님은 자신이 떠나간 후에 그의 제자들이 금식할 것을 기대한다는 사실을 분명히 하셨다. 그 말씀을 명령의 형태로 하지는 않으셨지만 그것은 표현 기법에

---

4) Arthur Wallis, *God's Chosen Fast* (『창조주 다이어트』, 해피니언 출판사 역간 Fort Washington, Pennsylvania : Christian Literature Crusade, 1971), p. 25.

불과하다. 이 말씀에서 그리스도는 금식 훈련을 지지하고 그리고 그를 따르는 사람들이 금식할 것을 기대하셨다는 사실이 명백하다.

엄격한 의미에서 예수님이 금식을 명령하지는 않았기 때문에 '명령'이라는 용어는 피하는 것이 좋을 것이다. 그러나 예수께서 하나님 나라의 자녀들은 금식한다는 원리에 의거하여 말씀하셨다는 사실은 명백하다. 하나님과 더 친밀하게 동행하기를 갈망하는 사람들에게는 예수님의 이 말씀이 마음을 끄는 말씀이 된다.

그리스도의 이 요청에 응답하는 사람들이 오늘날 어디에 있는가? 우리는 소위 '값싼 은혜'에 익숙해져서 보다 더 많은 순종의 요청에 대해 본능적으로 피하고 있지는 않은가? "값싼 은혜는 제자도가 없는 은혜이며, 십자가가 없는 은혜이다."[5] 예를 들어, 헌금은 그리스도인의 헌신의 한 요소로 의심 없이 인정되면서, 왜 금식은 많은 논란이 되는가? 분명히 성경에는 헌금에 대한 증거 이상으로 금식에 대한 증거가 있다. 어쩌면 오늘날과 같은 풍요한 사회에서는 금식하는 일이 헌금하는 일보다 훨씬 더 큰 희생이기 때문일 것이다.

금식의 목적

예수께서 금식에 대해 처음으로 하신 말씀이 금식의 동기 문제였다는 사실에 유의할 필요가 있다(마 6:16-18). 좋은 것을 우리 자신의 목적을 위해 사용하는 일은 항상 거짓 신앙의 증표가 된다. 우리는 금식과 같

---

5) Dietrich Bonhoeffer, *The Cost of Discipleship* (New York : Macmillan, 1959), p. 47.

은 것을 택하여 하나님으로 하여금 우리가 원하는 일을 하시도록 만드는 데 사용하기가 대단히 쉽다. 금식의 그러한 축복과 이익을 강조하였기 때문에, 우리는 약간의 금식으로 하나님을 포함한 온 세상을 소유할 수 있다고 믿는 유혹에 빠지기가 쉽다.

금식은 항상 하나님 중심으로 이루어져야 한다. 하나님이 주도하시는 것이어야 하고 하나님이 정하신 것이어야 한다. 여선지 안나가 그랬던 것처럼 우리는 "금식하며 기도함으로 섬겨야"(눅 2:37) 한다. 금식의 목적은 오로지 하나님을 위한 것이어야 한다. 안디옥 교회의 제자들이 그러했던 것과 마찬가지로, 금식과 주를 섬기는 일(예배하는 일)은 동시에 언급되어야 한다(행 13:2).

찰스 스펄전은 다음과 같이 기록했다. "우리가 성전에서 금식하며 기도하던 그 시기는 정말로 고귀한 날들이었다. 하늘의 문이 그토록 넓게 열린 적은 없었으며 우리의 마음이 하나님의 영광에 그토록 가까이 이른 적은 없었다."[6]

하나님께서는 스가랴 시대의 백성들에게 물으셨다. "너희가……금식하고 애통하였거니와 그 금식이 나를 위하여, 나를 위하여 한 것이냐"(슥 7:5). 만약 우리의 금식이 하나님을 위한 것이 아니라면 우리는 실패한 사람들이다. 육체적인 유익, 기도의 성공, 능력을 부여받는 일, 영적 통찰력—이런 것들이 하나님을 대신해서 금식의 중심이 되어서는 안 된다. 웨슬리는 다음과 같이 선언했다. "첫째로 우리의 눈을 오직 하나님께만 고정시킨 가운데 하나님을 위하여 금식하도록 하자. 그래서 우

---

6) E. M. Bounds, *Power Through Prayer* (『기도의 능력』, 생명의 말씀사 역간, Chicago : Moody Press, n. d.,) p. 25.

리의 의도가 하늘에 계시는 아버지께 영광을 돌리는 데에만 있도록 하자……."7) 이것이 복을 주시는 분보다 복을 더 사랑하는 일에서 구출 받는 유일한 길이다.

일단 이 근본적인 목적이 마음에 굳게 자리 잡은 후에는, 금식에는 이차적인 목적도 있을 수 있다는 것을 알아도 된다. 다른 어떤 훈련보다도 금식은 자기 자신을 지배하고 있는 것이 무엇인지를 드러내 보여 준다. 예수 그리스도의 형상으로 변화받고자 갈망하는 진정한 제자에게는 이것이야말로 놀라운 유익이 된다. 우리는 우리 속에 있는 것을 음식이나 그밖의 것들로 감추고 있다. 그러나 금식함으로써 우리 속에 있는 것들이 밖으로 드러난다. 만약 교만이 우리를 지배하고 있다면, 금식할 때 그 교만이 거의 즉각적으로 드러난다. 다윗은 다음과 같이 말했다. "내가 곡하고 금식하였더니 그것이 도리어 나의 욕이 되었으며"(시 69:10).

분노, 원한, 질투, 분쟁, 공포—만약 이런 것들이 우리 속에 있다면, 금식하는 동안 그것들이 밖으로 드러난다. 처음에는 우리의 분노는 배고픔에서 기인하는 것이라고 합리화한다. 그러나 곧 이어서 우리 속에 분노의 영이 있기 때문에 분노한다는 것을 알게 된다. 우리는 이것을 알고 기뻐할 수 있다. 그리스도의 능력을 통하여 치유가 가능하다는 것을 알기 때문이다.

금식은 우리가 "하나님의 입으로부터 나오는 모든 말씀으로 산 것이라"(마 4:4)는 것을 상기시켜 준다. 음식이 우리를 살리는 것이 아니라 하나님이 우리를 살리신다. 그리스도 안에서 '만물이 하나로 뭉친다'(참

---

7) John Wesley, *Sermons on Several Occasions* (London : Epworth Press, 1971), p. 301.

조, 골 1:17). 그러므로 금식할 때 우리는 음식을 안 먹는 것이라기보다는 하나님의 말씀을 먹는 잔치를 하는 것이다.

금식은 잔치이다! 제자들이 예수께 먹을 것을 가져 왔을 때 예수님은 이렇게 말씀하셨다. "내게는 너희가 알지 못하는 먹을 양식이 있느니라……나의 양식은 나를 보내신 이의 뜻을 행하며 그의 일을 온전히 이루는 이것이니라"(요 4:32, 34). 이것은 멋진 은유가 아니라 엄연한 사실이다. 예수님은 실제로 하나님의 능력을 먹고 사셨다. 그래서 마태복음 6장에서 금식에 대해 그렇게 이야기하신 것이다. 금식할 때 슬픈 기색을 하지 말라고 하신 것은 실제로 우리가 슬퍼할 이유가 없기 때문이다. 우리는 하나님을 먹고 있다. 광야에서, 하늘로부터 내린 만나를 먹고 살았던 이스라엘 백성들처럼 우리도 하나님의 말씀을 먹고 사는 것이다.

금식은 삶의 균형을 유지하도록 도와준다. 우리는 근본적이지 않은 것들을 우리의 삶에서 우위에 놓는 일을 시작하기가 대단히 쉽다. 우리는 필요하지 않은 것들을 갈망하다가 결국은 그것들의 노예가 되어 버린다. 바울은 다음과 같이 기록했다. "모든 것이 내게 가하나 내가 무엇에든지 얽매이지 아니하리라"(고전 6:12). 인간의 갈구와 욕망은 제방을 넘어 흐르는 경향이 있는 강물과 같다. 그런데 금식은 그 갈구와 욕망이 올바른 길로 흐르도록 돕는다. 바울은 다음과 같이 말했다. "내가 내 몸을 쳐 복종하게 함은"(고전 9:27).

다윗도 다음과 같이 기록했다. "나는……금식하여 내 영혼을 괴롭게 하였더니"(시 35:13). 이것은 금욕주의가 아니라 훈련(단련)이다. 훈련이 자유를 가져다준다. 4세기의 아스테리우스Asterius는, 금식은 위장이 몸을

주전자처럼 끓게 하여 영혼을 주장하지 못하게 한다고 했다.[8]

많은 사람들이 금식의 가치에 대하여 글을 썼다. 거기에는 중보 기도의 효력 증대, 의사결정을 위한 인도, 집중력 증대, 속박에서의 구출, 육체적 건강, 계시 등이 있다. 여기서도 다른 모든 일에서와 마찬가지로, 우리는 하나님께서 그를 열심히 찾는 자들에게 보상하실 것을 기대할 수 있다.

금식을 실천하는 방법

현대인들은 금식하는 방법에 대하여 잘 알지 못하고 있다. 금식을 원하는 사람들은 이 방면에 대한 지식이 있어야 한다.

모든 훈련에서와 마찬가지로 점진적인 발전을 하도록 해야 한다. 달리기를 하기 전에 걷기부터 잘 배우는 것이 지혜롭다. 24시간의 부분적인 금식부터 시작하기 바란다. 많은 사람들은 점심에서 시작하여 다음 날 점심까지로 금식하는 것이 가장 좋은 시간임을 발견했다. 그러니까 당신은 두 끼 식사를 하지 않게 된다. 이때 과일 주스 정도가 좋다. 한 주간에 한 번씩 몇 주간에 걸쳐 이렇게 실시해 보기 바란다. 처음에는 육체적인 측면에 관심을 모으게 될 것이다. 그러나 가장 중요한 일은 내적 자세를 지켜보는 일이다.

외적으로는 매일의 정규적인 임무를 수행하지만, 내적으로는 기도와 찬양과 예배를 드리게 될 것이다. 새로운 자세로 그날의 모든 과업이 주님께 거룩한 사역이 되도록 하라. 당신의 임무가 아무리 세속적인 것

---

8) Smith, op. cit., p. 39.

이라 할지라도 당신에게는 모두 거룩한 일이다. "거룩한 영감을 받아들이는 자세"9)를 개발하라. 금식이 끝났을 때는 과일과 채소류의 가벼운 식사를 시작하고 내적인 기쁨을 가지기 바란다.

  2-3주간에 걸쳐 점진적인 금식을 실행한 후에는, 24시간의 정규적인 금식을 시도할 준비가 되었다고 볼 수 있다. 이때는 물만 마시되 건강에 필요한 만큼 마시도록 하라. 정수된 물이 좋다. 만약 물맛이 몹시 싫은 경우 레몬 주스 한 티스푼을 넣도록 하라. 금식 기간이 다 끝나기 전에 아마 당신은 주림에서 오는 어떤 고통이나 불쾌감을 느낄 것이다. 그러나 정말로 당신의 위장에 어떤 장해가 있어서 그런 것은 아니다. 당신의 위장은 여러 해에 걸쳐 습관이 되어 있기 때문에, 어느 기간 동안 음식을 먹지 않으면 신호를 보내게 되어 있다. 여러 면에서 당신의 위장은 마치 버릇없는 어린아이와 같다. 버릇없는 어린아이에게는 방종이 필요한 것이 아니라 훈련이 필요하다.

  마틴 루터는 다음과 같이 말했다. "……육체는 심하게 불평하는 습성이 있었다."10) 이 불평에 굴복해서는 안 되며 그 신호를 무시해버리든지 혹은 당신의 '버릇없는 아이'에게 잠잠하라고 말하기 바란다. 그렇게 하면 그 주림의 고통은 곧 지나가 버린다. 그렇지 않을 경우에는 또 한 컵의 물을 마시기 바란다. 그렇게 하면 위장은 편안하게 될 것이다. 당신은 당신의 위장의 노예가 아니라 주인이 되어야 한다. 가능한 한 당신이 식사를 하던 그 시간을 묵상과 기도에 바치기 바란다.

  물론 예수님의 말씀대로 금식하고 있다는 사실을 다른 사람들에게

---

9) Thomas R. Kelly, *A Testament of Devotion* (New York : Harper & Brothers, 1941), p. 35.
10) Wallis, op. cit., p. 66.

나타내려 하지 않아야 한다. 금식하고 있다는 것을 반드시 알아야 할 사람들에게만 알리도록 하라. 만약 당신이 금식한다는 것을 다른 사람들에게 나타내 보인다면 사람들은 그것을 보고 감명을 받을 것이다. 그렇게 되면 예수님이 말씀하신 대로 이미 상급을 받은 것이다. 그러나 당신은 보다 더 크고 보다 더 깊은 상급을 위해 금식해야 한다.

다음 글은 2년 동안 일주일에 한 번씩 금식한 사람이 체험한 바를 기록한 것이다. 금식의 표면적인 측면에서부터 점진적으로 발전하여 깊은 단계로 들어간 과정을 주목해 보자.

1. 하루 종일 음식을 먹지 않은 것을 큰 성공으로 생각했다. 나는 금식이 쉽다는 사실을 알고 무척 기뻐했다……
2. 그것이 금식의 목적이 아니라는 것을 알기 시작했다. 심한 배고픔을 느끼기 시작하면서 그와 같은 깨달음을 가졌다.
3. 금식을 나의 생활의 참기 어려운 다른 영역에 연결시키기 시작했다. ……나는 버스에서 자리에 앉지 않고도 만족할 수 있었다. 또한 여름의 더위와 겨울의 추위도 참을 수 있었다.
4. ……그리스도의 고난을 더욱 상고하게 되었다. 그리고 배고픈 사람들, 배고파 하는 아기를 가진 사람들의 고통도 더욱더 생각하게 되었다.
5. 금식을 시작한 지 6개월이 지나서 왜 2년간의 기간을 권장하는지 그 이유를 알기 시작했다. 시간이 흐름에 따라 체험은 달랐고 금식날의 배고픔은 몹시 심해졌다. 그리고 음식을 먹고 싶은 유혹은 점점 더 강해졌다. 나는 비로소 금식날을 나의 삶에 대한 하나님의 뜻을 발견하는 데 사용했다. 그리고 자신의 삶을 전폭적으로 바친다는 것이 무

엇을 의미하는지를 생각하기 시작했다.
6. 이제 기도와 금식이 결합되어야 한다는 것을 알게 되었다. 그밖에 다른 길은 없다. 그럼에도 그 길은 아직 내 속에서 결합되지 않았다.[11]

어느 정도 영적으로 성공하는 금식을 몇 차례 달성한 후에는 세 끼의 식사를 하지 않는 36시간의 금식에 들어가기 바란다. 이 36시간의 금식을 달성한 후에는, 주님이 당신에게 보다 더 긴 금식에 들어가기 원하시는지 주님께 구하고 알아보아야 한다. 이번에는 3일에서 7일이 적합한 기간이다. 그리고 이 기간이 당신의 삶의 방향에 지대한 영향을 끼칠 것이다.

보다 더 긴 금식 기간 동안 육체 속에서 진행되는 일을 알아 두는 것이 좋다. 일반적으로 처음 3일 동안이 육체적인 불편과 배고픔의 고통을 가장 참기 어렵다. 이때 육체가 오랜 세월의 먹는 습관으로 쌓인 해독에서 스스로 벗어나기 시작한다. 그런데 이 과정은 유쾌한 과정이 아니다. 혓바닥에 무엇이 끼고 호흡이 불편한 이유가 여기에 있다. 이러한 증세를 보고 불안해 해서는 안 된다. 결과적으로 건강이 증진되고 복된 생활을 하게 된다는 데 대하여 감사하기 바란다. 이때 두통을 느끼는 일도 있다. 특히 커피나 차를 즐기는 사람이라면 더욱 그렇다. 그러한 체험이 일시적으로는 대단히 불쾌하다 할지라도 그것은 일시적인 증세에 불과하다.

넷째 날이 되면 약해지는 것을 느끼고 또 가끔 현기증을 느끼기는 하

---

11) Elizabeth O'Connor, *Search for Silence* (Waco, TX : Word Books. 1971), pp. 103, 104.

지만 배고픔의 고통은 가라앉기 시작한다. 현기증은 일시적인 현상에 불과한 것으로서 움직일 때 생긴다. 좀더 천천히 움직이면 현기증에 대한 문제는 없어질 것이다. 연약한 현상은 심히 간단한 일도 큰 힘이 드는 정도에까지 이를 수 있다. 이때에는 휴식이 가장 좋은 치료이다. 많은 사람들은 이 때가 금식 중 가장 어려운 시기라는 것을 체득했다.

여섯째 혹은 일곱째 날에는 당신이 보다 더 강해지는 것을 느끼기 시작하고 보다 맑아지는 것을 느끼기 시작할 것이다. 배고픔의 고통은 계속적으로 감소되다가 아홉째 날이나 열째 날에는 미세한 자극 정도가 된다. 육체에 있는 대부분의 해독이 제거되고 따라서 당신은 편안함을 느낀다. 당신의 집중력은 예리해지고 금식을 무기한으로 계속할 수 있을 것처럼 느끼게 될 것이다. 육체적으로 이 시기가 금식의 가장 즐거운 시기이다.

개인에 따라 다르지만, 21일째 되는 날에서부터 40일째 되는 날 사이의 어느 시기에 배고픔의 고통이 다시 돌아온다. 이것이 기아飢餓의 첫 단계이며 육체가 비축물을 모두 사용했다는 신호이다. 그리고 이제부터는 살아 있는 조직에서 영양분을 끌어 와야 한다는 신호이다.

금식 기간 동안 체중 감소는 개인에 따라서 차이가 있다. 금식 초기에는 하루에 2파운드가 감소되다가 금식이 진행됨에 따라 하루에 1파운드씩 감소되는 것이 일반적인 현상이다. 금식 기간 동안에는 추위를 더 느끼게 되는데 그것은 육체가 정상 열량을 산출하지 못하기 때문이다. 보온에 유의하고 주의를 기울이면 이것은 어려운 문제가 아니다. 육체적인 이유 때문에 금식이 허용되지 않는 사람들이 있다는 사실을 알아 두어야 한다. 당뇨병 환자, 임산부, 심장병 환자 등은 금식해서는 안 된다. 만약 금식 적격 여부에 어떤 의문이 있다면 의사의 조언을 듣기 바란다.

금식을 시작하기 전에 비축해 두기 위해 많이 먹어 두고 싶은 유혹에 빠지는 경우가 있다. 이것은 아주 지혜롭지 못한 일이다. 실상은 금식 하루나 이틀 전에는 보통 때보다 약간 가벼운 식사를 하는 것이 가장 좋다. 또한 장기 금식을 시작하기 3일 전에는 커피나 차를 마시지 않는 편이 좋다. 마지막 식사를 과일과 채소로 하면 변비에 문제가 없게 될 것이다.

금식을 다 마친 후에는 과일이나 야채 주스로 식사를 시작해야 하며 처음에는 적은 양을 먹어야 한다. 위장이 상당히 수축되어 있고, 소화기관 전체가 이를테면 동면에 들어가 있었다는 사실을 기억하기 바란다. 둘째 날에는 과일과 우유 혹은 요구르트를 먹을 수 있다. 그 다음에는 생야채와 요리한 채소를 먹을 수 있다. 생야채에는 소스를 사용하지 말고 지방이나 전분도 피하기 바란다. 지나치게 먹지 않도록 각별히 조심하고, 식욕을 다스리고 훈련하는 것이 필요하다면 이 시기에 장래의 식이요법과 먹는 습관을 생각하는 것이 좋다.

금식의 육체적 측면이 우리의 흥미를 끌긴 하지만, 성경적 금식의 주된 임무는 영적인 면에 있다는 사실을 잊어서는 안 된다. 영적으로 어떤 일이 진행되고 있느냐 하는 것이 육체적으로 발생하는 일보다 훨씬 더 중요하다. 당신은 에베소서 6장의 모든 무기를 필요로 하는 영적 싸움을 하고 있다. 영적으로 가장 어려운 위기 가운데 하나가 우리가 자연적으로 풀어지기 쉬운 금식의 마지막 무렵이다.

그러나 나는 금식 전체가 영적인 고투라는 인상을 남기고 싶지는 않다. 나의 체험에 의하면 결코 그렇지만은 않다. 금식은 "성령 안에 있는 의와 평강과 희락"(롬 14:17)도 된다.

금식은 영적 세계에서 다른 그 어떤 방법으로도 얻을 수 없는 획기적인 발전을 가져올 수 있다. 금식은 더 이상 등한시되어서는 안 되는 하나님의 은혜와 축복의 통로이다. 웨슬리는 다음과 같이 선언했다.

"······모든 시대의 하나님의 백성들이 금식을 하나의 수단으로 사용하도록 인도함을 받은 것은 단순히 이성의 빛에 의한 것은 아니었다. ······하나님의 백성들은 금식을 하나님 자신으로부터 배웠다. 하나님의 뜻의 명백한 계시에 의해서 말이다. ······과거 사람들을 깨우쳐 이 임무를 열성적으로 또 계속적으로 수행케 했던 이유가 어떤 것이든 그것은 오늘날도 여전히 동등한 힘을 가지고 우리들을 깨우치고 있다."[12]

이제는 그리스도의 음성을 듣는 모든 사람이 순종해야 할 때이다.

---

12) Wesley, *Sermons on Several Occasions*, p. 297.

05
학습의 훈련

사람만 학습하는 자는 영혼 없는 지식의 몸을 얻을 것이다. 그리고 책만 학습하는 자는 몸 없는 지식의 영혼을 얻을 것이다. 보는 것에 관찰을 추가하고, 읽는 것에 숙고를 추가하는 자가, 다른 사람들의 마음을 세밀히 살피는 가운데 자신의 마음을 세밀히 살피기를 등한시하지 않는다면 그는 지식으로 가는 바른 길에 있다 _칼렙 콜턴

영적 훈련의 목적은 그 사람의 전적인 변화에 있다. 파괴적인 과거의 사고 습관을 생명을 주는 새 습관으로 바꾸는 것이 목표이다. 이 목표는 학습 훈련에서 가장 명백하게 드러난다. 사도 바울은, 마음을 새롭게 함으로 변화를 받는다고 말한다(롬 12:2). 마음이 새롭게 되는 것은 마음을 변화시키는 것들에 마음을 씀으로써 이루어진다.

"끝으로 형제들아 무엇에든지 참되며 무엇에든지 경건하며 무엇에든지 옳으며 무엇에든지 정결하며 무엇에든지 사랑받을 만하며 무엇에든지 칭찬받을 만하며 무슨 덕이 있든지 무슨 기림이 있든지 이것들을 생각하라"(빌 4:8).

학습 훈련은 우리들로 '이것들을 생각하도록' 만드는 일차적인 수단이다. 그러므로 우리의 내적 변화를 위해 우리 자신의 수단을 의지하지 않고 하나님의 은혜를 수단으로 할 수 있음을 기뻐해야 한다.

많은 그리스도인들은 단순히 학습 훈련을 하지 않기 때문에 불안과 공포에 매여 있다. 그들은 열심히 교회에 출석하고 또 종교적 의무를 열성으로 수행하면서도 변화를 받지 못하고 있다. 여기서 말하는 것은 형식적인 신앙을 가진 사람들만이 아니라 주 예수 그리스도를 진심으로 예배하고 순종하려고 하는 사람들까지 포함된다. 그들은 기쁨으로 찬양하고, 성령으로 기도하며, 그들이 아는 한 순종하는 생활을 하며, 또 거룩한 환상과 계시까지도 받는다.

그럼에도 불구하고 그들의 생활은 여전히 변화받지 못하고 그대로 있다. 그 이유는 무엇일까? 그것은 하나님께서 우리를 변화시키는 데 사용하시는 가장 중요한 방법 가운데 하나인 학습을 받아들이지 않는 데 있다. 예수께서는 진리를 아는 것이 우리를 자유케 한다고 분명히 말씀하셨다.

"진리를 알지니 진리가 너희를 자유롭게 하리라" (요 8:32).

좋은 기분이 우리를 자유케 하지 못하며, 황홀경의 체험도 우리를 자유케 하지는 못한다. 진리를 아는 지식 없이는 우리가 자유케 되지 못한다.

이 원리는 인간의 모든 노력에 해당된다. 생물학과 수학에 있어서도 마찬가지이다. 결혼 생활이나 대인 관계에 있어서도 마찬가지이다. 그러나 영적인 삶에 있어서는 특히 그렇다. 많은 사람들은 단순히 이 진리를 알지 못하기 때문에 영적인 삶에 장애와 혼돈을 경험한다. 한 걸음 더 나아가서 많은 사람들은 거짓 교훈으로 말미암아 가장 참혹한 속박에 매인다. "……너희는 교인 한 사람을 얻기 위하여 바다와 육지를 두루 다니다가 생기면 너희보다 배나 더 지옥 자식이 되게 하는도다"(마 23:15). 그러므로 우리는 학습이라는 영적 훈련이 어떠한 것인지, 그것의 함정은 무엇인지를 알고, 또한 기쁨으로 학습 훈련을 하고 그것이 가져다주는 자유를 체험하기 위해 정성을 기울여야 한다.

학습이란 무엇인가

학습이란 진실을 자세히 살핌으로써 사고가 일정 방향으로 움직여 갈 수 있게 하는 특정한 경험을 말한다. 생각은 언제나 생각이 집중하는 그 질서를 따라가게 되어 있다. 우리는 나무나 책을 관찰한다. 우리는 그것을 보고 느끼고 이해하고 결론을 내린다. 그렇게 할 때 우리의 사고 과정은 그 나무나 혹은 책의 질서와 일치하는 질서를 갖게 된다. 이 일이 집중과 지각과 반복으로 이루어질 때 사고의 습관이 형성된다.

구약성경은 율법을 바깥문과 문설주에 기록하라고 하였으며 손목에 매라고 하였고, 또 "너희 미간에 붙여 표를 삼으며"(신 11:18)라고 교훈했다. 이 교훈의 목적은 하나님과 대인 관계에 대한 어떤 사고의 양식을 규칙적으로, 반복적으로 실천하도록 하는 데 있었다. 가톨릭의 묵주도 이와 비슷한 목적을 가지고 있다. 물론 신약성경은 문설주에 기록된 율법을 마음에 기록된 율법으로 대신하고 우리로 항상 임재하고 내재하시는 우리의 스승 예수께로 나아가도록 한다.

다시 말하지만 그렇게 형성되어 뿌리박힌 사고의 습관은 학습 대상의 질서와 일치한다. 우리가 무엇을 학습하느냐가 어떤 습관을 형성하느냐를 결정한다. 이 같은 이유 때문에 바울은 우리들에게 참되고 경건하며 옳고 정결하며 사랑받을 만하고 칭찬받을 만한 것에 집중하라고 촉구했다.

학습 중 이루어지는 과정은 묵상과 구분되어야 한다. 묵상을 예배적이라고 한다면, 학습은 분석적이다. 묵상이 말씀을 달게 먹는 것이라고 한다면, 학습은 말씀을 해설하는 것이다. 묵상과 학습은 종종 중복되지만 이들은 분명히 구분되는 경험이다. 학습은 묵상이 성공적으로 기능을 발휘할 수 있는 객관적인 틀을 제공해 준다.

학습에서, 학습해야 할 두 가지 '교과서'가 있다. 하나는 말이 있는 교과서이고 다른 하나는 말이 없는 교과서이다. 그러므로 책이나 강의는 학습 분야의 절반밖에 되지 않는다. 아마 절반도 되지 않을 것이다. 대자연과 사건들과 행동들을 자세히 관찰하는 것이 말 없는 학습의 중요한 부분이다.

학습의 주된 임무는 특정 상황, 만남, 책 등의 진실을 지각하는 데 있다. 예를 들어, 우리는 어떤 비극적인 상황의 진실을 전혀 지각하지 못하고 지나칠 수 있다. 그러나 일어난 일을 자세히 관찰하고 숙고한다면 많은 것을 배우게 될 것이다.

학습의 네 단계

학습에는 네 단계가 있다.

첫째 단계는 반복이다. 반복은 사고가 특정 방향으로 향하도록 규칙적으로 이끌어 주어 사고의 습관을 심어 주는 것이다. 우리는 낭송이라는 옛 학습 방법을 경시할 것이다. 그러나 반복하고 있는 것이 무엇인지 모르고 그저 반복만 하는 것도 내적으로 사고에 큰 영향을 끼친다는 사실을 알아야 한다. 뿌리박힌 사고 습관은 오직 반복에 의해서만 형성될 수 있고, 그래서 행동을 변화시킬 수 있다. 이것이 많은 영성 훈련들에서 하나님의 말씀을 규칙적으로 되풀이하도록 강조하는 이유 중 한 가지이다.

자기가 되풀이하고 있는 것을 믿는 것조차도 중요한 것이 아니며, 중요한 것은 되풀이한다는 것 그 자체이다. 이리하여 정신은 훈련이 되고 결국은 행동이 그 확언한 것에 일치하게 된다. 물론 이 원리는 오래 전부터 알려져 왔으나 과학의 확증을 얻은 것은 근래의 일이다.

텔레비전 프로그램을 어떻게 작성하느냐가 중요한 이유도 여기에 있다. 매일 저녁 황금 시간대에 텔레비전에서 수많은 살인 행위가 자행되면 그 되풀이되는 것 자체가 파괴적인 사고 방식을 갖도록 사고를 훈련시킨다.

학습의 둘째 단계는 집중이다. 해당 주제에 정신을 반복적으로 집중시키는 데에 추가하여 학습 중에 있는 것에 집중한다면 학습은 크게 증진될 것이다. 집중이란 정신을 한 곳에 모으는 것이다. 집중은 학습하고 있는 것에 주의를 맞추는 것이다. 인간의 정신은 비상한 집중력을 가지고 있다. 인간의 정신은 계속적으로 수천 가지의 자극을 받고 있는데 몇 개의 자극에만 집중하고 나머지 자극은 모두 기억 은행에 비축해 둘 수 있다. 두뇌의 이 자연적인 능력은 우리가 하나의 목적을 가지고 주의를 학습 대상에 집중할 때 훨씬 더 강화된다.

우리는 집중을 중시하지 않는 문화 속에 살고 있다. 주의 산만이 하루하루의 모습이다. 예를 들어, 많은 사람들이 라디오를 켠 채 밤낮으로 모든 활동을 한다. 어떤 이들은 TV를 켠 채 동시에 책을 읽는다. 거의 모든 사람들이 단 한 가지에 하루 동안도 집중할 수 없다. 우리는 이런 에너지 분산으로 인해 더욱더 쇠잔해져 가고 있다.

우리가 정신을 특정 방향으로 되풀이하여 집중하고 또 우리의 주의를 그 대상에 집중할 뿐만 아니라, 우리가 학습하고 있는 것을 이해할 때 우리는 새로운 수준에 도달한다.

그러면 학습 훈련의 셋째 단계인 이해에 이르게 된다.

당신도 알다시피 우리를 자유케 하는 것은 그냥 진리가 아니라 진리를 아는 지식이라고 예수님은 말씀하셨다(요 8:32). 이해는 진리를 아는 지식에 초점을 맞춘다. 우리 모두는 어떤 것을 읽고 또 읽어서 마침내 갑자기 의미를 깨닫게 되었던 경험이 있다.

이런 이해의 '유레카' 경험은 우리를 새로운 차원의 이해와 자유로 도약하게 한다. 이것은 통찰과 분별을 우리에게 준다. 이것은 진실에 대한 참다운 지각을 하게 해준다.

이제 필요한 단계가 하나 더 있다. 즉 넷째 단계인 숙고이다. 이해는 우리가 학습하고 있는 것을 규명하지만 숙고는 우리가 학습하고 있는 것의 의미를 규명한다. 오늘의 사건들을 숙고하는 일은, 즉 되새기는 일은 그 사건들의 내적 진실에 이르게 한다. 숙고는 사물을 하나님의 시각에서 보도록 만든다. 숙고를 통해 우리는 학습 내용뿐만 아니라 우리 자신까지 알게 된다.

예수께서는 들을 수 없는 귀와 볼 수 없는 눈에 대하여 자주 말씀하셨다. 우리가 학습하는 것의 의미를 숙고할 때 우리는 사물을 새로운 각도에서 볼 수 있게 되고 들을 수 있게 된다.

학습은 겸손을 필요로 한다는 것이 곧 드러나게 된다. 우리가 학습 내용을 받아들이기를 원하지 않는 한, 학습은 이루어질 수 없다. 우리는 체제에 굴복해야 한다. 우리는 학생이 되어야 하며 교사가 되어서는 안 된다. 학습은 겸손에 의존하고 있을 뿐만 아니라 겸손하게 되는 데 도움을 준다. 교만과 배우는 자세는 서로 배타적이다.

어떤 방면에 상당한 학습을 하였거나 혹은 어떤 학위를 취득한 사람들이 그들의 지식을 무례한 방법으로 과시하는 경우를 우리 모두는 알고 있다. 우리는 그런 사람들에 대하여 애석하게 생각해야 한다. 그런 사람들은 학습의 영적 훈련을 알지 못하며, 지식을 쌓기는 하였지만 참된 지식이 무엇인지 모르고 있는 것이다.

그들은 정보의 축적과 지식을 동일시한다. 이 얼마나 슬픈 일인가! 사도 요한은 영생을, 하나님을 아는 지식이라고 정의했다. "영생은 곧 유일하신 참 하나님과 그가 보내신 자 예수 그리스도를 아는 것이니이다"(요 17:3). 이 체험적인 지식에 한번만 접하면, 우리는 충분히 깊은 겸손의 자세를 가질 것이다.

이제 기초는 다졌으므로 학습 훈련을 실제로 하는 방법을 생각해 보도록 하자.

책을 통한 학습

학습을 생각할 때 으레 떠오르는 것은 책이나 혹은 그 밖의 기록물들이다. 앞에서 언급한 바와 같이 책은 학습 분야에 있어서 절반밖에 되지 않는 것이지만, 그 중요성은 말로 다할 수 없다.

불행하게도 많은 사람들은 책을 학습하는 일을 간단한 일로 생각한다. 그와 같은 경솔한 태도가 많은 사람들의 나쁜 독서 습관의 원인이 된다. 책을 학습하는 일은 대단히 세밀한 주의를 기울여야 하는 일이며 특히 초보자들에게 있어서는 더욱 그렇다.

테니스나 타자의 경우처럼, 처음에 배울 때는 익혀야 할 사항이 무수하게 많은 것처럼 보일 것이다. 그래서 당신은 도대체 그 모두를 어떻게 동시에 기억할 수 있을지 의아하게만 생각될 것이다. 그러나 일단 숙달되기만 하면 기술은 그의 본성이 되어서 당신은 테니스 경기나 혹은 타자 자료에 집중할 수 있게 된다.

책을 학습하는 것도 이와 마찬가지이다. 학습은 극히 세밀한 주의를 기울여야 하는 기술이다. 가장 어려운 장애는 사람들로 하여금 그들이 학습하는 법을 배워야 한다는 것을 납득시키는 일이다.

대부분의 사람들은 글을 읽는 방법을 알고 있다는 이유로 학습하는 방법을 잘 알고 있는 것처럼 생각한다. 이렇게 학습의 본질을 제한적으로만 아는 것이, 그렇게 많은 사람들이 독서를 통하여 얻는 것이 적은 이유를 설명해 준다.

책을 학습하는 데는 세 가지 본질적 법칙과 부대적 법칙이 있다.[1]

---

[1] 이 주제에 대하여는 모티머 애들러(Mortimer J. Adler)가 쓴 『독서의 기술』에서 자세히 설명되었다. 나는 '학습 훈련' 의 이 통찰에서 그의 도움을 많이 받았다.

본질적 법칙은, 처음에는 세 가지의 분리된 독서를 필요로 하지만 시간이 흐름에 따라 그 세 가지는 동시에 이루어질 수 있다.

첫 번째 독서는 그 책을 '이해하는 것', 즉 저자가 무엇을 말하고 있는지를 이해하는 데 목표를 둔다.

두 번째 독서는 그 책을 '해석하는 것', 즉 저자가 무엇을 의미하는지를 해석하는 데 목표를 둔다.

세 번째 독서는 그 책을 '평가하는 일', 즉 저자의 입장이 옳은지 그른지를 평가하는 데 주된 목표를 둔다.

우리들 대부분은 당장 세 번째 독서를 하고 첫 번째 독서와 두 번째 독서는 하지 않는 경향이 있다. 우리는 그 책이 무엇을 말하고 있는지를 이해하기도 전에 그 책에 대한 비판적 분석을 하고, 그 책의 의미를 해석하기도 전에 그 책이 옳은지 그른지를 판단한다. 전도서를 쓴 지혜로운 저자는 하늘 아래 모든 일에는 때가 있다고 말한다. 책을 비판적으로 분석하는 것은 그 책을 자세히 이해하고 해석한 후에 있어야 한다.

그러나 본질적 학습 법칙 자체만으로는 부족하다. 성공적인 독서를 하기 위해 우리는 부대적인 도움, 즉 체험과 다른 책들과 그리고 활발한 토의를 필요로 한다. 체험은 우리가 읽는 것을 해석하고 연관시킬 수 있는 유일한 길이다. 그늘진 골짜기를 걸어 본 사람은 비극에 관한 책을 다른 눈으로 읽는다. 이처럼 이해되고 숙고된 체험은 우리의 학습을 밝게 해주고 분명히 알게 해준다.

다른 책들에는 사전, 주석 및 기타 해석을 돕는 책이 포함되지만, 보다 더 중요한 것은 학습하고 있는 주제에 도움을 주는 다른 좋은 책들이다. 책은 흔히 다른 책들과 연관시켜 읽을 때 비로소 의미를 가지게 된다. 예를 들면, 구약성경의 기초 없이 로마서나 혹은 히브리서를 이해하기는 거의 불가능하다.

연방 규약과 미국 헌법을 읽지 않고 미국 헌법 채택을 지지하여 쓴 논문을 읽고 이해하기는 사실상 불가능하다. 삶의 중심 과제를 다루고 있는 좋은 책들은 서로서로 크게 영향을 끼치고 있다. 그런 책들은 따로 분리시켜 읽을 수 없는 것이다.

활발한 토의란 특정한 학습 과정을 추구할 때 사람들 가운데서 흔히 발생하는 상호 작용을 가리킨다. 학생들과 나는 종종 플라톤이나 어거스틴의 글을 읽고 단편적인 의미만을 깨닫는다. 그러나 모여서 토의와 토론을 하면 소크라테스의 대화와 같은 통찰이 생기는데 이것은 이런 상호 작용이 없이는 얻을 수 없는 것이다. 우리는 저자와 상호 작용을 하고, 다음에는 서로서로 상호 작용을 한다. 그러면 새롭고 창의적인 아이디어가 나온다.

우리가 학습해야 할 첫째 되고 가장 중요한 책은 성경이다. 시편 저자는 다음과 같이 물었다. "청년이 무엇으로 그 행실을 깨끗하게 하리이까." 이어서 그는 자신의 질문에 다음과 같이 대답했다. "주의 말씀만 지킬 따름이니이다." 그리고 다음과 같은 말을 추가했다. "내가 주께 범죄하지 아니하려 하여 주의 말씀을 내 마음에 두었나이다"(시 119:9, 11).

시편 저자가 여기에서 말하는 '말씀'은 율법을 가리키는 것이기는 하지만, 전역사를 통하여 그리스도인들은 성경을 공부하는 가운데 이것이 사실임을 발견했다.

"모든 성경은 하나님의 감동으로 된 것으로 교훈과 책망과 바르게 함과 의로 교육하기에 유익하니 이는 하나님의 사람으로 온전하게 하며 모든 선한 일을 행할 능력을 갖추게 하려 함이라"(딤후 3:16-17).

근본 목적은 교리적 정결에 있지 않고 내적 변화에 있다는 사실을 유의하기 바란다(물론 교리적 정결도 관계가 없는 것은 아니지만). 우리가 성경을 읽는 것은 지식을 쌓으려는 것이 아니라 변화받기 위함이다.

그러나 우리는 성경을 학습하는 일과 성경을 경건의 목적으로 읽는 일 사이에는 현격한 차이가 있다는 사실을 알아야 한다. 성경을 학습할 때는 우선순위가 해석하는 데, 즉 성경 말씀이 무엇을 의미하느냐에 놓여진다. 그러나 성경을 경건의 목적으로 읽을 때에는 우선순위가 생활에 적용하는 데, 즉 성경 말씀이 나에게 무엇을 의미하느냐에 놓여진다.

사람들은 종종 해석 단계를 건너 뛰어 적용 단계로 곧장 들어간다. 의미를 파악하기도 전에 그것이 자기에게 주는 의미를 찾으려 하는 것이다. 성경을 학습할 때는 영적 황홀경을 추구하지 않는다. 실상 황홀경은 학습에 방해가 될 수 있다. 우리는 성경을 학습할 때 저자의 의도에 지배받기를 추구한다. 우리는 저자가 무엇을 말하는지 듣기 원하지, 우리가 원하는 것을 저자가 말하도록 하지 않는다. 우리는 그 의미가 분명하게 되기까지 많은 시간의 대가를 기꺼이 지불해야 한다. 이와 같은 과정이 우리의 삶에 혁명을 일으킨다.

사도 베드로는 '우리 사랑하는 형제 바울'의 서신에서 무엇인가 '알기 어려운 것'을 발견했다(벧후 3:15-16). 베드로가 그랬다면 우리는 더욱 그렇지 않겠는가? 우리는 시간을 바쳐서 성경을 학습해야 한다. 경건을 목적으로 날마다 성경을 읽는 일은 권장해야 할 일이지만 그것이 학습은 아니다. '오늘을 위해 하나님의 한 말씀'을 찾기만 하는 사람은 학습 훈련에 관심이 없는 사람이다.

일반적인 장년 주일학교를 보면, 성경 학습에 도움을 주기에는 너무나도 피상적이고 경건적인 면에 치우치고 있다. 만약 당신이 신학교 부근이나 혹은 대학교 부근에 살고 있어서 성경 과목을 청강할 수 있다면 아주 다행스러운 일일 것이다. 특히 지식과 아울러 '생명'을 알려 주는 스승을 만난다면 아주 다행스러운 일이다. 그러나 그렇지 못하다면(또는 당신의 실정이 그렇다 할지라도) 당신은 성경 학습을 시작하기 위해 아래의 몇 가지 일을 할 수 있다.

나의 가장 유익한 학습 체험은 나 혼자 따로 2-3일의 시간을 가짐으로 이루어졌다. 물론 당신은 자신의 상황을 볼 때, 그런 시간을 낼 수 없다고 반대할 것이다. 나 역시 누구 못지 않게 그런 시간을 내기가 쉬운 형편이 아니다. 나는 혼자만의 시간을 가질 때마다 애를 써서 여러 주 전에 나의 시간표에 그것을 적어 넣는다. 나는 이 아이디어를 여러 종류의 사람들에게 권유했는데 바쁜 일정을 가진 전문인들과 근로자들과 그리고 대가족의 주부들과 그밖에도 많은 사람들이 개인적인 학습 기회를 얻을 수 있음을 발견했다. 가장 어려운 문제는 시간을 찾는 것이 아니라 그 일이 그만큼 중요하다는 것을 나 자신에게 설득하는 일이었다.

성경은 도르가의 기이한 부활에 이어서 "베드로가 욥바에 여러 날 있어 시몬이라 하는 무두장이의 집에서 머무니라"(행 9:43)고 말한다. 성령께서 베드로의 문화적, 민족적 편견에 대하여 특별한 역사를 하신 것이 이 욥바 체류 기간 동안이었다. 만약 베드로가 이 체류 기간 없이 곧바로 나아가서 전파하고 도르가의 부활을 말했다면 어떻게 되었겠는가? 만약 그렇게 했다면 베드로는 성령으로부터 그 놀라운 환상을 받지 못했을 것이고 다음과 같은 말을 하지 못했을 것이다.

"……내가 참으로 하나님은 사람의 외모를 보지 아니하시고 각 나라 중 하나님을 경외하며 의를 행하는 사람은 다 받으시는 줄 깨달았도다"(행 10:34–35). 하나님께서는 특별한 방법으로 우리를 가르치실 수 있도록 각자가 다양하고 은밀한 장소를 갖기를 원하신다.

많은 사람들은 주말이 이러한 체험에 적합한 시간이며, 다른 사람들은 주중에 시간을 마련할 수 있다. 단 하루만 가능한 경우에는 대체로 주일이 좋다.

장소로는 가정을 떠난 곳이면 어디나 좋다. 가정을 떠나면, 전화나 집안일에서 자유롭게 될 뿐만 아니라 학습에 집중하기가 좋다. 모텔이든 수양관이든 좋다. 캠핑은 생활에 마음을 많이 써야 하기 때문에 별로 바람직하지 못하다. 대부분의 수양관에서는 이런 개인적인 휴양객을 받는다. 특히 가톨릭 수양관에서는 오랫동안 이런 일을 해왔고 시설도 적합하다.

단체 수양회 같은 것은 그런 학습을 진지하게 다루지 못한다. 그러므로 혼자 가는 기회를 만들어야 한다. 혼자 있기 때문에 자신과 시간을 주의 깊게 관리해야 한다. 만약 이러한 일에 초보자라면 아마 과로하여 지치기를 원할 것이다. 그러나 일단 경험을 쌓으면 하루에 10시간 내지

12시간을 전적으로 학습에 사용하고 싶을 것이다.

무엇을 학습해야 할까? 이것은 자신의 필요에 달려 있다. 자신에게 무엇이 필요한지 나는 알지 못하지만, 오늘날 그리스도인들에게 매우 필요한 것 가운데 하나가 성경의 많은 부분을 읽는 일이다. 오늘날 우리의 성경 읽기는 너무나 단편적이고 산발적이다. 성경에 대하여 공부하고 있는 학생들이, 학습하고 있는 성경을 전체적으로 읽지도 않고 공부하는 것을 나는 실제로 알고 있다.

창세기나 혹은 예레미야와 같은 성경의 주요한 책을 택해서 통독하고 그 책의 구조와 흐름을 파악하기 바란다. 어려운 부분을 표시해 두었다가 나중에 다시 검토하기 바란다. 자신이 특별히 생각한 바와 감동을 받은 것을 기재해 두기 바란다. 때로는 성경 학습과 고전적인 경건 서적 학습을 겸하는 것이 지혜로운 일이다. 혼자 시간을 가지고 이렇게 수련하는 일은 당신의 삶을 변화시킬 수 있다.

성경 학습의 또 하나의 방법은 에베소서나 요한 1서와 같은 작은 책을 택하여 일 개월 동안 매일 한 번씩 통독하는 것이다. 이렇게 하면 다른 어떤 방법보다 그 책의 구조를 마음에 잘 새길 수 있다. 또한 읽을 때 그 책을 기존의 범주에 맞추려고 하지 말고 새로운 것을 새로운 방법으로 들을 것을 기대하라. 발견한 것을 기재해 두도록 하라. 이렇게 학습하는 동안 당신은 이차적인 보조 자료를 이용하고 싶을 것이다.

성경 학습에 추가하여 기독교 문학의 체험적인 고전에 관한 학습을 소홀히 하지 말기 바란다. 먼저 성 어거스틴의 『참회록』부터 시작하기 바란다. 그 다음으로 토마스 아 켐피스의 『그리스도를 본받아』를 보라. 또 브라더 로렌스의 『하나님의 임재 체험하기』를 빼놓지 말기 바란다.

또 브라더 우골리노의 『성 프랜시스의 작은 꽃들』을 읽기 바란다.

그 다음에 당신은 아마 파스칼의 『팡세』와 같은 좀 어려운 책을 원하게 될 것이다. 또 당신이 칼빈의 『기독교 강요』에 들어가기 전에, 마틴 루터의 탁상 담화를 읽기 바란다. 『조지 폭스의 일기』나 혹은 『존 웨슬리의 일기』가 좋은 줄로 안다. 또 윌리엄 로의 『거룩한 삶을 위한 부르심』을 자세히 읽기 바란다. 20세기에 들어와서는 토머스 켈리의 『헌신의 약속』, 디트리히 본회퍼의 『제자도의 대가』, 그리고 C. S. 루이스의 『순전한 기독교』를 읽기 바란다.

물론 나는 대표적인 책들을 대략 소개하는 데 불과하다. 나는 노리치의 줄리안의 『거룩한 사랑의 계시』, 프랑수아 드 살르의 『경건 생활 입문』, 존 울먼의 『일기』, 그밖에도 많은 책들을 빠뜨렸다.

또한 우리는 많은 훈련을 쌓은 사람들의 훌륭한 문학서들을 잊지 말아야 한다. 이 많은 사상가들은 인생의 고통을 비범하게 들여다보았다. 그 가운데는 동양의 저자인 중국의 노자, 페르시아의 자라투스트라, 셰익스피어, 밀턴, 세르반테스, 단테, 톨스토이와 도스토예프스키, 그리고 금세기에 들어와서는 대그 함마슐트가 있다.

여기에서 한마디 주의를 주고자 한다. 이런 책들을 모두 읽지 못했다고 부담갖거나 실망하지 말기 바란다. 여기에 열거된 책을 모두 읽지는 못했어도 다른 책들을 읽을 수도 있다.

여기에서 열거한 것은, 우리가 입수할 수 있는 훌륭한 책들이 많다는 것을 보여 줌으로써 영적인 진보를 하는 데 용기를 북돋워 주기 위함이다. 그밖에도 많은 인물들이 동일한 길을 걷고 훌륭한 문헌들을 남겼다. '학습 훈련'의 열쇠는 많은 책을 읽는 데 있는 것이 아니라, 읽는 것을 체험하는 데 있다는 사실을 기억하기 바란다.

말이 없는 '책' 학습

이제 학습 분야에서 가장 덜 인식되어 있으나 가장 중요한 사물과 사건, 행동의 진실을 관찰하는 영역을 살펴보자. 이 영역에 있어서 가장 시작하기 쉬운 곳은 대자연이다. 피조계가 우리에게 많은 것을 가르쳐 준다는 것은 어렵지 않게 알 수 있다.

이사야는 말했다. "……산들과 언덕들이 너희 앞에서 노래를 발하고 들의 모든 나무가 손뼉을 칠 것이며"(사 55:12). 창조주의 손으로 지으신 모든 것이, 들으려고만 한다면 우리에게 말을 하고 가르쳐 줄 수 있다. 마틴 부버는 "개구리가 하나님을 찬양하는 노래"[2]를 배우기 위해 매일 새벽에 못으로 간 랍비에 대해 이야기한다.

자연에 대한 학습은 주의를 기울임으로써 시작할 수 있다. 우리는 꽃들과 새들을 본다. 우리는 그것들을 세밀하게 그리고 기도하는 마음으로 관찰한다. 앙드레 지드는 강의실에서 강의 도중 나방이 번데기에서 재생하는 장면을 관찰한 이야기를 했다. 그는 그 변화를 보고 경탄과 기쁨으로 가득 찼다. 그는 열성적으로 그 광경을 그의 교수에게 보여 주었다. 그런데 교수는 마땅치 않은 표정으로 다음과 같이 말했다. "너는 번데기가 나비의 외피라는 것을 알지 못했어? 네가 보는 모든 나비는 번데기에서 나온 거야. 그것은 아주 자연스러운 것이지." 지드는 실

---

2) Martin Buber, *Tales of the Hasidim : Early Masters* (New York : Schocken Books, 1948), p. 111.

망해서 다음과 같이 기록했다.

"그렇다. 나도 역시 자연의 내력을 잘 알고 있다. 아마 그 교수보다도 더 잘 알고 있을 것이다. ……그러나 그것이 자연이라고 하여 그 교수는 그 기이함을 볼 수 없었을까? 참으로 가련하다! 그날 이후로 나는 그 교수를 싫어하게 되었고 그의 과목도 싫어졌다."[3]

지드의 교수는 지식을 쌓았을 뿐 학습은 하지 않은 것이다. 자연 학습의 첫째 단계는 겸손한 관찰이다. 하나의 잎사귀는 질서와 다양성과 복잡성과 조화를 말해 준다. 에블린 언더힐은 다음과 같이 기록했다. "묵상 훈련이 당신에게 가르쳐 주는 것처럼 주의를 집중하라. ……그리고 난 다음 당신 주변에서 나타나는 무수한 인간사 가운데 하나를 향하여, 사랑의 의지를 가진 명확한 행동으로 접근하라. ……묵상의 대상은 별로 중요하지 않다. 응시의 대상이 무엇이냐 하는 것은 문제가 되지 않는다. 당신의 자세가 올바르기만 하다면, 높은 산에서부터 작은 곤충에 이르기까지 그 무엇이든 그와 같은 응시의 대상이 될 수 있다."[4]

그 다음 단계는 꽃들과 나무들과 그리고 땅 위에 기어다니는 작은 동물들과 친구가 되는 일이다. 우화에 나오는 두리틀 박사처럼 동물들과 이야기하라. 물론 당신이 그것들과 실제로 말을 주고받을 수는 없다. 말이 아닌 의사 소통이 분명히 있을 수 있다. 동물들은 우리의 친교와 동정에 응답하는 것 같다. 나는 직접 실험해 보았기 때문에 이 사실을 알고 있다. 유명한 과학자들도 역시 마찬가지이다. 우리는 그것이 사실임을 발견했다. 앗시시의 성 프랜시스가 늑대를 길들인 이야기라든지

---

[3] André Gide, *If It Dies*, trans. Dorothy Bussey (New York : Random House, 1935), p. 83.
[4] Evelyn Underhill, *Practical Mysticism* (New York : World, Meridian Books, 1955), pp. 93-94.

새들에게 설교한 이야기는 그렇게 부자연스러운 것이 아니다. 우리가 자연을 사랑하면 우리는 자연에게서 배울 수 있다.

도스토예프스키는 『카라마조프의 형제들』에서 다음과 같이 권면한다. "하나님이 창조한 만물과 그 안에 있는 모든 모래알을 사랑하라. 모든 잎사귀와 하나님의 광선 하나하나를 사랑하라. 동물을 사랑하고, 식물을 사랑하고, 모든 것을 사랑하라. 당신이 모든 것을 사랑하면 당신은 그 속에 있는 비밀을 알 수 있다. 그 거룩한 신비를 알고 나면, 당신은 날마다 그 거룩한 비밀을 보다 더 잘 이해하기 시작할 것이다."5)

우리가 학습해야 할 교과서는 자연 외에도 많다. 당신이 만약 인간 상호간의 관계를 관찰한다면, 높은 수준의 교육을 받을 수 있을 것이다. 예를 들어서, 우리 말의 얼마나 많은 부분이 행동을 정당화하는 데 목표를 두고 있는지를 살펴보자. 우리는 어떤 행동을 하고 행동 그 자체가 말을 하도록 하는 일이 거의 불가능함을 발견하게 된다. 그러나 우리는 행동의 정당성을 설명해야 하고, 입증해야 한다. 우리가 기록을 바로잡아 놓으려는 강한 부담감을 느끼는 이유가 무엇일까? 그것은 교만과 공포 때문일 것이다. 우리의 명예가 달려 있기 때문일 것이다.

이런 강박 관념은 특히 말을 잘해서 생계를 꾸려가야 하는 세일즈맨, 작가, 목사, 교수들에게서 쉽게 관찰할 수 있다. 그러나 우리가 자신을 학습의 주된 대상 가운데 하나로 삼는다면, 우리는 점차 그 교만에서 구출받게 될 것이다. 시간이 되면 우리는 바리새인들의 기도를 하지 않게 된다. "하나님이여 나는 다른 사람들……같지 아니함을 감사하나이

---

5) Fyodor Dostoevski, *The Brothers Karamazov* (Chicago : Encyclopedia Britannica, Great Books, 1952), p. 167.

다"(눅 18:11).

하루 종일 만나는 사람들과의 일상적인 관계에 주의를 기울이기 바란다. 가정에서나 직장에서나 학교에서나 말이다. 사람들을 지배하는 것들이 무엇인지를 주목해 보라. 누구를 비난하거나 판단하려는 것이 아님을 기억하라. 다만 배우려고 해야 한다. 만약 속에서 판단하려는 마음이 생기는 것을 발견하면 그와 같은 현상을 관찰하고 교훈을 얻기 바란다.

앞서 언급한 바와 같이, 학습의 주 대상 가운데 하나는 우리 자신이 되어야 하며, 무엇이 우리를 다스리고 있는지 알아야 한다. 내부의 감정과 기분을 관찰하라. 무엇이 당신의 기분을 지배하고 있는가? 왜 누구는 좋아하고 누구는 싫어하는가? 그와 같은 것들을 통해 무엇을 배울 수 있는가?

이런 일을 통하여 우리가 아마추어 심리학자나 혹은 사회학자가 되려고 하는 것은 아니다. 또한 우리는 지나친 자기 관찰에 사로잡혀서도 안 된다.

우리는 그러한 것들을 겸손한 자세로 학습해야 한다. 우리는 은혜를 힘입어야 한다. 여기에서 '너 자신을 알라.'고 한 소크라테스의 말을 상기할 필요가 있다. 그리고 성령을 통하여 예수님이 항상 살아 임재하시는 우리의 스승이 되실 것을 바라야 한다.

제도와 문화 그리고 그것들을 형성한 영향력들을 학습해야 할 필요가 있다. 또한 우리 시대의 사건들을 숙고해야 한다. 먼저 분별력을 가지고 우리의 문화가 무엇을 중대한 사건이라 생각하고 무엇을 그렇지 않다고 생각하는지 유의해 보도록 하자. 또 문화의 가치관을 검토해 보도록 하자. 사람들이 어떻게 말하느냐가 아니라 그 실상을 검토해 보기로 하자.

다음과 같은 질문을 해보자. 기술 사회의 이점과 문제는 무엇인가? 인스턴트 음식 산업은 가족이 모여 식사하는 전통에 어떤 영향을 끼쳤는가? 우리의 문화에서 상호간의 관계를 발전시키는 시간을 갖기 어려운 이유가 무엇일까? 서구의 개인주의는 유익한가, 해로운가? 우리의 문화에서 복음과 일치하는 것은 무엇이며 복음과 배치되는 것은 무엇인가?

오늘날 기독교 예언자들의 가장 중요한 기능 가운데 하나는, 우리 문화에 나타난 다양한 세력의 결과를 알고 그것들에 대한 가치 판단을 하는 능력을 갖는 것이다.

학습은 기쁨을 낳는다. 초보자들이 늘 그러하듯이 우리도 시초에는 학습이 어려운 일이라는 것을 느낀다. 그러나 숙달되면 될수록 우리의 기쁨은 늘어난다. 교황 알렉산더는 이렇게 말했다.

"학습을 적용하기 시작한 후 조금 지나면, 그 학습은 반드시 우리에게 기쁨을 가져다준다."[6] 학습은 우리가 가장 진지하게 노력을 기울일 만한 가치가 있다.

---

6) Charles Noel Douglas, ed., *Forty Thousand* Quotations (Garden City, New York : Halcyon House, 1940), p. 1680.

제 2 부

외적 훈련
Celebration of Discipline

Celebration
of Discipline

단순성의 훈련

우리가 진정으로 이 내적 단순성을 가지고 있을 때, 겉으로 나타나는 모든 것은 보다 더 솔직해지고 보다 더 자연스러워진다. 이 진실한 단순성이…… 우리로 하여금 개방적이게 하고 온유하도록 만들며, 또한 순결하고 쾌활하고 평온하도록 만든다. 이런 것들은 그 모두가 우리의 정결한 눈으로 가까이에서 그리고 계속적으로 볼 때 우리의 마음을 그렇게도 기쁘게 하는 것이다. 이 단순성이 얼마나 귀중한가! 누가 이 단순성을 나에게 줄 수 있겠는가? 나는 이 단순성을 위해 모든 것을 버리겠다. 이 단순성은 복음의 진주이다 _프랑수아 페늘롱

단순성은 자유이다. 이중성은 굴레이다. 단순성은 기쁨과 조화를, 이중성은 불안과 공포를 가져다준다. 전도서의 저자는 다음과 같이 말했다. "하나님이 사람을 정직(단순)하게 지으셨으나 사람은 많은 꾀를 낸 것이니라"(전 7:29). 하나님께서 단순성을 통하여 주시는 자유를 우리 가운데 많은 사람들이 체험하고 있기 때문에 우리는 다시금 옛 셰이커 교도의 찬미를 부른다.

단순하게 하는 선물,
자유하게 하는 선물,
그대가 있어야 할 곳으로 내려오는 선물,
우리가 있어야 할 바른 자리,

그곳은 사랑과 기쁨의 골짜기에 있나니.

참 단순성을 가지면,
엎드리고 구부리기가 부끄럽지 않나니.
돌고 도는 것이 우리의 기쁨,
돌고 돌아 마침내 바른 자리에 이르나니.

그리스도인의 단순성 훈련은 내적인 것이지만 외적 생활로 나타난다. 단순성의 내적 측면과 외적 측면은 모두 중요하다. 외적으로 나타나는 효과가 없는 내적 실재를 소유할 수 있다고 믿는 것은 우리 자신을 속이는 일이다. 또한 단순성의 내적 실재 없이 단순성의 외적 생활양식을 소유하려는 시도는 율법주의에 이르게 할 뿐이다.

단순성은 내적 초점과의 일치에서 시작된다. 단순성은 토머스 켈리가 말한 대로 '거룩한 중심'을 가지고 산다는 것을 의미한다. 키에르케고르는 그의 저서 『마음의 순결은 한 가지에 뜻을 두는 데 있다』에서 그리스도인의 단순성의 핵심을 간파했다. 내적 실재를 체험하면 외적으로 자유롭게 된다. 우리의 말은 진실하고 정직하게 되며 지위나 명예에 대한 욕심은 사라지게 된다. 왜냐하면 이제는 명예나 지위를 필요로 하지 않기 때문이다.

또한 우리는 허식을 부리는 낭비를 하지 않는다. 그렇게 할 수 없어서가 아니라 원리를 따라 살기 때문이다. 우리의 재물을 다른 사람들이 사용할 수 있다. 리처드 버드가 황무한 북극 지방에서 여러 달 동안 홀로 지낸 후 쓴 일기에 나타난 체험에 우리도 동참할 수 있다. "나는 많은 물질이 없어도 인간이 깊이 있는 삶을 살 수 있다는 것을 배우고 있다."[1]

현대 문화에는 단순성의 내적 실재와 외적 생활 양식이 모두 부족하다. 우리는 현대 세계에 살아야 하기에, 현대 세계의 부서지고 파괴된 상태의 영향을 받고 있다. 또 경쟁이라는 미로에 빠져 있다. 현대인은 한순간 건전한 이성理性에 기초를 두고 결단을 내렸다가 그 다음 순간 다른 사람들이 자기를 어떻게 생각할까 하는 공포심에서 결정을 내린다. 현대인의 삶의 방향은 통일성이나 중심이 없다.

우리에게는 거룩한 중심이 없기 때문에 안전을 위한 욕구로 인하여 물질에 대해 건강하지 못한 애착을 갖는다. 현대 사회의 풍요에 대한 정욕은 비정상적임을 분명히 알아야 한다. 그것은 현실감을 완전히 상실하였기 때문이다. 우리는 필요로 하지도 않고 기쁨을 주지도 못하는 물질에 매달린다. "우리는 좋아하지 않는 사람들에게 좋은 인상을 주기 위해 원하지 않는 물품을 산다."[2] 계획에 의한 소비가 사라진 곳에는 심리학적 소비가 자리 잡는다. 우리는 옷이 낡을 때까지 오래 입는 것과 자동차를 오래도록 사용하는 것을 수치로 여긴다.

대중 매체는 유행에 뒤떨어지는 것은 진실에서 뒤떨어지는 것이라고 믿도록 만들어 놓았다. 병든 사회를 본받는 것은 우리를 병들게 한다는 사실을 인식하고 깰 때이다. 지금 우리의 문화가 얼마나 불균형을 이루고 있는지를 알기 전에는 우리 속에 있는 물질 숭배의 정신을 해결할 수 없으며 또한 기독교의 단순성도 바랄 수 없다.

이러한 비정상적인 현상은 우리의 신화에까지 침투해 들어왔다. 현대의 영웅은 가난한 소년에서 부자가 된 사람이지 부자 소년이 자원하

---

1) Richard E. Byrd, *Alone* (New York : Putnam, 1938), p. 19.
2) Arthur G. Gish, *Beyond the Rat Race* (New Ganaan, Connecticut: Keats, 1973), p. 21.

여 가난하게 된 사람은 아니다. 탐욕을 우리는 대망이라고 일컫는다. 축재를 우리는 절약이라고 일컫는다. 지나친 욕심을 우리는 근면이라고 일컫는다.

한걸음 더 나아가 현대의 저항 문화도 개선책이 되지 못한다는 것을 인식할 필요가 있다. 저항 문화는 소비 사회의 근본적인 문제를 진지하게 다루지 않고 생활 양식을 피상적으로 변화시킨 데 불과하다. 저항 문화는 항상 명확한 중심을 가지고 있지 않기 때문에 지엽적인 것에 빠지기 마련이다.

아서 기쉬는 다음과 같이 말했다. "저항 문화의 많은 부분은 병든 옛 사회의 가장 나쁜 모습을 비춰 주는 거울이다. 마약 개방, 성性 개방, 자유 낙태 등은 혁명이 아니다. ……거짓으로 자유를 표방하는 호색, 가학성 피학성 음란증의 요소들, 불법 인쇄물의 선정적 광고 등은 옛 질서의 도착倒錯의 한 부분이며, 사망 표현의 한 부분이다."3)

우리는 과감하게 새롭고 더 인간적인 삶의 방법을 가꾸어야 한다. 우리는 얼마나 많이 벌거나 생산할 수 있느냐로 사람을 평가하는 현대의 비정상적인 현상에 반대해야 한다. 우리는 사망을 가져다주는 현재의 방식을 바꾸기 위해 과감한 시도를 해야 한다. 단순성의 훈련은 하나의 잃어버린 꿈이 아니라 전 역사를 통하여 되풀이되는 비전이다. 그 단순성은 오늘날도 되찾을 수 있다. 또 반드시 되찾아야 한다.

---

3) Ibid., p. 20.

성경과 단순성

단순성에 대한 기독교의 입장이 어떠한지를 보기 전에, 성경은 경제적인 문제에 대하여 애매하다는 견해부터 일소해야 할 필요가 있다. 부에 대한 우리의 반응은 흔히들 개인적인 것이라 생각한다. 부에 관한 성경의 가르침은 사적인 문제라고 생각한다. 우리는 예수께서 실제적이시니 경제 문제에 대해서는 언급하지 않으셨다고 생각하려는 경향이 있다.

성경을 진지하게 읽어 보면 그 같은 견해는 전혀 근거가 없음을 알 수 있다. 성경은 가난한 사람을 착취하는 일이나 재물을 축적하는 일을 명백히 반대하고 있다.

성경은 현대 사회의 거의 모든 경제적 가치관에 대해 훈계를 하고 있다. 예를 들면, 구약성경은 사유 재산의 절대권에 대한 일반적 개념을 반대하고 있다—땅은 하나님께 속한 것이기 때문에 사람이 영구적으로 소유할 수 없고, 희년禧年에 모든 땅을 본래의 소유주에게 되돌려 주도록 되어 있다(레 25:23).

사실상 희년의 목적은 재산을 정기적으로 재분배하는 데 있었다. 그것은 재산 그 자체가 사람에게 속한 것이 아니라 하나님께 속한 것이라고 보았기 때문이다. 이와 같은 근본적인 경제관은 현대의 거의 모든 신념과 관습에 충돌되는 것이다. 만약 이스라엘이 희년의 규례를 충실히 지켰더라면 빈익빈 부익부라는 그 끊임없는 문제를 해결했을 것이다.

성경은 재물에 대한 우상 숭배적 집착에서 생기는 노예 정신을 계속적으로 단호하게 배격하고 있다. 시편 저자는 다음과 같이 권고했다.

"재물이 늘어도 거기에 마음을 두지 말지어다"(시 62:10). 십계명의 열 번째 계명은 탐심을 배격한 계명이다. 즉 '소유'를 탐하지 말라는 말이다. 탐심은 도적질과 억압으로 통한다. 잠언 저자는 다음과 같이 지혜로운 말을 했다. "자기의 재물을 의지하는 자는 패망하려니와"(잠 11:28).

예수께서는 그 당시 물질주의에 대하여 반기를 드셨다. 아람어에서 재물은 '맘몬' mammon이다. 예수께서는 이 '맘몬'을 하나님께 대항하는 것으로 선고하셨다—"집 하인이 두 주인을 섬길 수 없나니 혹 이를 미워하고 저를 사랑하거나 혹 이를 중히 여기고 저를 경히 여길 것임이라 너희는 하나님과 재물을 겸하여 섬길 수 없느니라"(눅 16:13).

예수님은 경제 문제에 대하여 분명하게 자주 말씀하셨다. 그분은 다음과 같이 말씀하셨다. "가난한 자는 복이 있나니 하나님의 나라가 너희 것임이요……화 있을진저 너희 부요한 자여 너희는 너희의 위로를 이미 받았도다"(눅 6:20, 24).

예수께서는 부자가 하나님의 나라에 들어가는 것이 약대가 바늘귀로 들어가기보다 더 어렵다고 하셨다. 물론 하나님께는 모든 일이 가능하다. 그러나 예수께서는 그 어려움이 어떠하다는 것을 명백하게 알고 계셨고 재물이 사람을 어떻게 붙잡는지도 알고 계셨다. 예수님은 "네 보물 있는 그 곳에는 네 마음도 있다"는 것을 아셨으므로 자신을 따르는 사람들에게 "너희를 위하여 보물을 땅에 쌓아 두지 말라"고 명령하셨다(마 6:21, 19).

예수께서는 보물이 있는 곳에 마음을 두어야 한다든지 혹은 두지 말아야 한다든지 그렇게 말씀하지 않으시고 네 보물이 있는 곳에 네 마음도 있다는 명확한 사실을 말씀하셨다.

예수님은 한 부자 청년에게 하나님의 나라를 원한다면 그의 소유물을 떠나겠다는 내적 자세뿐만 아니라 실제로 그의 소유를 나눠 주라고 권고하셨다(마 19:16-22). 예수님은 또한 다음과 같이 말씀하셨다. "삼가 모든 탐심을 물리치라 사람의 생명이 그 소유의 넉넉한 데 있지 아니하니라"(눅 12:15). 그리고 하나님을 찾아 나아온 사람들에게 다음과 같이 권면하셨다. "너희 소유를 팔아 구제하여 낡아지지 아니하는 배낭을 만들라 곧 하늘에 둔 바 다함이 없는 보물이니……"(눅 12:33). 예수님은 축적하는 데 전념하는 한 부자 농부에 대한 비유를 말씀하시고 그 부자 농부를 어리석은 자라고 하셨다(눅 12:16-21).

만약 우리가 하나님의 나라를 진심으로 원한다면, 우리는 좋은 진주를 구하는 장사와 같이 하늘나라를 얻기 위해 우리가 소유한 모든 것을 기꺼이 팔아야 한다(마 13:45-46). 예수님은 그를 따르는 모든 사람들에게 재물에 대한 근심에서 떠난 기쁨의 삶으로 초청하셨다. "네게 구하는 자에게 주며 네 것을 가져가는 자에게 다시 달라 하지 말며"(눅 6:30).

예수님은 사회적 문제에서 그 어떤 사항보다도 경제 문제를 많이 말씀하셨다. 비교적 단순한 사회에서 우리 주님이 재물에 대한 영적 위험을 그렇게 강조하셨다면, 오늘날 풍요로운 문화 속에 살고 있는 우리들은 경제적인 문제를 얼마나 더 진지하게 생각해야 하겠는가.

서신서들에도 역시 같은 관심이 반영되어 있다. 바울은 다음과 같이 말했다. "부하려 하는 자들은 시험과 올무와 여러 가지 어리석고 해로운 욕심에 떨어지나니 곧 사람으로 파멸과 멸망에 빠지게 하는 것이라"(딤전 6:9). 감독은 "……돈을 사랑하지 아니하여"(딤전 3:3)야 하고, 집사는 "더러운 이체를 탐하지"(딤전 3:8) 않아야 한다.

히브리서 기자는 다음과 같이 권면했다. "돈을 사랑하지 말고 있는 바를 족한 줄로 알라 그가 친히 말씀하시기를 내가 결코 너희를 버리지 아니하고 너희를 떠나지 아니하리라 하셨느니라"(히 13:5).

야고보는 소유하려는 정욕으로 살인하고 싸우는 것을 지적했다. "너희는 욕심을 내어도 얻지 못하여 살인하며 시기하여도 능히 취하지 못하므로 다투고 싸우는도다"(약 4:2).

바울은 탐심을 우상 숭배하는 것이라고 말하고, 누구든지 탐심의 죄를 범하는 자에게는 엄격한 징계를 하라고 고린도 교회에 명령했다(엡 5:5 ; 고전 5:11). 바울은 탐심을 음행과 도둑질과 나란히 열거하고, 그 가운데서 생활하는 자들은 하나님의 나라를 유업으로 받지 못한다고 선언했다. 또 그는 부요한 자들에게, 재물을 의지하지 말고 하나님을 의지하며 다른 사람들에게 관대하게 나눠 주라고 권면했다(딤전 6:17-19).

이 모든 말을 하였으니, 이제 하나님께서는 우리가 물질을 충분하게 준비하는 것을 원하신다는 사실을 서둘러 말해야겠다. 준비를 근거로 생활하려고 할 때도 불행이 있는 것과 마찬가지로, 준비가 부족할 때도 불행이 있다. 인위적인 가난은 악이며 배격되어야 한다. 성경은 금욕주의를 용납하지 않는다. 성경은 일관되게 그리고 힘 있게 창조된 것을 좋다고 하며 그것을 즐기라고 선언한다.

금욕주의는 정신적 세계와 물질적 세계를 갈라놓고 정신적 세계는 선한 것이고 물질적 세계는 악한 것이라고 주장한다. 그래서 가능한 한 물질적 세계에 주의를 기울이지 않음으로 구원을 찾고자 한다.

금욕주의와 단순성은 서로 배치된다. 실제 행위에 있어서 이 둘은 얼핏 보기에 서로 유사한 것같이 보일 때가 이따금 있기는 하지만, 그것이 이 둘 사이의 근본적인 차이를 흐리게 해서는 안 된다.

　금욕주의는 소유를 포기한다. 그러나 단순성은 소유를 올바른 시각에서 본다. 금욕주의는 '젖과 꿀이 흐르는 땅'에 대한 여지가 없지만 단순성은 하나님의 손에 의한 은혜로운 공급을 기뻐할 수 있다. 금욕주의는 비천에 처할 때에만 만족을 얻을 수 있으나 단순성은 비천에 처할 때나 풍부에 처할 때나 만족할 줄 안다(빌 4:12).

　단순성은 우리의 삶을 충분히 바로잡으므로 우리가 소유물에 의해 파멸당하는 일 없이 소유물을 진실로 즐길 수 있게 된다. 단순성이 없으면 우리는 이 악한 시대의 '맘몬' 정신에 굴복하든지, 아니면 기독교 정신에 배치되는 금욕주의에 빠지게 될 것이다. 이 둘은 모두 우상 숭배로 통한다. 이 둘은 모두 영적으로 죽음을 가져다준다.

　성경에는 하나님께서 그의 백성에게 주시는 풍부한 물질적 공급에 대한 기사가 많이 나타나 있다. "네 하나님 여호와께서 너를 아름다운 땅에 이르게 하시나니……네게 아무 부족함이 없는 땅이며……"(신 8:7-9). 또한 성경에는 올바른 시각이 유지되지 않을 때, 재물의 위험에 대한 경고가 많이 나타나 있다. "그러나 네가 마음에 이르기를 내 능력과 내 손의 힘으로 내가 이 재물을 얻었다 말할 것이라"(신 8:17).

　'단순성의 훈련'은 우리에게 올바른 시각을 제공해 준다. 단순성은 우리를 자유케 하므로 하나님의 예비하신 공급을 받되 우리 자신의 축적을 위한 선물로가 아니라 다른 사람들과 나눌 선물로서 받게 한다. 성경이 물질주의자와 금욕주의자 모두를 동등하게 배격하고 있다는 사실을 우리가 인식할 때, 우리는 단순성을 이해하는 데 주의를 돌릴 준비가 되었다고 할 수 있다.

설 자리

아르키메데스는 다음과 같이 선언했다. "나에게 설 자리를 달라. 그리하면 내가 이 지구를 움직이겠다." 모든 훈련에서 이러한 초점이 중요하지만 특히 '단순성의 훈련'에서 그러하다. 모든 훈련 가운데서 단순성의 훈련이 가장 눈에 띄므로 변질되기도 가장 쉽다.

대다수의 그리스도인들은 이 단순성에 대한 하나님의 많은 말씀을 무시하고, 이 문제를 진지하게 생각하지 않는다. 그 이유는 간단하다. 즉 이 단순성의 훈련은 오늘날 풍요한 생활에 대한 우리의 관심에 정면으로 도전하는 것이기 때문이다. 단순성에 대한 성경의 교훈을 진지하게 생각하는 사람들은 율법주의의 심한 유혹에 직면하게 된다.

우리는 경제에 대한 예수님의 교훈을 철저하게 실현하려고 시도하는 중에 이를 예수님의 교훈의 실현으로 오인하기가 매우 쉽다.

우리는 이런 의복을 착용하고 또한 저런 집을 구입하고 그리고 우리 자신의 선택을 단순한 생활이라고 규정한다. 이러한 위험을 볼 때, 단순성을 위한 아르키메데스적 초점을 발견하고 규명하는 것이 얼마나 중요한지가 드러나게 된다.

우리는 예수님의 말씀 속에서 그러한 초점을 발견한다.

"그러므로 내가 너희에게 이르노니 목숨을 위하여 무엇을 먹을까 무엇을 마실까 몸을 위하여 무엇을 입을까 염려하지 말라 목숨이 음식보다

중하지 아니하며 몸이 의복보다 중하지 아니하냐 공중의 새를 보라 심지도 않고 거두지도 않고 창고에 모아들이지도 아니하되 너희 하늘 아버지께서 기르시나니 너희는 이것들보다 귀하지 아니하냐 너희 중에 누가 염려함으로 그 키를 한 자라도 더할 수 있겠느냐 또 너희가 어찌 의복을 위하여 염려하느냐 들의 백합화가 어떻게 자라는가 생각하여 보라 수고도 아니하고 길쌈도 아니하느니라 그러나 내가 너희에게 말하노니 솔로몬의 모든 영광으로도 입은 것이 이 꽃 하나만 같지 못하였느니라 오늘 있다가 내일 아궁이에 던져지는 들풀도 하나님이 이렇게 입히시거든 하물며 너희일까보냐 믿음이 작은 자들아 그러므로 염려하여 이르기를 무엇을 먹을까 무엇을 마실까 무엇을 입을까 하지 말라 이는 다 이방인들이 구하는 것이라 너희 하늘 아버지께서 이 모든 것이 너희에게 있어야 할 줄 아시느니라 그런즉 너희는 먼저 그의 나라와 그의 의를 구하라 그리하면 이 모든 것을 너희에게 더하시리라"(마 6:25-33).

단순성 훈련의 중심점은 먼저 그의 나라와 그의 의를 구하는 데 있다. 그렇게 하면 그밖에 필요한 모든 것이 올바른 순서에 오게 된다. 이 점에 대한 예수님의 통찰의 중요성은 아무리 강조해도 지나치지 않다. 모든 것이 먼저 할 일을 먼저 하는 데 달려 있다. 그 무엇도 하나님의 나라보다 앞서서는 안 된다. 단순한 생활 양식에 대한 욕구도 역시 마찬가지이다. 단순성은 그것이 하나님 나라를 구하는 일보다 앞설 때 우상 숭배가 된다. 키에르케고르는 다음과 같이 기록했다.

"너희는 먼저 그의 나라와 그의 의를 구하라"는 이 말씀의 의미는 무엇일까? 하나님의 나라를 구하는 데 있어서 내가 해야 할 일은 무엇일까? 긍정적인 영향력을 발휘하기 위해 적절한 직업을 구해야 할까? 아니다.

먼저 하나님의 나라를 구하라고 하셨다. 그러면 나는 나의 모든 재산을 풀어 가난한 사람들을 먹여야 할까? 아니다. 먼저 하나님의 나라를 구하라고 하셨다. 그러면 나는 세상에 나아가서 하나님 나라를 먼저 구해야 한다고 선포해야 할까? 아니다. 먼저 하나님의 나라를 구하라고 하셨다. 그러므로 어떤 의미에서 내가 해야 할 일은 아무것도 없다. 분명히 그렇다. 하나님 앞에서 아무 일도 하지 말고 고요히 있기를 배워야 한다. 그 고요함이, 먼저 하나님의 나라를 구하는 것의 시초이다.[4]

그 나라에 초점을 맞추는 일이 내적 진실을 낳는다. 그 내적 진실이 없으면 우리는 율법주의에 떨어진다. 그 나라에 초점을 맞추는 일 이외의 그 무엇도 중심이 될 수 없다. 치열한 경쟁심에서 벗어나야겠다는 욕구나 세상의 재물을 재분배하는 일이나 생태계에 대한 관심이 중심이 될 수 없다.

단순성 훈련에 있어서 중심이 될 수 있는 유일한 일은 먼저 하나님의 나라와 그의 의를 구하는 일이다.

그밖에 다른 모든 것들도 가치 있지만 그것들이 우리의 노력의 초점이 되는 순간 그것들은 우상이 된다. 그것들에 초점을 두는 일은 우리의 어떤 특정 활동이 기독교의 단순성이라고 선언하게 만든다. 그러나 하나님의 나라가 진실로 첫째 자리에 있을 때, 생태계에 대한 관심이나 가난한 사람에 대한 일이나 재물의 공정한 분배나 그밖의 다른 많은 일들이 올바른 배려를 받게 된다. 그 나라를 먼저 구하지 않는 사람은 그 밖의 아무리 가치 있는 것을 가지고 있다 할지라도 그것은 우상 숭배밖

---

[4] Søren Kierkegaard, *Christian Discourses*, trans. Walter Lowie (Oxford : Oxford University Press, 1940), p. 322.

에 되지 않는다.

 예수께서 그 중요한 말씀에서 명백히 해두신 바와 같이, 근심으로부터의 자유는 하나님의 나라를 먼저 구했다는 내적 증거 가운데 하나이다. 내면에 단순성이 있으면 소유에 대한 근심을 떠난 기쁨의 생활이 이루어진다.

 탐심을 가진 사람이나 인색한 사람은 그 자유를 알지 못한다. 그 자유는 소유물의 풍족함이나 혹은 소유물의 부족함과 관계가 없는 내적 신뢰의 정신이다. 물질적으로 가난하게 살아간다는 그 사실 자체가 그 사람이 단순한 생활을 하고 있다고 보증하는 것은 아니다. 바울은 돈을 사랑하는 것이 모든 악의 뿌리라고 가르쳤다.

 그런데 흔히 보면 돈을 가장 적게 가진 사람이 돈을 가장 많이 사랑한다. 어떤 사람은 단순성의 외적 생활 양식을 나타내면서 속에는 근심으로 가득 차 있는 경우가 있을 수도 있다.

 그렇다고 재물이 근심으로부터의 자유를 가져다주는 것 또한 아니다. "부富는 근심을 쫓고 안전을 가져다줄 것처럼 양의 옷을 입고 와서는 근심의 대상이 되어 버린다. ……부가 사람에게서 근심을 쫓고 안전을 가져다준다는 것은, 마치 양을 늑대로부터 안전하게 지키기 위해 늑대를 양에게 들여 보내는 것과 같다."5)

 '근심으로부터의 자유' 는 다음 세 가지의 내적 자세로 특징지어진다. 첫째, 우리는 우리의 소유물을 선물로 받았다는 자세를 가져야 한다. 둘째, 우리의 소유물은 하나님께서 돌보셔야 한다는 자세를 가져야

---

5) Ibid., p. 27.

한다. 셋째, 우리의 소유물은 다른 사람들에게 유용해야 한다는 자세를 가져야 한다.

이렇게 세 가지 자세를 가질 때 우리는 근심으로부터 자유케 된다. 이것이 단순성의 내적 실재이다. 그러나 만약 소유물을 우리 자신이 취한 것이라고 믿는다면, 그리고 우리의 소유물을 자신의 힘으로 지켜야 한다고 믿는다면, 우리의 소유물이 다른 사람들에게 유용해서는 안 된다고 믿는다면 근심 속에서 살게 될 것이다. 이러한 사람들은 단순한 삶을 살기 위해 어떤 외적인 모습을 보인다 해도 단순성에 대해 결코 알지 못할 것이다.

우리의 소유가 하나님으로부터 온 선물이라는 것을 시인하는 자세가 단순성의 첫 번째 내적 자세이다. 우리가 일을 안 하는 것은 아니지만 무엇을 소유하게 되는 것은 우리가 하는 일이 아니라는 것을 알게 된다. 우리는 은혜로 살아가고 있으며 일용할 양식까지도 은혜로 받는다.

우리는 생활하는 데 있어서 가장 단순한 요소들까지도 하나님께 의존하고 있다. 물과 공기와 태양이 그런 것이다. 우리의 소유물은 우리의 노동의 결과로 얻은 것이 아니라 하나님의 은혜로운 돌보심에 의한 것이다. 우리의 소유물을 우리 개인의 노력으로 얻었다고 생각하는 유혹을 받는다면, 가뭄이나 혹은 어떤 재난에 대하여 생각해 보기 바란다. 그렇게 할 때 우리는 모든 것에 있어서 근본적으로 은혜에 의존하고 있다는 것을 알 수 있다.

우리의 소유를 돌보는 일이 우리 자신의 일이 아니라 하나님의 일이라고 인식하는 것이 단순성의 두 번째 내적 자세이다. 하나님이 우리의 소유를 보호하실 수 있고, 우리는 하나님을 신뢰할 수 있다. 이 말은 우리가 문을 잠그지 않아도 된다는 것을 의미하는가? 물론 그렇지는 않다. 그러나 문의 자물쇠가 집을 전적으로 보호하는 것은 아니다. 예방책을 간구한다는 것은 당연한 상식이다. 그러나 그 예방책이 우리 자신과 재산을 보호해 준다고 믿을 수 있겠는가. 예방책이 도둑을 전적으로 방지하는 보증은 되지 못한다.

이러한 문제는 비단 우리의 소유에만 국한되는 것이 아니라, 우리의 명예나 혹은 우리의 직장 같은 사항들도 포함된다. 단순성은 그 모든 사항들에 대하여 하나님을 신뢰하는 자유를 의미한다.

우리의 재물이 다른 사람들에게 유용하게 하는 것이 단순성의 세 번째 내적 자세이다. 우리의 재물이 공동체를 유용하게 하지 않는다면, 그것은 도둑질하는 일이나 다름없다.

이 말이 난처하게 들리는 것은 미래에 대한 걱정 때문이다. 우리는 내일에 대한 걱정을 하기 때문에 재물을 나누어 주지 않고 재물에 매달린다. 그러나 만약 예수님이 말씀하신 대로 하나님을 진심으로 믿는다면 우리는 내일에 대하여 걱정할 필요가 없다. 하나님을 전능하신 창조주로 알고 있다면, 또한 우리를 사랑하시는 아버지로 알고 있다면 하나님이 우리를 보호하신다는 것을 알 수 있기 때문에 재물을 나누어 줄 수 있다. 이 때에 우리는 어려움에 처해 있는 사람을 자발적으로 도와준다. 이리하여 우리는 어리석은 자리에 있지 않게 된다.

먼저 하나님의 나라를 구할 때, 앞에서 말한 세 가지 자세가 우리 삶의 특성이 된다. 그 세 가지 자세가 합쳐져서 '염려하지 말라.'고 하신 예수님의 말씀의 의미를 설명해 준다. 그 세 가지 자세는 그리스도인의 단순성의 내적 실재를 이룬다. 우리가 이렇게 따라 살 때, 적절한 생활에 필요한 "이 모든 것"(마 6:33)이 우리의 소유가 됨을 확신할 수 있다.

단순성의 외적 표출

단순성을 내적 실재로만 설명하는 것은 잘못된 말이다. 내적 실재는 외적 표출이 있기 전에는 진실한 것이 아니다. 단순성의 자유케 하는 영을 체험하면 우리의 생활 방식에 영향을 끼친다. 앞에서도 경고한 바와 같이, 특정 사항을 단순성에 적용하는 일에는 율법주의에 빠질 위험이 따른다.

그러나 그와 같은 위험은 극복해야 할 위험이다. 왜냐하면 외적 특정 사항을 논의하기를 거부하는 일은, 단순성의 훈련을 이론적인 공론(空論)으로 만들어 버리기 때문이다. 성경의 저자들도 역시 그와 같은 위험을 계속적으로 담당하고 있었다.[6]

그러므로 나는 단순성의 외적 표출을 위한 주요 원리 10가지를 열거하고자 한다. 이 원리는 율법으로 생각할 것이 아니라 단순성의 의미를 현대 생활에 구체화시키려는 하나의 시도로 생각해야 한다.

---

[6] 단순성의 원리를 특정 문화에 적용하려는 성경의 시도가 흔히 후손들에 의하여 보편화되고 영혼을 죽이는 율법이 되는 것은 슬픈 현상이다. 그 하나의 예로서는 베드로가 그 당시의 사람들에게 다음과 같은 말을 했다는 이유로-"너희의 단장은 머리를 꾸미고 금을 차고 아름다운 옷을 입는 외모로 하지 말고"(벧전 3:3)-그리스도인들이 머리를 꾸미거나 혹은 반지를 끼어서는 안 된다는 율법이 생긴 것이다.

첫째로, 물품은 체면이 아니라 유용성을 보고 사도록 하라. 자동차를 살 때는 위광威光이 아니라 유용성을 보고 사도록 하라. 자전거를 타는 경우를 생각해 보라. 집을 짓거나 혹은 매입할 때는, 다른 사람들에게 어떤 인상을 줄까 하는 것을 생각하기보다 살기에 알맞은 점을 생각하라. 불필요하게 큰 집을 갖지 않도록 하라. 의복을 생각해 보자. 옷을 더 구입할 필요가 없는 사람들이 많다. 그들은 실제로 옷이 더 필요해서 구입하는 것이 아니라 유행에 따르기 위해 구입한다. 유행을 생각하지 말기 바란다. 실제로 필요한 옷만을 구입하고 충분히 오래 입도록 하라. 의복으로 사람들에게 영향을 주려고 하지 말고 생활로 영향을 주도록 하라. 가능하다면 옷을 만드는 기쁨을 터득하기 바란다. 장식적인 옷을 입기보다는 실용적인 옷을 입도록 하라. 웨슬리는 다음과 같이 선언했다. "의복에 관하여 나는 가장 질긴 것과 아주 수수한 것을 구입하며 가구를 구입하는 경우에는 꼭 필요하고 가격이 싼 것을 구입한다."[7]

둘째로, 중독을 일으키는 것은 무엇이든지 배격하라. 쾌적한 환경과 같은 심리적 필요와 중독을 구별하기 바란다.

알코올, 커피, 차, 콜라 등 중독성이 있고 영양가 없는 음료의 사용을 금하거나 혹은 줄이도록 하라. 만약 당신이 텔레비전에 중독되었다면 어떻게 하든지 그것을 없애도록 하라. 어떠한 매체이든 당신이 그것 없이는 지낼 수 없다고 느낀다면 그것을 제거해 버리기 바란다.

라디오, 스테레오, 잡지, 비디오, 신문, 책 등과 같은 것 말이다. 만약

---

[7] John Wesley, *The Journal of the Reverend John Wesley* (London : Epworth Press, 1938), Nov. 1767.

돈이 당신의 마음을 사로잡고 있다면, 얼마쯤은 버리고라도 내적 평안을 느끼도록 하라. 단순성은 자유이지 굴레가 아니다. 하나님 이외에는 그 무엇에도 사로잡히기를 거부하라.

중독은 본질적으로 당신이 통제할 수 없는 것이다. 진정으로 중독에 빠졌다면 의지만으로는 극복할 수 없다. 그냥 벗어나겠다고 결심하는 것은 무의미하다. 그러나 당신은 이 부분의 삶을 개방하여 하나님의 용서하시는 은혜와 치유하시는 능력이 임하시게 할 수 있다. 또 기도할 줄 아는 친한 친구들이 개입하게 할 수 있다. 당신은 또한 하나님의 개입에 조용히 의지하면서 하루하루를 살아갈 수 있다.

중독을 어떻게 분별할 것인가? 아주 간단하다. 훈련되지 못한 강박 행동을 보면 된다. 한 친구는 어느 날 아침 신문을 가지러 나갔다가 신문이 없었던 때의 경험을 내게 이야기했다. 그는 당황했다. 신문을 읽지 않고 하루를 시작할 수 있을지 자신이 없었다. 그러다가 이웃집 마당에 신문이 있는 것을 발견하고 그것을 꺼내 올 궁리를 했다. 그때 그는 자신이 중독되어 있음을 깨달았다.

그는 급히 집안으로 들어가 보급소에 전화를 걸어 신문 구독을 취소했다. 보급소 직원은 그의 말을 다 들은 후 이렇게 물었다. "왜 신문 구독을 취소하십니까?" 그 친구는 퉁명스럽게 말했다. "내가 중독되었기 때문이오." 그러자 보급소 직원도 지지 않고 되받았다. "그러면 구독을 다 취소하시겠습니까? 아니면 일요판은 계속 받아 보시겠습니까?" "아니오. 다 취소하겠소."

모든 사람이 다 신문 구독을 취소할 필요는 없다. 그러나 이 친구에게 있어서는 그것이 중요한 일이었다.

셋째로, 물질을 나누어 주는 습관을 기르도록 하라. 만약 당신이 어떤 소유물에 집착하게 되었다는 것을 느낀다면 그 소유물을 필요로 하는 사람에게 줄 것을 고려하라.

나는 어떤 사람을 위하여 크리스마스에 물품을 사지 않고 내가 가지고 있던 상당히 소중한 물품을 주기로 결심한 일을 지금도 기억하고 있다. 나의 동기는 나 자신을 위한 것이었다. 나는 그 물품 없이 지내는 단순한 행동으로 말미암아 오는 자유가 어떠한지를 스스로 알기 원했다. 그 선물은 자전거였다. 내가 선물을 전달하러 그의 집으로 갈 때 불렀던 다음 찬양은 새로운 의미로 다가왔다. '값없이 받았으니, 값없이 주어라.'

여섯 살 난 아들이 도시락이 없는 급우에 대한 말을 듣고 나에게 자기의 도시락을 그에게 주어도 되겠느냐고 물었다. 할렐루야!

쌓아 두지 말기 바란다. 필요없는 물품을 쌓아 두는 일은 생활을 복잡하게 만든다. 그렇게 쌓아 둔 물품은 정돈해야 하고 먼지를 털어야 하며 되풀이하여 그렇게 해야 한다. 우리들 가운데는 소유의 절반 정도가 없어도 큰 어려움 없이 살아갈 수 있는 사람들이 많다.

"단순하게 하라. 단순하게 하라."고 한 소로의 권면을 따르는 것은 잘하는 일이다.

넷째로, 현대 가전 제품 선전에 현혹되지 않도록 하라. 시간을 절약한다는 기기들은 거의 시간을 절약하지 못한다. '6개월 안에 제 값을 찾는다.'는 말에 조심하기 바란다. 대부분의 전기 제품은 고장이 잘 나고 오래 가지 않아 못쓰게 된다. 그래서 우리의 생활을 향상시키기보다는 복잡하게 만든다.

이런 점은 특히 어린이 장난감의 큰 문제이다. 어린이들은 기계 장치로 작동하는 인형을 가지고 놀아야 할 필요가 없다. 어린이들은 헝겊 조각으로 만든 인형을 가지고도 더 즐겁게 놀 수 있다. 또 헝겊 조각으로 만든 인형이 더 오래 간다. 흔히 어린이들은 최신 장난감보다 오래된 취사 도구 같은 것을 가지고 더 즐겁게 논다. 교육적이고 오래 견디는 장난감을 택하기 바란다. 어떤 것은 당신 자신이 만들어도 좋을 것이다.

대체로 가전 제품은 세계의 에너지 자원을 불필요하게 낭비하고 있다. 미국은 세계 인구의 6%밖에 되지 않는데 세계 에너지의 33% 가량을 소비하고 있다. 미국의 냉방 기구에 사용되는 에너지의 양이 중국 전체가 사용하는 에너지의 양과 같다.[8] 환경에 대한 책임 하나만으로도 우리는 오늘날 생산되는 가전 제품의 대다수를 피해야 한다.

광고하는 사람들은 우리에게 이것은 최신형이고 혹은 저것은 새로운 특징이 있으므로 과거의 제품은 팔고 새 제품을 사야 한다고 말한다. 재봉틀의 경우는 바느질이 새롭고, 녹음기의 경우는 버튼이 새로우며, 백과사전의 경우는 색인이 새롭다고 한다.

이러한 매체의 주장은 면밀히 검토되어야 할 필요가 있다. 흔히 '새로운 것'이라고 하는 것은 불필요한 것을 구입하도록 유인하는 것에 불과하다. 이미 가지고 있는 냉장고가 자동 얼음 제조기와 아름다운 색깔을 가지고 있지 않다 해도, 우리가 사는 동안 아주 훌륭하게 봉사해 줄 수 있을 것이다.

---

[8] Ronald J. Slider, *Rich Christians in an Age of Hunger* (Downers Grove, Illinois : Intervarsity Press, 1977), p. 18.

다섯째로, 물질을 소유하지 않고도 그 물질을 즐기는 법을 배우라. 물질을 소유한다는 것이 우리의 문화에 있어서 하나의 강박 관념처럼 되었다. 우리는 소유하면 그것을 지배할 수 있다고 생각한다. 그리고 만약 지배할 수 있다면 그것이 우리에게 보다 더 큰 즐거움을 준다고 생각한다.

그와 같은 생각은 일종의 망상이다. 우리의 생애에서 많은 것들은 우리가 그것들을 소유하지 않고서도, 혹은 지배하지 않고서도 즐길 수가 있다. 해변의 한 부분을 매입해야 한다는 생각을 하지 말고 그 해변을 즐기도록 하자. 공공 정원과 공공 도서관을 즐기도록 하자.

여섯째로, 창조물에 대하여 깊은 감사를 느끼도록 하자. 땅을 가까이 하자. 가능한 한 많이 걷도록 하자. 새들의 소리에 귀를 기울이자. 그들은 하나님의 사자들이다. 풀과 잎사귀의 구조를 보고 즐거워하자. 사방에 보이는 다양한 색깔에 경이감을 가지자. 단순성은 "땅과 거기에 충만한 것과……다 여호와의 것이로다"(시 24:1)라는 사실을 다시금 발견하는 것을 의미한다.

일곱째로, '지금 구입하고 나중에 갚는다.'는 전략에 대하여 건전한 의심을 가지고 보기 바란다. 그와 같은 전략은 우리를 함정에 빠지게 하고 속박하는 일이 있다.

구약과 신약은 다 함께 고리 대금을 책망했다. 이식을 부과하는 것은 다른 사람의 불행을 비정하게 이용하는 것으로 간주되었다. 그러니까 그것은 곧 그리스도인의 공동체 정신을 부인하는 것이었다. 예수께서는 고리 대금을 옛 생활의 징표로 보시고 그의 제자들에게 다음과 같이 권고하셨다. "……아무것도 바라지 말고 꾸어 주라"(눅 6:35).

성경의 이러한 말씀들은 모든 시대의 모든 문화에 의무인 보편적인 법칙으로 해석되어서는 안 된다. 그러나 그렇다고 하여 그런 말씀들이 현대 사회와는 전적으로 무관하다고 생각해도 안 된다. 성경의 그와 같은 권고의 배후에는 오랜 세월 동안 쌓여 온 지혜가 있다(그 가운데 어떤 것은 비통한 체험이다). 단순성과 아울러 절약은 확실히 우리가 부채를 지기 전에 각별한 주의를 해야 한다는 사항을 필요로 한다.

여덟째로, 명백하고 정직한 말에 대한 예수님의 교훈에 순종하자. "오직 너희 말은 옳다 옳다, 아니라 아니라 하라 이에서 지나는 것은 악으로부터 나느니라"(마 5:37). 만약 당신이 어떤 일을 하는 데 동의한다면 그대로 행하라. 아첨하는 말이나 반쪽의 진실을 피하기 바란다. 말을 정직하고 성실하게 하고 모호한 말이나 추상적인 공론을 배격하라. 그런 사람들의 목적은 무엇을 명백하게 알리는 데 있는 것이 아니라 흐리게 하여 이용하려는 데 있다.

우리가 명백하고 정직한 말을 하기 어려운 이유는 거룩한 중심을 가지고 살지 않기 때문이며, 하늘의 명령에 응하는 일이 너무나도 드물기 때문이다.

우리의 '예'와 '아니오'를 결정하는 동기는 흔히 하늘의 명령에 순종하는 데 있는 것이 아니라, 다른 사람들이 어떻게 생각할까 하는 염려에 있다. 그밖에도 세상에 속한 다른 동기들이 많다. 그러므로 보다 더 매력적인 기회가 발생한다든지 혹은 보다 더 많은 찬사를 받을 만한 상황이 발생하면, 우리는 신속하게 우리의 결정을 뒤집어 버린다.

그러나 우리의 말이 하나님께 순종하는 가운데 나온 것이라면 우리는 '예'를 '아니오'로 뒤집는다든지 혹은 '아니오'를 '예'로 뒤집어야 할 이유가 없다. 이 때에는 우리의 말이 오직 한 근원을 가지고 있기 때문에 말의 단순성 속에서 생활하게 된다.

키에르케고르는 다음과 같이 기록했다. "당신이 만약 하나님께 전적으로 순종한다면 당신에게는 모호한 말이 없어진다. ……그리고 당신은 하나님 앞에서 단순해진다.……사탄의 모든 궤계와 유혹의 모든 수단으로도 불시에 빼앗아 갈 수 없는 것이 하나 있는데, 그것이 바로 단순성이다."9)

아홉째로, 다른 사람들에게 억압을 주는 일이라면 무엇이든지 거부하라. 아마 18세기의 존 울먼만큼 이 원리를 온전히 체험한 사람은 없을 것이다. 그의 유명한 일기를 보면, 다른 사람을 억압하지 않는 생활을 하고자 하는 소원이 곳곳에 나타나 있다.

"나는 여기에서 전쟁을 자극하는 모든 일이나 전쟁과 연관된 모든 일에서 철저히 떠나 있는지 나 자신을 곰곰이 들여다보게 되었다. 나는 장래의 모든 일에 있어서 끊임없이 진리를 지키고 그리스도의 진실한 제자의 단순성 가운데서 생활하기 위해 깊은 고민을 했다.……사치와 탐욕 그리고 수많은 억압들과 이런 것들을 조장하는 죄악들이 나를 심히 고통스럽게 만들었다."10)

이것이 20세기의 그리스도인들이 직시해야 할 가장 어렵고도 민감

---

9) Kierkegaard, op. cit., p. 344.
10) John Woolman, *The Journal of John Woolman* (Secaucus, NJ : Citadel Press, 1972), pp. 144-145.

한 문제 가운데 하나이다. 우리는 라틴 아메리카 농부들의 희생으로 커피를 마시고 바나나를 먹고 있지 않은가? 제한된 자원을 가진 세계 속에서 재물에 대한 욕심은 다른 사람들의 궁핍을 의미하는 것은 아닌가? 사람들이 지루한 일관작업─貫作業에 억지로 들어가 만든 상품을 아무런 생각 없이 사야 하는가? 회사에서나 혹은 공장에서 다른 사람을 억압하는 일은 없는가? 가정에서 자녀들이나 혹은 배우자를 억압하는 일은 없는가?

억압은 흔히 성 차별 또는 인종 차별과 연관되어 있다. 피부의 색깔이 여전히 그 사람의 사회적 입장에 영향을 끼친다. 또한 봉급의 남녀 차별은 여전하다. 하나님께서 오늘날 존 울먼과 같은 예언자들을 보내주셔서 재물에 대한 욕심에서 떠나도록 하여 억압의 멍에를 부숴 버릴 수 있게 해주시기를 기원하는 바이다.[11]

열째로, 하나님의 나라를 먼저 구하는 일에 장애가 되는 것은 무엇이든지 피하라. 합법적인 것, 특히 좋은 것을 추구하느라고 초점을 잃기가 쉽다. 직장, 지위, 신문, 가족, 친구, 안정, 이 모든 것들은 너무도 쉽게 우리의 관심의 중심이 될 수 있다. 조지 폭스는 다음과 같이 경고했다.

> 마음을 당신의 일에 쏟아서 그 일에 당신의 마음이 갇혀 살도록 하는 위험과 유혹이 있다. 그렇게 될 때 당신은 하나님을 섬기는 일은 거의 아무것도 할 수 없게 되고 오직 당신의 일에만 매달리게 된다. 그래서 당신의 마음은 물질을 지배하는 것이 아니라 물질에 집착하게 된다. ······

---

11) Ibid., p. 168

이때 만약 하나님께서 당신의 마음이 방해받지 않도록 하시기 위해 당신을 가로막고 바다와 육지를 통한 공급을 중단하신다면, 그리고 당신의 재물을 취해 가신다면 그때 방해받던 당신의 마음은 하나님의 능력에서 떠나 있기 때문에 너무나도 불안하고 초조하게 될 것이다.[12]

하나님께서는 "먼저 그의 나라와 그의 의를 구하는"(마 6:33) 삶이 우리의 첫째 우선 순위가 되도록 하시기 위해, 그리고 이 말씀이 내포하고 있는 모든 의미를 알도록 하시기 위해 항상 우리에게 용기와 지혜와 능력을 주길 바라신다. 그렇게 사는 것이 단순성의 삶이다.

---

12) George Fox, *Works*, Vol.8 (Philadelphia, 1831,), p. 126, Epistle 131.

07
홀로 있기의 훈련

당신이 홀로 있으면 하나님을 만나게 된다 _아빌라의 테레사

예수님은 우리에게 고독에서 떠나 홀로 있을 것을 요청하신다. 혼자 있다는 것에 대한 공포심이 사람들로 활기를 잃게 한다. 이웃에 새로 이사온 어린이는 엄마에게 "나하고 같이 노는 아이들이 아무도 없어요."라면서 운다. 대학에 입학한 한 여학생은 과거 고등학교 시절에 친구들에게 둘러 싸여 있었던 때를 그리워하면서 "지금 나는 아무것도 아니야."라고 말한다. 자신의 사무실에 앉아 있는 한 기업인은 세력을 가지고 있으면서도 고독을 느낀다. 요양원에 누워 있는 한 연로한 할머니는 본향에 가기를 기다린다.

혼자 있기를 무서워하는 마음이 우리를 소음과 군중 속으로 몰아넣는다. 우리는 공허한 말일지라도 계속해서 말을 하며 우리 곁에 가까이 둘 수 있는 라디오를 구입한다. 그래서 우리 주변에 아무도 없을 때에는 어떻게 하든지 고요한 가운데 처해 있지 않으려고 한다.

엘리엇은 다음과 같은 글로 우리의 문화를 잘 분석했다. "세상을 발견하고 그리고 말을 들을 수 있는 곳이 어디일까? 이곳은 아니다. 이곳은 충분히 고요하지 못하다."1)

그러나 고독과 소음 중에서 어느 한쪽을 택해야 하는 것은 아니다. 우리는 고독과 공포에서 자유케 하는 '내적 홀로 있기'와 '고요함'을 개발할 수 있다. 고독은 내적 공허요, 홀로 있기는 내적 충만이다.

홀로 있다는 것은 장소라기보다는 마음과 정신의 상태를 의미한다. 우리는 어느 때든지 마음의 홀로 있기를 할 수 있다. 사람이 많고 적은 것은 이 내적 주의 집중과는 아무런 관계가 없다. 광야에서 혼자 수도하는 사람이라 할지라도 이 홀로 있기(내적 주의 집중)를 체험하지 못하는 일이 있을 수 있다. 그러나 우리가 내적 홀로 있기를 하고 있다면 혼자 있는 것을 무서워하지 않을 것이다—그것은 우리가 항상 혼자 있지 않다는 사실을 알기 때문이다.

그뿐만 아니라 우리는 다른 사람들과 함께 있는 것도 무서워하지 않는다. 왜냐하면 다른 사람들이 우리를 지배하지 못하기 때문이다. 또한 소음과 혼란 중에서도 깊은 내적 고요함 속에서 안정을 갖는다.

내적 홀로 있기는 외적으로 나타난다. 내적 홀로 있기에는 혼자 있을 수 있는 자유가 있다. 그것은 사람들에게서 떠나 있기 위함이 아니라 하나님의 세미한 음성을 보다 더 잘 듣기 위함이다.

예수님은 내적으로 홀로 있는 마음을 가지고 사셨다. 그분은 또한 외

---

1) Elizabeth O' Connor, *Search for Silence* (Waco, TX : Word Books, 1971), p. 132.

적으로도 홀로 있기를 자주 체험하셨다. 예수님은 홀로 광야에서 40일 동안을 보내심으로써 사역을 시작하였다(마 4:1-11). 또 열두 제자를 선택하시기 전에 홀로 하룻밤을 보내셨다(눅 6:12). 예수님은 세례 요한의 죽음에 대한 소식을 들으셨을 때, "배를 타고 떠나사 따로 빈 들에 가셨다"(마 14:13). 예수님은 5천 명을 기적적으로 먹이신 후에 제자들을 앞서 보내시고, 무리를 떠나 "따로 산에 올라가시니라 저물매 거기 혼자 계셨다"(마 14:23). 밤까지 오랜 시간 일을 하신 후에, "새벽 아직도 밝기 전에 예수께서 일어나 나가 한적한 곳으로……"(막 1:35) 가셨다. 열두 제자가 복음 전파와 병 고치는 사역을 하고 돌아왔을 때, 예수님은 그들에게 다음과 같이 지시하셨다. "너희는 따로 한적한 곳에 가서……"(막 6:31). 예수님은 한 문둥병자를 고치신 후에, "물러가사 한적한 곳에서 기도하셨다"(눅 5:16). 세 제자와 함께 예수님은 한적하고 고요한 변화산을 찾으셨다(마 17:1-9). 예수님은 자신의 가장 고귀하고 거룩한 일을 준비하실 때 홀로 겟세마네 동산의 고요한 곳을 찾으셨다(마 26:36-46).

이와 같은 예는 얼마든지 더 말할 수 있다. 그러나 이만하면 예수님이 홀로 조용한 곳을 찾으신 일은 규칙적인 습관이었음을 증명하기에 충분하리라고 생각한다. 그러므로 우리에게도 홀로 조용한 곳을 찾는 일이 규칙적인 습관이 되어야 한다.

디트리히 본회퍼는 『함께 사는 생활』에서 한 장(章)의 제목을 '함께 있는 날'이라고 붙였는데, 바로 그 다음 장의 제목은 '홀로 있는 날'이라고 붙였다. '함께 있는 날'과 '홀로 있는 날'은 둘 다 영적인 성공을 위해 꼭 필요하다. 본회퍼는 다음과 같이 썼다.

홀로 있지 못하는 사람은 공동 생활을 조심하도록 하라.……공동 생활 속에 있지 않은 사람은 홀로 있기를 조심하도록 하라.……공동 생활과 홀로 있기는 각각 다 깊은 함정과 위험을 가지고 있다. 홀로 있기 없이 친교를 원하는 사람은 공허한 말과 감정에 빠진다. 그리고 친교 없이 홀로 있기를 추구하는 사람은 공허한 깊은 수렁과 자기 도취와 절망에 빠진다.[2]

그러므로 우리가 다른 사람들과 의미 있게 지내기 원한다면 홀로 있기의 고요함을 찾아야 한다. 그리고 우리가 평안하게 홀로 있기를 원한다면 다른 사람들과의 친교를 찾아야 한다. 우리가 순종하는 생활을 하기 위해서는 이 둘을 모두 개발해야 한다.

홀로 있기와 고요함

고요함이 없으면 홀로 있기도 없다. 고요함은 때때로 말이 없는 것과 연관되지만 듣는 행위와는 항상 연관된다. 하나님의 음성을 듣는 마음 없이 단순히 말을 금한다는 것은 고요함이 아니다.

"소리와 음성으로 가득 찬 날이 고요함의 날이 될 수 있다. 만약 그 소리가 하나님의 임재의 메아리가 된다면, 그 음성이 우리를 위한 하나님의 메시지가 된다면 말이다. 우리가 우리 자신에 대하여 말할 때, 그리고 우리 자신으로 가득 차 있을 때, 우리는 고요함을 떠나게 된다. 우리가 하나님께서 우리 속에 두신 그 친밀한 말씀을 되풀이할 때 우리의

---

[2] Dietrich Bonhoeffer, *Life Together* (New York : Harper & Row, 1952), pp. 77-78.

고요함은 완전하게 된다."3)

우리는 '내적 홀로 있기'와 '내적 고요함'의 관계를 이해해야 한다. 이 둘은 불가분의 관계에 있다. 내면적인 생활에 특별히 뛰어난 모든 인물들은 이 두 가지를 같은 맥락에서 말한다. 예를 들면, 500년 동안 경건 서적 분야에서 추종을 불허한 명작,『그리스도를 본받아』에는 '홀로 있기와 고요함을 사랑하는 일에 대하여'라는 부분이 있다.

본회퍼는『함께 사는 생활』에서 이 둘을 불가분의 관계로 보았다. 토머스 머턴도 역시『혼자 있을 때의 상념』*Thoughts in Solitude*이란 책에서 그렇게 보았다. 사실상 나는 본장의 명칭을 '홀로 있기의 훈련'으로 하느냐 '고요함의 훈련'으로 하느냐를 놓고 얼마 동안 씨름했다. 모든 위대한 경건 문학에서 이 둘은 아주 밀접하게 연관되어 있다. 그러므로 우리가 홀로 있기를 알려면 변화시키는 고요함의 능력을 반드시 체험하고 알아야 한다.

"입을 여는 사람은 눈을 감는다."라는 옛 격언이 있다. 고요함과 홀로 있기의 목적은 볼 수 있고 들을 수 있기 위함에 있다. 고요함의 열쇠는 소리를 없애는 것이 아니라 다스리는 데에 있다.

야고보는 자신의 혀를 다스릴 수 있는 사람이 온전한 사람임을 알고 있었다(약 3:1-12). '고요함과 홀로 있기의 훈련'을 통하여 우리는 언제 말을 해야 되고, 언제 말을 하지 않아야 되는지를 배운다. 훈련을 율법이라고 생각하는 사람은 항상 고요함을 어리석은 것으로 바꾸어 놓는다 – '나는 이제부터 40일 동안 말을 하지 않겠다.' 고요함과 홀로 있기

---

3) Catherine de Haeck Doherty, *Poustinia : Christian Spirituality of the East for Western Man* (Notre Dame, IN : Ave Maria Press, 1974), p. 23.

의 삶을 살기 원하는 진실한 제자들에게 이 어리석음은 항상 어려운 시험이 된다.

토마스 아 켐피스는 다음과 같이 기록했다. "전적으로 말을 하지 않는 것이 적절하게 말을 하는 것보다 훨씬 더 쉽다."[4] 전도서의 저자는 다음과 같이 말했다. "잠잠할 때가 있고 말할 때가 있으며"(전 3:7). 열쇠는 다스리는 것이다.

야고보가 말에게 재갈을 물리는 비유와 배의 키에 대한 비유를 말한 것은, 혀가 우리의 방향을 이끈다는 것을 암시한다. 혀는 여러 방법으로 우리의 방향을 이끈다. 만약 거짓말을 할 경우 우리는 처음 거짓말을 은폐하기 위해 더 많은 거짓말을 하도록 이끌리게 된다. 또 그 다음에는 거짓말에 신뢰를 부여하기 위해 어떤 방향으로 행동하지 않으면 안 되게 된다. 야고보가 "혀는 곧 불이요"(약 3:6)라고 선언한 것은 당연한 일이다.

훈련된 사람은 필요한 일을 필요한 때에 할 수 있는 사람이다. 우수한 농구팀은 그들이 필요로 할 때에 점수를 얻을 수 있는 팀이다. 우리 대부분은 농구공을 골 안에 넣을 수 있지만 꼭 필요한 때에 넣을 수는 없다.

그와 마찬가지로, 고요함의 훈련을 통과한 사람은 말해야 할 필요가 있는 것을 말해야 할 필요가 있는 때에 말할 수 있는 사람이다. "경우에 합당한 말은 아로새긴 은쟁반에 금사과니라"(잠 25:11). 우리가 만약 말해야 할 때에 말하지 않는다면 고요함의 훈련 가운데 사는 사람이 아니다. 만약 말하지 않아야 할 때에 말을 한다면 우리는 역시 과녁에서 빗나간 사람이다.

---

4) Thomas à Kempis, *The Imitation of Christ* (New York : Pyramid, 1967), p. 18.

우매자의 제사

전도서에서 우리는 다음과 같은 말씀을 읽을 수 있다. "가까이 하여 말씀을 듣는 것이 우매한 자들이 제물 드리는 것보다 나으니"(전 5:1). 우매자의 제사는 인간에게서 시작된 종교적 말이다. 전도서에는 이어서 다음과 같은 말씀이 나타나 있다. "너는 하나님 앞에서 함부로 입을 열지 말며 급한 마음으로 말을 내지 말라 하나님은 하늘에 계시고 너는 땅에 있음이니라 그런즉 마땅히 말을 적게 할 것이라"(전 5:2).

예수께서 베드로와 야고보와 요한을 데리고 산 위로 올라가셔서 그들 앞에서 변형되셨을 때, 모세와 엘리야가 나타나서 예수님과 더불어 말했다. 그 다음에 이어서 다음과 같은 말씀이 기록되어 있다. "베드로가 예수께 여쭈어 이르되 주여 우리가 여기 있는 것이 좋사오니 만일 주께서 원하시면 내가 여기서 초막 셋을 짓되……"(마 17:4). 이것은 급한 마음으로 한 말이었다. 그때 베드로에게 말하고 있던 사람은 아무도 없었다. 베드로는 우매자의 제사를 드리고 있었던 것이다.

『존 울먼의 일기』에는 혀를 다스리는 일에 대한 감동적인 내용이 담겨 있다. 그의 말은 너무나도 생생하기 때문에 여기에서 그대로 인용하고자 한다.

나는 엄숙한 기분으로 모임에 참석했다. 그리고 참목자의 말씀을 내적으로 철저히 알려고 노력했다. 어느 날 나는 성령의 강한 감동을 받고 어떤 모임에서 일어서서 얼마간의 말을 했다. 그러나 나는 하나님께서 나에게 원하는 바를 따르지 못하고 나에게 요청되는 것 이상의 것을 말했다. 나는 곧 나의 과오를 자각했다. 그래서 몇 주간 동안 아무 빛도,

위로도 없이 마음의 고통을 겪었다. 나는 그 무엇에도 만족할 수가 없었다. 하나님을 생각하면서 괴로워했는데, 내가 심한 고통 속에 있을 때 하나님께서는 나에게 자비를 베푸시고 위로의 성령을 보내 주셨다. 그때 나는 나의 죄를 용서받은 것을 느꼈고 나의 마음은 평온하고 조용해졌다. 나는 나의 대속주가 되시는 주님의 자비하심에 진심으로 감사했다. 그 후 약 6주간이 지나서, 하나님의 사랑의 샘이 열리는 것을 느꼈고 그리고 말하고자 하는 강한 의욕을 느꼈는데 그때 나는 모임에서 약간의 말을 했다. 그 결과 평화를 찾았다. 이렇게 내가 낮아지고 십자가 아래에서 훈련을 받았을 때, 나의 지력은 더 강화되어 마음속에 운행하는 순전한 영을 분간했다. 그리고 그 순전한 영은 내가 때에 따라서는 여러 주간 동안 고요함 가운데서 기다려야 한다는 것을 가르쳐 주었다. 내가 마치 나팔과 같은 역할을 할 준비가 되었다는 것을 느끼게 될 때까지 기다려야 한다는 것을 말이다—주님은 그 나팔을 통하여 그의 양떼에게 말씀하시는 것이다.5)

고요함의 훈련을 통과하는 배움의 과정을 얼마나 잘 설명하고 있는가! 특별히 중요한 것은 그가 이 체험을 통하여 '마음속에 운행하는 순전한 영을 분간할 수 있는' 능력이 증대된 것이다.

고요함 가운데 머무르지 못하는 이유 가운데 하나는 고요함이 우리를 무력하게 만든다고 생각하는 데 있다. 우리는 말을 의지하여 다른 사람들을 다스리는 것이 습관이 되어 있다. 만약 우리가 고요한 가운데 있다면 누가 다스리는 일을 할까? 하나님께서 그 일을 하신다. 그러나

---

5) John Woolman, *The Journal of John Woolman* (Secaucus, NJ: Citadel Press, 1972), p. 11.

우리가 하나님을 신뢰하기 전에는 그 다스리는 일을 하나님께 맡기지 않을 것이다. 고요함은 이 신뢰와 밀접한 관계가 있다.

혀는 우리의 가장 위력 있는 조작 무기이기도 하다. 우리에게서 몹시 흥분한 말이 흘러 나오는 것은 우리가 우리의 공적 이미지를 계속 조정하는 가운데 있기 때문이기도 하다. 우리는 다른 사람이 우리의 속을 들여다 본다는 생각을 하면서 무서워한다. 그래서 다른 사람의 이해를 고치기 위한 말을 한다. 만약 내가 어떤 잘못을 저지른 후에 당신이 그 사실을 알고 있다고 느끼면, 나는 당신이 나의 행동을 이해해 주도록 만들려는 유혹을 받게 된다. 고요함이 그와 같은 유혹을 방지한다. 그러므로 고요함은 성령의 가장 심오한 훈련 가운데 하나이다.

고요함의 열매 가운데 하나는 하나님께서 우리의 정당성을 입증하시게 하는 자유이다. 우리는 다른 사람들을 바로잡으려 할 필요가 없다. 어떤 행동에 대하여 부당한 비난을 받은 중세기의 한 수도사의 이야기가 있다.

어느 날 그는 창문 밖을 내다보았는데, 마침 말리려고 걸어 둔 융단을 개가 물어뜯고 있었다. 그 광경을 보고 있을 때, 주님께서는 그에게 다음과 같이 말씀하셨다. "바로 저것이 너의 명성에 대하여 이루어지고 있는 일이다. 그러나 네가 만약 나를 신뢰한다면 내가 너를—너의 명성과 모든 것을—돌볼 것이다." 아마 이 사실을 믿도록 하는 것 가운데 고요함만한 것은 없을 것이다.

조지 폭스는 "종의 영"(롬 8:15)에 대하여 자주 말하면서 세상 사람들이 어떻게 이 영에 매어 있는지를 이야기했다. 그는 자주 종의 영을 다른 사람들에게 아첨하는 영과 결부시켰다. 또한 그의 일기에서 다른 사람들 때문에 종의 영에 매이는 일이 없어야 할 것을 말했다. 고요함은 우리들로 그 자유를 가지도록 하는 한 통로이다.

혀는 온도계이다—혀는 우리의 영적 온도를 말해 준다. 혀는 또한 온도 조절 장치이다—혀는 우리의 영적 온도를 조절한다. 혀를 다스리는 일이야말로 가장 중요한 것이다. 혀를 멈추게 할 수 있는 자유를 가지고 있는가? 본회퍼는 다음과 같이 기록했다. "진정한 고요함, 즉 우리의 혀를 멈추는 일은 오직 영적 고요함의 결과로 온다."[6]

도미니크는 프랜시스를 방문하였는데 그 만남에서 한마디의 말도 하지 않은 것으로 알려져 있다. 진실로 고요함 가운데 있기를 터득하였을 때 비로소 우리는 필요한 말을 필요한 때에 할 수 있게 된다.

도허티는 다음과 같이 기록했다. "내 속에 있는 모든 것은 고요함이다. ……나는 하나님의 고요함 속에 잠겨 있다."[7] 우리는 홀로 있기를 통해 하나님의 고요함을 체험하게 되고 우리의 마음이 갈망하는 내적 고요함을 얻게 된다.

영혼의 어두운 밤

홀로 있기의 훈련을 진지하게 받아들인다는 것은, 우리가 순례의 길을 가는 어느 시점에 영혼의 어두운 밤에 들어간다는 것을 의미한다. 십자가의 성 요한St. John of the Cross이 생생하게 설명한 영혼의 어두운 밤 말이다. 그가 우리를 불러 들어가게 한 그 어두운 밤은 불쾌하거나 혹

---

[6] Bonhoeffer, *Life Together*, p. 79.
[7] Doherty, op. cit., p. 212.

은 파괴적인 것이 아니다. 그와는 반대로 마치 병든 사람이 건강과 행복을 약속하는 수술을 환영해야 하는 것과 같이 환영해야 할 체험이다. 어두움의 목적은 우리를 벌하거나 괴롭게 하는 데 있는 것이 아니라 우리를 자유케 하는 데 있다.

십자가의 성 요한은 영혼의 어두운 밤을 하늘이 정한 것으로 받아들였으며 하나님께 가까이 나아갈 수 있는 영예로운 기회로 받아들였다. 그는 어두운 밤을 '순전한 은혜'라고 일컬으면서 다음과 같이 읊었다.

오 인도하는 밤이여!
새벽보다 더 좋은 밤이여!
사랑하는 분과 사랑받는 자를 연합시킨 밤이여!
사랑하는 분 안에서
사랑받는 자가 변화되는 밤이여! 8)

영혼의 어두운 밤은 어떤 것일까? 메마르고 침울하며 길을 잃은 것과 같은 느낌일 것이다. 감정적인 생활을 지나치게 의존할 수 없게 된다. 오늘날은 이와 같은 일을 피하고 평화롭고 즐거운 가운데 살아야 한다는 말을 흔히 듣는다. 그러나 그와 같은 사고는 현대인의 많은 체험이 피상적인 것에 불과하다는 사실을 간과하고 있다. 그 어두운 밤은 하나님께서 우리를 고요함 가운데로 인도하시는 방법 가운데 하나이다. 하나님께서는 그렇게 하심으로 영혼에 내적 변화를 일으키실 수 있다.

일상 생활에서 이 어두운 밤은 어떻게 나타날까? 홀로 있기를 진지하

---

8) St. John of the Cross, *The Collected Works of St. John of the Cross*, trans. Kieran Kavanaugh and Otilio Rodriguez(Garden City, New York : Doubleday, 1964), p. 296.

게 추구할 때 처음에는 일반적으로 성공의 감격이 있고 그 다음에 이어서 반드시 실망이 따른다. 그 실망으로 인해 그 추구를 전적으로 포기하고 싶은 마음이 생긴다. 감정은 메마르고 하나님께 이르지 못한다고 하는 생각이 나타난다. 십자가의 성 요한은 이 상황을 다음과 같이 묘사했다.

> ……여기서 언급한 영혼의 어두움은……감각적, 영적 욕구를 잠들게 한다. ……또 영혼의 어두움은 상상을 속박함으로 유익한 추론을 하지 못하게 한다. 영혼의 어두움은 기억을 그치게 만든다. 그래서 지력은 어둡게 되고 아무것도 이해할 수 없게 된다. 이리하여 영혼의 어두움은 의지도 메마르고 거북하게 만들어 모든 재능이 공허하고 무익하게 된다. 그리고 이 모든 것 위에 짙고 무거운 구름이 덮인다. 그것은 영혼을 괴롭게 하고 영혼을 하나님에게서 물러나게 하는 짙고 무거운 구름인 것이다.9)

십자가의 성 요한은 그의 시 '영혼의 선언' Canciones del Alma에서 "나의 집은 지금 고요하다."10)라는 어구를 두 차례 사용했다. 이 사실적인 시구에서 그는 육체적, 정서적, 심리적 그리고 정신적 모든 지각을 고요하게 하는 것이 중요함을 말해 주고 있다. 하나님의 그 심오한 일이 영혼에 발생하려면 그 전에 먼저 몸과 마음과 정신의 모든 산만함이 가사 상태에 놓여야 한다. 수술을 하려면 먼저 마취의 효력이 나타나야 한다. 그때 고요함과 평화가 임한다. 이러한 어두움이 있는 동안에는 성경

---

9) Ibid., p. 363.
10) Ibid., p. 295.

읽기, 설교, 지적 토의 등 이 모두가 감동이나 감격을 주지 못한다.

하나님께서 그의 사랑으로 우리를 이끌어 영혼의 어두운 밤에 들어가게 하실 때는 우리의 내적 침체에 대한 책임을 다른 모든 사람과 모든 것에 돌려서 그 침체에서 벗어나려는 유혹이 우리에게 자주 나타난다. 이때에는 목사도 아주 싫증나는 사람으로 보인다. 그리고 찬송을 부르는 것도 아주 약해진다. 이리하여 우리는 영적 자극을 주는 다른 교회나 혹은 새로운 체험을 찾기 시작하는 일이 있다.

이것은 크게 잘못된 과오이다. 어두운 밤이 온 목적이 어디에 있는지를 깨닫기 바란다. 하나님께서 그의 사랑으로 당신을 모든 산만한 상태에서 떠나게 하심으로 하나님을 볼 수 있게 하시는 데 대하여 감사하기 바란다. 화를 내거나 싸우지 말고 고요한 가운데 기다리기 바란다.

죄나 혹은 불순종의 결과로 오는 영적인 일의 침체에 대하여 말하는 것이 아니다. 나는 하나님을 열심히 찾고 있는 사람에 대하여 말하고 있으며 자신의 마음속에 알고 있는 죄를 품고 있지 않은 사람에 대하여 말하고 있다.

> "너희 중에 여호와를 경외하며
> 그의 종의 목소리를 청종하는 자가 누구냐
> 흑암 중에 행하여 빛이 없는 자라도
> 여호와의 이름을 의뢰하며
> 자기 하나님께 의지할지어다" (사 50:10).

이 성경 말씀의 요점은 하나님을 경외하고 순종하며 신뢰하고 의지하면서도 '흑암 중에 행하여 빛이 없는' 일이 있을 수 있다는 것이다.

순종하는 삶을 살고 있지만 영혼의 어두운 밤에 들어간 것이다. 십자가의 성 요한은 이 체험을 하는 기간에는 악에 대한 은혜의 보호가 있고 하나님 나라의 일에 놀라운 전진이 있다고 지적했다.

> 만약 어떤 사람이 이 어두움 속에 있을 때 세밀하게 관찰한다면 그는 무익하고 해로운 것으로 말미암아 욕구와 재능이 혼란하게 되지 않는 것을 명백하게 볼 수 있을 것이다. 그리고 그가 허영과 교만과 허무와 거짓 기쁨과 그밖의 많은 악에서 떠나 안전하게 보호받는 것을 명백하게 볼 수 있을 것이다. 어두움 속에서 걸음으로써 영혼은 길을 잃지 않고 피하게 될 뿐만 아니라 신속하게 전진하게 된다. 그것은 어두움 속에서 걷는 것이 유익을 가져다주기 때문이다.[11]

이러한 내적 어두움 속에 있는 동안 어떤 일을 해야 할까? 먼저 거기서 빠져 나오라고 하는 친구들의 호의의 권면을 무시하기 바란다. 그들은 어떤 일이 발생하고 있는지를 이해하지 못한다. 이 시대는 이런 것에 대하여 너무나도 무지하기 때문에 나는 이 일을 친구들에게 설명하라는 권면도 하지 않겠다. 왜 그렇게 침울한 가운데 있는지 이유를 설명하려고 하거나 증명하려고 시도하지 말기 바란다. 하나님이 당신의 변호자이다. 하나님께 맡기라. 얼마 동안 한적한 곳에 따로 갈 수 있다면 그렇게 하기 바란다. 그런 여건이 허락하지 않으면 일상의 일을 그대로 실행하라. 그러나 한적한 곳에 있든지 혹은 집에 있든지 마음속 깊은 곳에 고요히 귀를 기울이고 듣기 바란다. 그래서 홀로 있기의 과

---

[11] Ibid., p. 364.

업이 달성될 때까지 그렇게 고요한 가운데 있기 바란다.

  십자가의 성 요한은 우리를, 우리가 들어가려고 하는 물보다 더 깊은 물 속으로 인도한다. 그는 우리들 대부분이 거울로 보는 것같이 희미하게 보는 세계에 대하여 말하고 있다. 그러나 눈으로 덮인 영혼의 산봉우리에 오르기를 무서워하는 우리의 소심함을 꾸짖을 필요는 없다. 이 일은 조심스럽게 접근하는 것이 가장 좋은 방법이다.

  분명 그는 우리로 하여금 보다 더 높고 보다 더 깊은 체험에 들어가도록 자극했다. 그것은 마치 우리의 삶의 문을 열어 그 세계로 들어가게 한 것과 같다고 할 수 있다. 그것이 하나님이 요구하시는 전부이며, 하나님이 필요로 하시는 전부이다.

  영혼의 어두운 밤에 들어가는 여정에 대한 결론을 내리기 위해 그의 다음과 같은 감동적인 말을 묵상해 보도록 하자. "그러므로 당신의 의욕이 침체되고, 당신의 의향이 메마르고 부자연스럽게 된 것을 알 때, 그리고 당신의 능력이 내적인 모든 운동에 무력하게 된 것을 알 때 괴로워하지 말라. 다만 그것을 하나의 은혜로 생각하라. 왜냐하면 하나님께서 당신을 당신 자신으로부터 자유케 하고 계시기 때문이며 당신에게서 당신 자신의 행위를 제거하고 계시기 때문이다."[12]

홀로 있기로 들어가는 방법

  영적 훈련은 우리가 행하는 일이다. 이 사실을 잊지 않아야 한다. '마

---

[12] Ibid., p. 365.

음의 홀로 있기'에 대하여 경건하게 말하는 것만으로는 족하지 않다. 그것이 체험으로 이어지지 않는다면 우리는 이 훈련의 핵심을 놓치고 있는 것이다. 우리는 마음의 상태뿐만 아니라 행동도 다루고 있다. "내가 내적 홀로 있기와 고요함을 소유하고 있으므로 행해야 할 것은 아무 것도 없다."고 말한다면 큰 잘못이다. 그것만으로는 족하지 않다. 진실로 고요함 속에 들어간 사람들은 모두 다 어떤 일을 한 사람들이며 삶을 특정 방향으로 이끌어서 '모든 지각에 뛰어난 평강'을 얻은 사람들이다. 성공을 하려면 이론을 뛰어넘어 삶의 실제로 들어가야 한다.

홀로 있기로 들어가는 방법을 살펴보기로 하자. 우리가 할 수 있는 첫째 일은 일상에서 얼마든지 찾을 수 있는 '짧은 시간의 홀로 있기'를 이용하는 일이다. 가족이 일어나기 전 아침 일찍 침실에서 가지는 홀로 있기를 생각해 보라. 하루의 일과를 시작하기 전 커피를 마시는 짧은 시간의 홀로 있기를 생각해 보라. 아침 출근 시간에 교통이 복잡해 자동차가 자주 멈추는 시간의 홀로 있기도 생각할 수 있다. 꽃이나 혹은 나무를 볼 때에도 휴식과 원기 회복의 짧은 순간을 가질 수 있다. 식사하기 전에 말로 드러내어 기도하는 대신 가족이 모두 한 자리에 모여 잠시 고요한 시간을 갖는 일을 생각해 보라.

한번은 자동차 안에서 아이들과 어른들이 잡담을 많이 하고 있었는데 나는 그 때 다음과 같은 말을 했다. "비행장에 도착할 때까지 모두들 한마디의 말도 하지 않고 조용한 시간을 가질 수 있는지 어디 한번 시험해 봅시다"(약 5분이 걸리는 길이었다). 그때 대단히 좋은 효과가 나타났다. 이번에는 퇴근 길에 차에서 내려 집까지 걷는 동안의 짧은 시간에 새 기쁨과 의미를 찾아보라. 그리고 잠자리에 들기 전에 잠시 밖에 나가 고요한 밤을 접해 보기 바란다.

이러한 짧은 시간들을 우리는 흔히 놓치고 있다. 이 얼마나 슬픈 일인가! 그와 같은 짧은 시간의 가치를 우리는 찾아야 한다. 그 시간이 내적 고요함을 가져다줄 수 있는 시간이다. 그리고 그 내적 고요함은 마치 나침반의 바늘이 그러하듯이 우리 삶의 방향을 가리켜 준다. 비록 짧은 시간이지만 그 시간은 우리가 현재 어떠한 자리에 처해 있는지를 진실하게 알 수 있도록 도움을 준다.

그밖에 할 수 있는 일은 무엇일까? 그것은 고요한 장소, 곧 홀로 있기 위해 설계된 '고요한 장소'를 마련하는 일이다. 주택은 계속적으로 건축되고 있다. 그런데 우리의 홀로 있기를 위한 고요한 장소이자 식구들이 홀로 가서 고요한 시간을 가질 수 있는 작은 장소는 설계에 포함되지 않는 이유가 무엇일까? 자금이 부족한 때문일까? 우리는 거실과 주방을 꾸미면서 거기에는 자금을 사용할 가치가 있다고 생각한다. 이미 집을 소유하고 있다면 안뜰 같은 곳을 막아서 작은 장소를 만드는 일을 생각해 보기 바란다. 아파트에서 산다면 창의력을 발휘해서 어떤 다른 방법으로 홀로 있기를 위한 장소를 마련하기 바란다. 내가 아는 한 가정은 특별한 의자를 마련해 두었는데 가족 가운데서 누구든지 그 의자에 앉으면 아무 방해를 하지 않고 다만 혼자 있도록 해주게 되어 있었다.

집 밖에서도 고요한 장소를 찾을 수 있다. 공원 안의 어떤 지점도 좋다. 또 교회 건물 안에 있는 어떤 장소도 좋다. 수양관에서는 개인 묵상과 홀로 있기를 위해 적합한 방을 마련해 두는 경우가 있다. 교회 건물을 짓는 데 거액의 자금을 사용한다. 그런데 개인이 며칠 동안 혼자 조용히 시간을 가질 수 있는 장소를 교회가 건축해 두는 일은 어떠한지? 캐서린 도허티는 북아메리카에 '뿌스띠냐'Poustinias, 광야를 의미하는 러시아어를 개발한 선구자이다. 그것들은 특별히 홀로 있기와 고요함을 위해 설계된 곳이다.[13]

학습에 관한 장에서 우리 자신을 관찰하는 일의 중요성을 생각해 보았다. 그 결과 우리가 얼마나 자주 우리 자신의 행동을 정당화시키는 말을 열심히 하고 있는지를 알았다. 만약 당신에게도 이 같은 행동이 나타난다면 무엇이든 장황한 설명 없이 실행으로 입증하기 바란다. 당신의 행동에 대한 이유를 다른 사람들이 오해할까봐 공포심을 가지는 일은 없는지 자신을 유의해 보기 바란다. 오직 하나님만 당신의 변호자가 되시도록 힘쓰라.

말이 간결하고 충실하도록 자신을 훈련시키라. 꼭 필요한 말만 하는 사람으로 다른 사람들에게 알려져야 한다. 항상 명백한 말을 하라. 한 말은 실행에 옮겨야 한다. "서원하고 갚지 아니하는 것보다 서원하지 아니하는 것이 더 나으니"(전 5:5). 우리의 혀를 다스릴 수 있을 때 본회퍼의 다음 말이 우리에게서 실제로 입증된다. "불필요한 일은 말로 발설하지 않고 그대로 둔다. 그러나 꼭 필요하고 도움이 되는 일은 간략한 말로 언급될 수 있다."[14]

홀로 있기의 또 다른 방법을 보자. 하루 종일 한마디의 말도 없이 생활하기를 시도해 보자. 율법적으로 그렇게 하라는 말이 아니라 일종의

---

[13] 이 센터 개발에 대한 내용은 *Poustinia : Christian Sprituality of the East for Western Man*이라는 그의 저서에 자세히 설명되어 있다(Notre Dame, IN : Ave Maria Press, 1974).
[14] Bonhoeffer, op. cit., p. 80.

실험으로 그렇게 해보자는 것이다. 무력감을 유의해 보고 전달 수단으로 말을 너무 의존하고 있지는 않은지 유의해 보자. 말에 의존하지 않는 다른 새로운 방법으로 다른 사람들과 소통하는 길을 찾도록 해보자. 하루의 생활을 즐기고 기뻐하자. 그러는 가운데 다른 사람들과 소통하기를 배우자.

  일 년에 네 차례 정도 삶의 목표를 재정비하기 위해 세 시간 내지 네 시간 동안 홀로 있는 시간을 갖도록 하자. 이 일은 하루 저녁에 충분히 달성될 수 있다. 사무실에 늦게 머무르든지 혹은 집에서 그와 같은 시간을 갖도록 하라. 혹은 공공 도서관에서 조용한 장소를 찾을 수 있다. 당신의 삶의 목적과 중간 목표들을 평가해 보도록 하라. 앞으로 일 년 동안 당신은 어떤 일을 달성하기 원하고 있는가? 또한 지금부터 10년 동안의 목표는 무엇인가?

  우리는 일 년 동안에 달성할 수 있는 일은 과대평가하고, 십 년 동안에 달성할 수 있는 일은 과소평가하는 경향이 있다. 실제적인 목표를 세우되 꿈을 가지고 세우도록 하라(이 책을 쓰는 일이 나의 마음의 꿈이었는데 몇 년이 지나서 그 꿈은 실현되었다). 그와 같은 조용한 시간을 가짐으로써 하나님의 음성을 듣도록 하라. 당신에게 발생한 것을 일기로 기록해 두기 바란다.

  재정비하고 목표를 세우는 일은 흔히 생각하는 것처럼 그렇게 냉정하고 타산적이어야 할 필요는 없다. 시장 분석을 하듯이 그런 마음가짐으로 할 필요는 없다는 말이다. 고요한 시간을 갖고 귀를 기울일 때 기쁨의 감동이 나타나고 일 년 동안을 어떻게 계획해야 할지를 알게 될 것이다.

이 말이 너무 현세적이고 신령하지 못한 목표인 것처럼 들리는가? 그러나 하나님께서는 바로 그와 같은 일에 관심을 가지고 계신다. 당신도 그와 같은 일에 관심이 있는가? 또한 당신은 기적, 신유, 방언 등의 은사에 관하여 보다 더 많이 알기를(체험하기를) 원할 수도 있다. 혹은 조력하는 은사를 체험하는 데 많은 시간을 사용함으로써 어떤 사람을 도와서 일하는 조력자가 되기를 원할 수도 있다. 혹은 일 년 동안 루이스 C. S. Lewis나 엘턴 트루블러드의 모든 저서를 읽기 원할 수도 있다. 혹은 지금부터 5년 이내에 자격을 갖추어서 장애 아동들을 위해 일하기를 원할 수도 있다.

이와 같은 모든 일들을 선택하여 목표를 정하는 것이 마치 판매 목표를 설정하는 것처럼 들리는가? 물론 그렇지 않다. 그것은 당신의 일생을 위한 방향을 정하는 것이다. 당신은 어디엔가 목적지를 정해 놓고 그 방향으로 가야 한다. 그러니까 고요한 시간에 하나님과 교통함으로써 목적지와 방향을 정하는 것이 얼마나 더 나은가!

'학습의 훈련'에서 우리는 2일 내지 3일 동안 오직 혼자 학습하는 계획을 검토해 본 바 있다. 이러한 계획은 하나님과 더불어 고요한 시간을 가지는 '홀로 있기'와 결합될 때 보다 큰 효과를 나타낼 수 있다.

예수님이 그러셨던 것과 같이 우리도 사람들을 떠나 홀로 있는 고요한 시간을 가짐으로써, 사람들과 함께 있을 때 진정한 교제를 할 수 있다. 오직 홀로 있기의 목적만을 위해 일 년에 한 차례는 집을 떠나 조용한 곳을 찾기 바란다.

홀로 있기의 열매는 다른 사람들에 대한 동정과 관심을 증대시켜 준다. 그래서 다른 사람들과 교제하는 데 새로운 자유를 갖게 되며, 다른 사람들의 어려움에 대해 새롭게 인식하게 되고, 또 다른 사람들의 아픔에 대하여 새롭게 반응하게 된다. 토머스 머턴은 다음과 같이 말했다.

> 내가 나의 형제들을 진실로 사랑할 수 있는 온유함을 찾은 것은 홀로 있기를 통해서였다. 홀로 있기에 깊이 들어갈수록 나는 나의 형제들에 대하여 보다 더 많은 애정을 갖게 되었다. ……홀로 있기와 고요함은 나의 형제들을 사랑하되 그들의 말에 근거하여 사랑할 것이 아니라 그들의 존재 자체에 의거하여 사랑할 것을 나에게 가르쳐 주었다.15)

당신은 하나님 앞에서 고요하게 홀로 있는 자리에 들어가기를 열망하는 감정을 느끼지 않는가? 당신은 무엇인가 보다 더 나은 것을 갈망하지 않는가? 당신의 모든 호흡이 하나님의 임재를 보다 더 깊이, 보다 더 온전히 느끼기를 갈망하지 않는가? 그 문을 열어 주는 것이 바로 홀로 있기의 훈련이다. 당신은 홀로 있기에 얼마든지 들어갈 수 있고 "하나님께서 그의 기이하고 놀랍고 부드럽고 너그러운 고요함 속에서 하시는 말씀을 들을 수 있다."16)

---

15) Thomas Merton, *The Sign of Jonas* (New York : Harcourt, Brace, 1953), p. 261.
16) Doherty, op. cit., p. 216.

08

복종의 훈련

그리스도인은 아무에게도 종속되지 않은 가장 자유로운 주인인 동시에
모든 사람에게 종속된 종이다 _마틴 루터

모든 영적 훈련 가운데서 '복종의 훈련'만큼 오용되고 있는 훈련도 없다. 어떤 이유에서인지 인간은 가장 좋은 교훈을 가장 나쁜 결과로 바꾸어 놓는 교묘한 기술을 가지고 있다. 종교만큼 인간을 노예로 만드는 것도 없으며, 종교에서 복종에 대한 그릇된 교훈만큼 인간을 조종하고 파괴하는 것도 없다. 그러므로 우리는 조심스러운 마음과 분별력을 가지고 복종의 훈련을 해야 한다. 그래서 죽음의 사역자가 아니라 생명의 사역자가 되어야 한다.

모든 훈련에는 그것에 상응하는 자유가 있다. 내가 만약 웅변술을 공부하고 연마했다면 필요한 경우 자유롭게 감동적인 연설을 할 수 있을 것이다. 데모스테네스가 웅변가로서 말을 하는 자유를 가지고 있었던 것은 그가 그렇게도 철저하게 웅변 훈련을 했기 때문이다. 훈련의 목적은 자유에 있다. 목표는 훈련 자체가 아니라 자유이다. 훈련을 목표로 삼는 순간 우리는 훈련을 율법으로 바꾸어 놓게 되며 그 훈련에 상응하는 자유를 잃게 된다.

'훈련' 그 자체만으로는 아무 가치가 없다. 훈련은 우리로 하여금 하나님 앞에 있도록 하는 수단이어야 하며 하나님이 우리에게 자유를 주시도록 하는 수단이어야 한다. 자유가 목표이고 훈련은 수단에 불과하다. 훈련이 해답이 아니다. 훈련은 다만 우리로 해답에 이르도록 할 뿐이다.

우리가 노예의 처지를 피하려면 훈련의 한계를 명백하게 알아야 한다. 또한 이 한계성을 명백히 알아야 할 뿐만 아니라 우리 자신에게 거듭거듭 강조해야 한다. 왜냐하면 '훈련' 그 자체를 목표로 삼으려는 유혹이 너무도 집요하기 때문이다. 우리는 항상 그리스도를 바라보며 그리스도께 목표를 두고, 우리로 그리스도의 마음에 보다 가까이 이르도록 이끌어 주는 하나의 방법으로 '영적 훈련'을 보아야 한다.

복종과 자유

모든 훈련이 그에 상응하는 자유를 갖고 있다고 앞에서 말했다. 그렇다면 복종의 훈련에 상응하는 자유는 어떤 것일까? 그것은 항상 일이 내 마음대로 되어야 한다고 생각하는 무거운 짐을 버릴 수 있는 능력이다. 내가 원하는 대로 일이 진행되어야 한다는 강박 관념이 오늘날 인간 사회의 가장 큰 속박 가운데 하나이다. 어떤 작은 일이 자신이 원하는 대로 진행되지 않았다는 이유 때문에 사람들은 여러 주간 혹은 여러 달, 여러 해를 속태우면서 보낸다. 그들은 사소한 일에 소란을 부리며 화를 내며 작은 일을 가지고 격분한다. 그들은 마치 그 작은 문제에 자신들의 생명이 달려 있기나 한 것처럼 행동한다. 그런 문제 때문에 궤양에 걸리기도 한다.

복종의 훈련을 통하여 우리는 그런 문제에서 떠날 수 있는 자유와 잊을 수 있는 자유를 얻게 된다. 솔직히 말해서 우리 삶의 대부분의 일들은 우리가 생각하는 것만큼 그렇게 중요하지 않다. 이런 일 저런 일이 발생했다고 하여 우리의 삶이 끝장나는 것은 아니다.

예를 들면, 거의 모든 교회는 이런 작은 문제에서 교인들이 서로 양보하는 자유가 없기 때문에 반목하고 분열한다. 우리는 흔히 그 문제가 성공과 실패를 좌우하는 중대한 문제라고 주장한다. 혹은 우리가 신성한 원칙을 위해 싸운다고 주장하기도 한다. 물론 그런 경우도 있을 것이다. 그러나 대부분은 그렇지 않다. 양보를 하면 그 일을 우리 마음대로 할 수 없다는 단순한 이유 때문에 양보하는 아량을 베풀지 못한다.

오직 복종의 훈련을 통해서만 그와 같은 옹졸한 정신이 우리를 지배하지 못하도록 만들 수 있다. 오직 복종의 정신만이 충분한 자유를 가지게 하므로 진정한 쟁점과 완강한 자기 고집을 구분할 수 있게 한다.

인생의 일들 대부분은 그렇게 중대한 것이 아님을 깨닫게 될 때 비로소 우리는 인생의 대부분의 일들을 가볍게 생각할 수 있다. 대부분의 일들이 중대하지 않다는 것을 발견하게 되는 것이다. 우리는 흔히 "나는 아무 걱정도 안 한다."라고 말하지만 사실은 걱정을 많이 하고 있다. 바로 여기에서 '고요함의 훈련'이 절실히 필요하다.

일반적으로 복종에 관한 문제를 해결하는 가장 좋은 방법은 아무 말도 하지 않는 것이다. 그러므로 그 어떤 언어나 행동을 초월하는 포괄적인 은혜의 정신이 필요하다. 이 정신을 가질 때 우리는 다른 사람들과 우리 자신을 자유케 할 수 있다.

복종에 관한 성경의 가르침은 다른 사람을 보는 자세에 주안점을 두고 있다. 성경은 상하 관계를 말하는 것이 아니라 내적인 상호 종속 자세를 말하고 있다. 예를 들면, 베드로는 당시의 사환들(종들)을 향하여 주인에게 복종할 것을 요청한다(벧전 2:18). 순복하는 마음이 없어도 주인에게 복종하는 일이 가능하다는 것을 알기 전에는 그 권면이 왜 필요한지를 알지 못할 것이다. 외적으로는 요구 사항을 이행하면서도 내적으로는 거역할 수 있기 때문이다. 다른 사람을 배려하는 마음 자세는 신약성경 전체에 나타나는 관심사이다. 구약성경에는 살인하지 말라는 말씀이 있는데 예수께서는 진정한 문제는 살인하는 마음 자세임을 강조하셨다. 복종하는 일도 마찬가지이다. 진정한 문제는 서로를 향하여 배려와 존중의 마음을 갖는 것이다.

복종을 통하여 마침내 다른 사람을 존중할 수 있는 자유를 갖게 된다. 그들의 꿈과 계획이 우리에게 중요한 것이 된다. 우리는 새롭고 놀라우며 영광스러운 자유에 들어가게 된다. 다른 사람들의 유익을 위해 우리의 권리를 포기할 수 있는 자유 말이다. 이리하여 처음으로 우리는 다른 사람들을 무조건 사랑할 수 있게 된다.

우리는 우리의 사랑에 대해 보상받기를 포기했다. 이제는 반드시 대접을 받아야 한다는 생각을 하지 않는다. 이제 다른 사람의 성공을 보고 기뻐할 수 있고 또 다른 사람의 실패를 보고 진정으로 슬퍼할 수도 있다. 다른 사람의 계획이 성공한다면 우리의 계획의 실패는 별로 문제가 되지 않는다. 우리가 하고 싶은 일을 하는 것보다 이웃을 위해 봉사하는 것이 훨씬 낫다는 것을 발견하게 된 것이다.

자신의 권리를 포기함으로써 얻는 자유를 아는가? 그 자유는 끓어오르는 분노와 원망에서 벗어날 수 있는 자유를 의미한다. 어떤 사람이 당신이 바라는 대로 행동하지 않는 경우에 당신이 느끼는 분노와 원한에서 말이다. 이 말은 결국 다음과 같은 악한 거래의 법칙을 깨뜨릴 수 있음을 의미한다. "당신이 나의 등을 긁어 주면 나도 당신의 등을 긁어 주겠다. 당신이 나의 코피를 흘리면 나도 당신의 코피를 흘리겠다."

그 자유는 예수님의 다음 명령을 순종할 수 있는 자유를 의미한다. "……너희 원수를 사랑하며 너희를 박해하는 자를 위하여 기도하라"(마 5:44). 그 자유는 보복의 권리를 포기하는 일이 어떻게 가능한지를 처음으로 이해한다는 것을 의미한다. "누구든지 네 오른편 뺨을 치거든 왼편도 돌려 대며"(마 5:39).

시금석

벌써 눈치 챘겠지만 지금까지 복종 문제를 순서를 바꾸어 이야기했다. 복종의 정의보다 복종의 유익을 먼저 설명한 것이다. 그렇게 한 데에는 목적이 있었다. 우리 대부분은 복종 정신의 한쪽 측면만을 보는 경향이 있다. 즉 그 한쪽 측면의 결함을 받아들이든지, 아니면 '복종의 훈련' 전체를 배격하는 경향이 있다. 전자를 따를 때 자기 증오에 이르게 되고 후자를 따를 때 교만에 이르게 된다. 이런 딜레마에 빠지지 않기 위해 제3의 길을 생각해 보아야겠다.

복종의 성경적 이해에 시금석이 되는 말씀은 마가복음 8:34에 나타난 예수님의 말씀이다.

> "무리와 제자들을 불러 이르시되 누구든지 나를 따라오려거든 자기를 부인하고 자기 십자가를 지고 나를 따를 것이니라."

거의 본능적으로 우리는 이 말씀을 회피하려 한다. 우리는 '자기 부인'이라는 말보다는 '자아 성취' 또는 '자아 실현'이라는 말이 훨씬 더 편하다(사실 자기 부인에 관한 예수님의 교훈은 진정한 자아 성취와 자아 실현에 이르는 유일한 길이다). 우리는 자기 부인이라는 말을 들을 때 온갖 비굴함과 자기 증오를 마음속에 그리게 된다. 그것은 우리의 개성을 배격하는 것이며 각종 형태의 금욕주의에 이르는 것을 의미한다고 상상한다.

그와는 반대로 예수께서는 우리에게 자기 증오 없는 자기 부인을 요구하셨다. 자기 부인은 우리 자신의 방식대로 해서는 안 된다는 것을 이해하게 되는 길이다. 우리의 행복은 우리가 원하는 것을 얻는 데 달려 있지 않다.

자기 부인은 어떤 사람들이 생각하는 것처럼 자기 정체성을 상실하는 것을 의미하지 않는다. 정체성이 없이는 서로 복종하는 일도 불가능해진다. 예수께서 골고다로 향하셨을 때 그 자신의 정체성을 상실하셨던가? 베드로가 "나를 따르라"(요 21:19)는 예수님의 명령에 응답했을 때 정체성을 상실했던가? 바울이 다음과 같이 말씀하신 분에게 자신을 맡기던 때 자신의 정체성을 상실했던가? "그가 내 이름을 위하여 얼마나 고난을 받아야 할 것을 내가 그에게 보이리라"(행 9:16). 물론 정체성을 상실하지 않았다. 사실은 오히려 그 반대였다는 것을 알 수 있다. 그들은 자기 부인을 하는 행위를 통하여 정체성을 발견했다.

자기 부인은 자기 멸시와 같은 것이 아니다. 자기 멸시는, 우리가 아무 가치도 없는 존재이며, 혹시 가치 있는 존재라 할지라도 그것을 배격해야 한다고 주장한다. 그러나 자기 부인은 우리가 무한한 가치를 가지고 있다고 선언하고 그 가치를 어떻게 실현할 수 있을지를 보여준다. 자기 멸시는 창조의 선함을 부정하고 자기 부인은 창조의 선함을 긍정한다. 예수께서는 자신을 사랑할 수 있는 능력이 다른 사람을 사랑할 수 있는 전제 조건이라고 하셨다(마 22:39).

자기 사랑과 자기 부인은 대립 관계에 있는 것이 아니다. 예수께서는 자기 부인이 우리 자신을 사랑하는 유일한 길임을 여러 차례 분명히 밝히셨다.

> "자기 목숨을 얻는 자는 잃을 것이요 나를 위하여 자기 목숨을 잃는 자는 얻으리라"(마 10:39).

우리는 자기 부인이 다른 사람에게 양보할 수 있는 자유를 의미한다는 것을 강조해야 한다. 이것은 자기 이익보다 다른 사람의 이익을 우위에 둔다는 것을 의미한다. 그러므로 자기 부인은 자기 연민에서 벗어나 자유케 한다. 자기 부인을 떠날 때 우리는 일이 우리의 욕심대로 되기를 요구한다. 그래서 일이 우리의 욕심대로 되지 않으면 자기 연민에 빠진다. 겉으로는 복종하지만 괴로운 마음으로 하게 된다. 자기 연민에 빠져 괴로워하는 마음은 복종의 훈련이 약해졌다는 표시이다. 자기 부인이 복종 훈련의 기초가 되는 이유가 바로 여기에 있다. 자기 부인은 우리를 자기 탐닉에서 구출해 준다.

현대인들은 위대한 경건서적들을 읽기가 매우 어려운데 그것은 이 책들이 자기 부인이라는 말을 무척 많이 사용하기 때문이다. 우리는 토마스 아 켐피스의 말을 알아듣기가 어렵다.

"우리 자신의 의견은 갖지 않고 항상 다른 사람들을 좋게 그리고 높게 생각하는 것이 훌륭한 지혜이며 온전함이다."[1)

우리는 "누구든지 나를 따라오려거든 자기를 부인하고 자기 십자가를 지고 나를 따를 것이니라"(막 8:34)고 하신 예수님의 말씀을 잘 알아듣지 못한다. 그런 현상이 나타나는 것은, 자아 성취의 길은 자기 부인을 통한다는 예수님의 교훈을 이해하지 못하기 때문이다. 목숨을 구원코자 하면 잃고 그리스도를 위해 목숨을 잃으면 구원을 얻는다(막 8:35). 조지 마티슨은 자기 부인을 통한 성취라는 이 놀라운 역설을 찬송가로 만들었다.

주여, 나를 사로잡아 주소서
내가 자유하게 되리니.
나의 검을 넘겨 드리게 하소서
내가 승리자가 되리니.
나 자신의 힘으로 설 때

---

1) Thomas à Kempis, *The Imitation of Christ* (『그리스도를 본받아』, 생명의 말씀사 역간), in an anthology entitled *The Consolation of Philosophy*(New York : Random House, 1943), p. 139.

인생의 위기에 처하오니,
주의 품 안에 나를 가두소서
나의 손이 강하여지리니.[2]

이제는 자기 부인을 자유의 길로 볼 수 있을 줄로 안다. 이 사실을 분명히 해두어야 한다. 앞에서도 말한 바와 같이 자기 부인이 '복종의 훈련'의 시금석이 되기 때문이다.

예수님이 가르치신 혁명적인 종속[3]

예수님이 가르치신 사회적 교훈 가운데 가장 혁명적인 것은 '위대함'에 대한 현대인의 개념을 완전히 뒤집어 놓은 것이다. 리더십은 모든 사람의 종이 되는 데 있고 권력은 복종에서 나온다. 이 급진적인 종의 도의 으뜸가는 상징은 십자가이다. "자기를 낮추시고 죽기까지 복종하셨으니 곧 십자가에 죽으심이라"(빌 2:8). 그러나 여기에서 주목해야 할 것이 있다. 그리스도는 십자가의 죽음을 죽으셨을 뿐만 아니라 십자가의 삶을 사셨다.

십자가의 길, 즉 고난받는 종의 길은 그리스도의 사역에서 핵심적인 것이었다. 예수님은 모든 사람들에게 종이 되는 복종으로 십자가의 삶을 사셨다. 예수님은 모든 사람의 종이셨다. 예수님은 다음과 같이 말

---

2) *Hymns for Worship* (Nappanee, Indiana : Evangel Press, 963), p. 248.
3) 나는 이 용어를 사용하는 데 있어서, 존 요더(John Howard Yoder)의 저서의 도움을 받았다. 그리고 몇몇 사상도 역시 그의 저서에서 도움을 받았다. 그의 저서 *The Politics of Jesus* (Grand Rapids, MI : Eerdmans, 1972)에는 '혁명적인 종속'에 대한 풍부한 내용이 실린 장이 있다.

씀하심으로써 지위와 권세에 대한 당시 문화의 고정관념을 배격하셨다. "너희는 랍비라 칭함을 받지 말라……또한 지도자라 칭함을 받지 말라"(마 23:8-10).

예수님은 십자가의 삶을 사심으로써 당시의 관습을 타파하셨다. 여자들을 진지하게 대하셨고 어린이들을 기꺼이 만나셨다. 또 제자들의 발을 씻기심으로써 십자가의 삶을 사셨다. 예수님은 천군 천사들을 불러 내려서 자신을 돕도록 할 수 있는 분이셨지만 그렇게 하시지 않고 갈보리 십자가의 죽음을 택하셨다. 예수님의 생애는 종으로 섬기는 십자가의 삶이었고 그분의 죽음은 고난을 통해 승리한 십자가의 죽음이었다.

이런 예수님의 생애와 교훈의 혁명적인 특성은 아무리 역설해도 결코 과장이 아니다. 예수님의 생애와 교훈은 특권을 가진 지위와 신분에 대한 모든 주장을 배격하였고, 전적으로 새로운 리더십의 질서를 발생시켰다. 예수님의 십자가의 삶은 권세와 자기 이익에 기초를 둔 모든 사회 질서를 파헤쳤다.[4)]

앞에서 언급했지만 예수께서는 그를 따르는 자들에게 십자가의 삶을 살라고 하셨다. "누구든지 나를 따라 오려거든 자기를 부인하고 자기 십자가를 지고 나를 따를 것이니라"(막 8:34).

예수께서는 제자들에게 단호하게 말씀하셨다. "누구든지 첫째가 되고자 하면 뭇 사람의 끝이 되며 뭇사람을 섬기는 자가 되어야 하리라"

[4)] 오늘날의 교회는 인간 사회를 위한 십자가의 생명의 삶의 의미를 이해하지 못하고 있다. 혹 오늘날의 교회가 그것을 이해하고 있는 경우라 할지라도 실천에 옮기지 못하고 있다. 가이 허시버거(Guy Hershberger)는 그의 저서 *The Way of the Cross in Human Relations* (Scottsdale, PA : Herald Press, 1958)에서, 인간 사회를 위한 십자가의 생명의 삶의 의미를 과감하게 탐구했다. 그는 종의 길이 전쟁, 자본주의, 노동 조합, 물질주의, 고용주와 고용인의 관계, 민족 관계 등과 같은 문제에 어떤 영향을 끼쳐야 하는지를 논술했다(나는 '십자가의 삶' 이라는 용어를 사용하는 데 있어서 허시버거의 도움을 받았다).

(막 9:35). 예수께서는 제자들의 발을 씻기심으로써 십자가의 삶의 원리를 불멸의 원리로 만드시면서 다음 말씀을 추가하셨다. "내가 너희에게 행한 것같이 너희도 행하게 하려 하여 본을 보였노라"(요 13:15). 십자가의 삶은 자원하여 종이 되는 삶이다.

서신서에서 가르치는 혁명적인 종속

예수님의 모범이, 그리고 모든 인간관계에서 십자가의 길을 따르라는 요구가 복종에 관한 서신서들의 교훈의 기초를 이루고 있다. 사도 바울은 교회를 향해 "각각 자기보다 남을 낫게 여기고"라고 명령하면서 그 이유를 우리의 구원을 위한 주님의 복종과 자기 부인에 둔다. "오히려 자기를 비워 종의 형체를 가지사"(빌 2:3-7).

사도 베드로는 복종에 관해 교훈하는 가운데 복종의 이유로 예수님을 본으로 직접 제시했다.

> "이를 위하여 너희가 부르심을 받았으니 그리스도도 너희를 위하여 고난을 받으사 너희에게 본을 끼쳐 그 자취를 따라오게 하려 하셨느니라……욕을 당하시되 맞대어 욕하지 아니하시고 고난을 당하시되 위협하지 아니하시고 오직 공의로 심판하시는 이에게 부탁하시며"(벧전 2:21-23).

에베소서에 있는 '가정 계율'[5]의 서문에서 "그리스도를 경외함으로

---

[5] '가정 계율'(Haustafel)이라는 용어는 본래 마틴 루터가 지은 용어이다. 이 '가정 계율'은 에베소서 5:21-6:9; 골로새서 3:18-4:1; 디도서 2:4-10; 베드로전서 2:18-3:7에서 찾아볼 수 있다.

피차 복종하라"(엡 5:21)는 말씀을 읽을 수 있다. 그리스도인이 십자가의 삶을 살아야 한다는 요구는 예수님의 십자가의 삶에 근거를 두고 있다.

복종의 훈련은 이 광범위한 맥락을 이해하지 못함으로 크게 오용되고 있다. 복종은 신약성경 전체를 흐르고 있는 윤리적 주제이다. 이는 남자든 여자든, 부모든 자녀든, 주인이든 하인이든 모든 그리스도인에게 부과된 의무이다. 우리가 어떤 특별한 위치나 신분에 있기 때문이 아니라 예수께서 복종하는 삶을 사셨기 때문에 우리도 그렇게 살아야 한다. 자기 부인은 십자가에 못 박히신 주님을 따르는 사람들이 마땅히 갖추어야 할 자세이다. 모든 가정 계율에 있어서 복종의 유일한 이유는 예수님의 모범이다.

복종에 대한 이 유일한 이유는 1세기의 다른 문헌들과 비교해 볼 때 엄청난 것임을 알 수 있다. 그 문헌들은 늘 신들이 창조한 방식 때문에 복종해야 한다고 호소한다. 인간의 운명이라는 것이다. 신약성경의 저자들 가운데서 이런 이유로 복종을 호소하는 사람은 한 사람도 없다. 신약성경의 가르침은 혁명적이다. 그들은 지배자와 복종자에 대한 당시의 관습을 전적으로 무시하고 모든 사람들을 향하여 "각각 자기보다 남을 낫게 여기고"(빌 2:3)라고 요구하였다.

서신서들은, 기존 문화에 의해 이미 종속 관계에 있는 사람들에게 먼저 복종을 요구한다. "아내들아 남편에게 복종하라……자녀들아 모든 일에 부모에게 순종하라……종들아 모든 일에 육신의 상전들에게 순종하되……"(골 3:18–22).

이 교훈에 나타난 혁명적인 사실은, 1세기 문화에서 전혀 선택의 여지를 갖지 못한 사람들을 도덕적 자유 행위자로 여긴다는 것이다. 바울은 당시의 문화에서 법적 혹은 도덕적 신분을 갖지 못했던 사람들에게 개인적, 도덕적 책임을 부여했다. 바울은 의사결정이 금지되어 있던 사람들을 의사결정권 행사자로 만들었다.

1세기의 문화 환경에서 위치상 이미 종속 상태에 있는 사람들에게 복종을 명령한 것은 놀라운 일이다. 그와 같은 명령을 한 유일한 이유는, 복음의 메시지에 의해 그들이 사회의 종속적 신분에서 자유케 되었음을 깨달았다는 사실에 있었다. 복음은 모든 이등二等 시민에게 도전하였고 그들은 그 사실을 알았다. 바울이 자발적인 종속 관계를 촉구한 것은 그들의 신분 때문이 아니라 그 자발적 종속 관계가 "주 안에서 마땅한 것"(골 3:18)이기 때문이다.

당시 문화에서 종속 상태에 있는 사람들에게 이러한 도덕적 교훈을 한 것은 당시의 다른 문헌의 특징과는 근본적으로 대조되었다. 예를 들면, 스토아 학파의 사람들은 사회적으로 높은 계층에 있는 사람들에게만 그들의 높은 지위에서 훌륭한 임무를 수행할 것을 권면했다. 그러나 바울은 먼저 당시의 문화가 도외시한 사람들에게 예수님의 십자가의 삶을 살 것을 요청했다.

다음으로 서신서들은, 당시 문화에서 지배하는 위치에 있는 사람들에게 초점을 돌려 그들에게도 예수님의 십자가의 삶을 살 것을 요구했다. 그들을 향한 종속의 명령은 상호적이다. "남편들아 아내를 사랑하며……아비들아 너희 자녀를 노엽게 하지 말지니……상전들아 의와 공평을 종들에게 베풀지니……"(골 3:19-4:1).

지배하는 위치에 있는 사람에게 한 이 명령은 복종이라는 말을 사용하지 않았다고 반박할 사람들이 있을 것이다. 그러나 당시의 문화 상황에서 이 명령의 말씀은 대단히 강경한 것이었음을 알아야 한다. 왜냐하면 1세기에 남편과 아비와 상전이 바울의 이 명령에 순종한다는 것은 행동에 극적인 변화를 가져오는 것이었기 때문이다. 1세기에 아내와 자녀와 종은 바울의 명령을 따르는 데 별로 변화할 것이 없었다. 바울의 교훈이 일침을 가한 것은 지배적 위치에 있는 사람들이었다.[6]

더 나아가 우리는, 남편과 아비와 상전을 향한 그 명령은 자기 부인의 또 다른 형태라는 것을 알 필요가 있다. 그 명령은 동일한 진리를 전달하는 또 다른 형태에 불과하다. 즉 우리가 일을 우리의 욕심대로만 할 수 있다는 생각에서 놓여나 자유케 될 수 있다는 말이다.

남편이 아내를 사랑한다면 아내의 필요를 배려하는 생활을 할 것이다. 남편은 아내에게 기꺼이 양보하며, 또 아내에게 기꺼이 봉사한다. 남편은 아내를 우선적으로 생각할 것이다. 남편은 자신의 필요보다 아내를 더 중요하게 여길 자유가 생길 것이다. 또한 자신의 필요보다 자녀들을 더 중요하게 여길 수 있을 것이다(빌 2:3).

에베소서에서 바울은 종들에게 기쁘고 자원하는 마음으로 상전을 섬기는 생활을 하라고 권고했다. 그리고 이어서 상전들에게는, "너희도 그들에게 이와 같이 하고"(엡 6:9)라고 권고했다. 이런 사랑은 1세기 사회에서는 믿을 수 없는 것이었다. 당시 종들은 인간이 아니라 가재(家財)로 간주되었다. 그러나 바울은 신적 권위를 가지고 상전들에게 종들의 필요에 굴복하라고 권고했다.

혁명적인 종속 관계에 대한 가장 적절한 실례는 바울의 짧은 서신 빌

---

[6] John Howard Yoder, *The Politics of Jesus* (Grand Rapids, MI : Eerdmans, 1972), pp. 181-182.

레몬서에 나타난다. 빌레몬에게서 도망쳤던 종 오네시모가 그리스도인이 되었다. 오네시모는 그가 그리스도의 제자가 된 증거로서 자원하여 빌레몬에게로 돌아간다. 이때 바울은 빌레몬에게 오네시모를 "종과 같이 대하지 아니하고 종 이상으로 곧 사랑받는 형제로"(몬 16절) 맞이하라고 촉구했다. 존 요더는 다음과 같은 말을 했다.

"바울이 빌레몬에게 한 지시는 강제적인 것이 아니었으며, 한 그리스도인 형제를 위한 적합한 지시였다.……오네시모가 자유케 되어야 한다는 지시인 것이다."[7] 오네시모는 다시 돌아감으로써 빌레몬과 종속 관계를 갖게 되었다. 빌레몬은 오네시모를 자유케 함으로써 오네시모와 종속 관계를 갖게 되었다. 둘은 그리스도를 경외함으로 피차 종속 관계를 갖게 되었다(피차 복종하는 관계를 갖게 되었다(엡 5:21).

서신서들은 기존의 계급적인 사회 구조를 신성시하지 않았다. 서신서들은 모든 사람이 서로 종속 관계에 있다는 명령을 함으로써 그것을 상대화하고 무너뜨렸다. 서신서들은 그리스도인들에게 새 질서의 시민으로 생활할 것을 요구했다. 그 새 질서의 근본적인 특징은 모든 사람이 서로 종속 관계에 있다는 것이다.

복종의 한계

복종 훈련의 한계는 그 행위가 파괴적으로 되는 지점에 있다. 그 지점에 이르게 되면, 예수님이 가르치신 사랑의 법을 부인하고, 진정한

---

[7] Ibid., p. 181.

성경의 복종 정신을 거스른다(마 5–7장 참조, 특히 22:37–39 참조).

베드로는 그리스도인들에게 국가에 절대적으로 복종할 것을 요구했다. "인간의 모든 제도를 주를 위하여 순종하되 혹은 위에 있는 왕이나 혹은……총독에게 하라"(벧전 2:13–14). 그러나 당시의 정부가 초기 교회에 대하여 그리스도를 선포하는 일을 중지하라고 명령했을 때, 베드로는 다음과 같이 대답했다.

"하나님 앞에서 너희의 말을 듣는 것이 하나님의 말씀을 듣는 것보다 옳은가 판단하라 우리는 보고 들은 것을 말하지 아니할 수 없다"(행 4:19–20). 비슷한 상황에서 베드로는 이렇게 말했다. "사람보다 하나님께 순종하는 것이 마땅하니라"(행 5:29).

바울은 예수님의 십자가의 삶을 이해하고 다음과 같이 말했다. "각 사람은 위에 있는 권세들에게 복종하라"(롬 13:1). 그러나 바울은 하나님이 정하신 의를 당국이 이행하지 않는 것을 보았을 때 그 사실을 해명하고 잘못을 시정하라고 주장했다(행 16:37).

이 사도들이 자기 부인과 복종의 원리에 어긋나는 행동을 했는가? 그렇지 않다. 그들은 복종이 파괴적으로 될 때에는 한계에 이른 것임을 알았다. 사실상 그들은 파괴적 명령을 거부하고 거기에 따르는 고난도 기꺼이 각오함으로써 혁명적인 복종 정신을 실증했다. 독일의 사상가 요한네스 하멜은, 복종에는 "어떤 특별한 상황에서 고난을 각오한 거부와 항거의 가능성"[8]이 내포되어 있다고 말했다.

때로는 복종의 한계를 알기 쉽다. 어머니가 자녀에게 불합리한 징벌

---

8) Ibid., p. 186.

을 하도록 요구받은 경우, 어린이가 어른을 도와 불법적인 행동을 하도록 요구받은 경우, 시민이 국가를 위해 성경과 양심의 명령을 위배하도록 요구받는 경우, 이런 경우에 제자는 오만한 자세가 아니라 온유하고 복종하는 자세로 거부해야 한다.

그러나 복종의 한계를 알기가 극히 어려운 때도 있다. 배우자가 상대방의 직업 때문에 개인적인 성취에 방해를 받고 속박을 느끼는 경우는 어떻게 해야 할까? 이것은 정당한 자기 부인인가, 아니면 파괴적인 것인가? 교사가 학생에게 부당한 점수를 주는 경우는 어떻게 해야 할까? 순복해야 하는가 아니면 저항해야 하는가? 고용주가 정실情實관계에 근거하여 고용인을 승진시키는 경우는 어떻게 해야 할까? 가족의 생활을 위해 임금 인상이 요구되는 경우 그 고용인은 어떻게 해야 할까?

이런 문제는 대단히 복잡하다. 인간관계가 복잡하기 때문이다. 이런 문제는 간단하게 대답할 수 있는 성질의 것이 못 된다. 모든 상황을 총망라하여 간단하게 해답을 해주는 복종의 법칙이 있는 것은 아니다. 우리는 모든 상황을 다루는 데 도움이 되는 모든 법칙을 아주 신중하게 생각해야 한다. 결의론적決意論的 윤리는 항상 실패한다.

복종의 한계를 규명하는 데 있어서 우리가 성령에 깊이 의존하고 있다는 말은 쟁점을 회피하는 말이 아니다. 만약 우리가 인생의 모든 상황을 총망라하여 해답해 주는 책을 가지고 있다면 성령을 의지할 필요가 없을 것이다.

성령은 마음의 생각과 의도를 정확하게 분별하시는 분이다. 성령은 우리의 현재의 스승과 예언자가 되시는 분이다. 그러므로 성령은 모든 상황에서 우리들이 할 바가 무엇인지를 가르쳐 주신다.

복종의 행위

복종과 섬김은 동시에 작용한다. 그러므로 복종의 실제적인 표현의 많은 부분은 다음 장 '섬김의 훈련'에 나오게 된다. 그러나 여기에서 일곱 가지 행위를 간단히 언급하고자 한다.

첫째, 복종의 행위는 삼위일체 하나님을 향한 것이다. 하루를 시작하기 전에 우리는 먼저 성부와 성자와 성령 앞에 찬송가 가사처럼 '고요히 엎드린다.' 우리의 하루의 첫 마디 말은 토마스 아 켐피스의 다음과 같은 기도로 이루어져야 한다.

"주님의 뜻을 따라, 주님이 원하시는 일을, 주님이 원하시는 때에 행하겠나이다."[9]

우리는 우리의 몸과 마음과 정신을 주님의 뜻을 위해 바쳐야 한다. 그래서 우리의 하루는 내적 굴복이 계속적으로 분출되는 복종의 행동으로 생활하는 하루가 되어야 한다. 아침의 첫 마디의 말이 복종의 말이어야 하는 것과 마찬가지로, 밤의 마지막 말도 역시 복종의 말이어야 한다. 우리는 하나님께서 긴 밤 내내 그가 기뻐하시는 대로 하시도록 우리의 몸과 마음과 정신을 하나님의 손에 맡겨야 한다.

둘째, 복종의 행위는 성경에 대한 것이다. 살아 있는 하나님의 말씀(예수님)에 복종해야 하는 것과 마찬가지로, 기록된 하나님의 말씀(성경)에도 역시 복종해야 한다. 우리는 먼저 말씀을 듣기 위해 복종해야 하

---

[9] Kempis, op. cit., p. 172.

고, 그 다음에는 말씀을 받아들이기 위해 복종해야 하며, 또 그 다음에는 말씀에 순종하기 위해 복종해야 한다. 우리는 영감으로 성경을 기록하게 하신 성령이 성경을 우리에게 해석하고 적용하시기를 기대해야 한다. 성령으로 말미암아 생명 있는 기록된 말씀이 하루 종일 우리와 함께 살아 있어야 한다.

셋째, 복종의 행위는 우리의 가족에 대한 것이다. 다음 말씀이 가족을 위한 좌우명이 되어야 한다. "각각 자기 일을 돌볼 뿐더러 또한 각각 다른 사람들의 일을 돌보아"(빌 2:4). 가족은 너그럽게 그리고 은혜롭게 서로 배려해야 한다. 일차적인 복종의 행위는 다른 식구의 말에 귀를 기울이는 데 있다. 그 결과 기꺼이 나누는 일이 이루어지는데, 이 일 자체도 복종의 일이다.

넷째, 복종의 행위는 우리의 이웃과 일상생활에서 만나는 사람들에 대한 것이다. 우리의 선한 생활은 이웃 사람들 앞에서 이루어진다. 이웃이 어려움에 처해 있을 때 우리는 그들을 돕는다. 우리는 작은 친절이나 평범한 이웃의 행위를 한다. 음식을 나누어 준다든지, 아기를 돌봐 준다든지, 잔디를 깎아 준다든지, 대소사에 찾아 준다든지, 도구를 빌려 준다든지 등의 일을 하는 것이다. 너무 사소한 일은 없다. 작은 일 하나하나가 복종을 생활화하는 기회가 되기 때문이다.

다섯째, 복종의 행위는 그리스도의 몸인 신자들의 공동체에 대한 것이다. 해야 할 일이 있다든지 혹은 이루어야 할 과업이 있을 경우에, 우리는 그것이 하나님께서 십자가의 삶으로 초청하시는 것인지를 자세히 살펴보아야 한다. 우리는 모든 일을 다 할 수는 없지만 몇 가지 일은 할 수 있다. 때에 따라서는 그 일들이 조직의 성격을 가진 일인 때도 있기는 하지만, 많은 경우 작은 섬김을 위한 기회가 된다. 때에 따라서는 보편 교회를 섬기도록 부름을 받게 되는 일도 있다. 만약 그 사역이 우리의 마음에 확증되는 것이라면 확신과 공손한 태도를 가지고 거기에 순복할 수 있다.

여섯째, 복종의 행위는 상처받은 사람이나 멸시받는 사람에 대한 것이다. 어느 사회든지 과부와 고아들이 있다. 즉 보호받지 못하는 사람들이 있다는 말이다(약 1:27). 우리의 첫째 책임은 이들과 함께 하는 것이다. 13세기의 앗시시의 프랜시스나 20세기의 가가와처럼, 우리는 짓밟히고 멸시받는 사람들과 동일시하는 방법을 찾아야 한다. 여기에서 우리는 십자가의 삶을 살아야 한다.

일곱째, 복종의 행위는 세계에 대한 것이다. 우리는 상호 의존하는 국제 공동체 안에 살고 있다. 우리는 고립하여 살아갈 수 없다. 환경에 대한 책임은 전 세계 사람들에게 영향을 끼칠 뿐만 아니라 앞으로 태어날 세대에도 영향을 끼친다. 굶주리는 나라들은 우리에게 영향을 끼치고 있다. 우리의 복종의 행위는 갈수록 책임감을 잃어가는 세계에서 책임을 감당하는 일원으로 살기를 결심하고 행하는 것이다.

끝으로 하는 말

우리 시대는 권위와 관련된 복종의 문제가 특별히 문제가 되고 있다. 지금 말하는 것은 내가 거듭거듭 되풀이하여 보아 온 현상이다. 영적인 세계에 접근하다 보면, 예수께서 권위에 대하여 세상 사람들이 생각하는 방식과는 다르게 가르치셨음을 알게 된다. 그들은, 권위는 인간의 지위나 학위, 직함 또는 어떤 외적인 것에 있지 않다는 것을 알게 된다. 그리스도의 길은 전혀 다르다. 영적인 권위의 길이다. 영적인 권위는 하나님이 부여하고 지속시키신다. 인간의 제도는 이 권위를 인정할 수도 인정하지 않을 수도 있다. 그것은 아무 상관이 없다. 영적인 권위를 가진 사람은 외적 권위의 지위를 가질 수도 있고 가지지 않을 수도 있다. 이것도 역시 아무 상관이 없다.

영적인 권위는 동정과 능력으로 특징이 드러난다. 성령 안에서 행하는 사람들은 그것을 즉각적으로 알 수 있다. 그들은 영적인 권위 안에서 주어진 말에는 복종이 마땅함을 의심의 여지없이 안다.

그러나 여기에서 어려운 문제가 발생한다. 권위 있는 지위에 있기는 하지만 영적인 권위를 소유하지 못한 사람들에 대해서는 어떻게 할 것인가 하는 문제이다. 예수께서는 지위가 권위를 주는 것은 아님을 분명히 하셨는데, 우리가 그런 사람들에게 복종해야 하는가? 우리는 인간이 정한 모든 권위를 무시하고 영적인 권위에만 복종해야 하는가? 성령의 길을 따라 행하기를 진심으로 원하는 사람들에 의해 제기되는 의문이 바로 이러한 것이다. 이러한 의문은 당연한 것이고 적절한 해답이 강구되어야 한다.

이 의문에 대한 해답이 간단한 것은 아니지만 그렇다고 불가능한 것도 아니다. 혁명적인 복종은 인간의 권위가 파괴적인 데 이르기 전에는 그 권위에 복종하는 삶을 살도록 명령한다.10) 베드로와 바울은 이방 국가에 복종할 것을 요구했는데, 그것은 인간적 제도에서 오는 큰 유익을 알고 있었기 때문이다. 나는 종종 우리가 간과하는 많은 지혜를 인간적인 권위자들이 갖고 있는 것을 보았다.

영적 권위를 알지 못하면서 권위 있는 지위에 있는 사람들에게 복종해야 하는 이유를 또 하나 들고자 한다. 우리는 일반적인 예의를 따라서 그렇게 복종해야 하며 또 심히 어려운 입장에 있는 그 사람을 동정하는 마음에서 복종해야 한다. 나는 그런 어려운 처지에 있는 사람을 깊이 동정한다. 나 자신이 그런 입장에 있던 때가 여러 번 있었기 때문이다.

권위 있는 지위에 있기는 하지만 영적 권위를 행사할 만큼 신앙의 뿌리가 깊지 않다는 것을 알 때는 심한 좌절을 느끼게 된다. 그러한 초조한 감정이 거드름을 피우고 우쭐대도록 하며, 또한 영리한 수단을 모색하여 다른 사람들을 조종하고 복종하게 한다는 것도 알고 있다. 이런 사람에 대하여 조소를 보내고 그 권위를 무시하기는 쉬울지 모르나 나는 그렇게 하지 않는다. 오히려 그들을 위해 눈물을 흘린다. 왜냐하면 그런 모순 속에서 참고 살아야 하는 그 내적 고통과 어려움을 알기 때문이다.

한 걸음 더 나아가 우리는 그들에게 새 능력과 새 권위가 채워지도록 기도할 수 있다. 또한 그들의 친구가 되어 우리가 할 수 있는 모든 방법으로 도와줄 수 있다. 우리가 만약 그런 사람 앞에서 십자가의 삶을 산다면, 곧 그런 사람의 영적 능력이 커지는 것을 발견할 수 있으며, 우리 자신도 영적 능력이 커지는 것을 발견할 수 있을 것이다.

---

10) '복종의 한계' 항목을 보기 바란다.

섬김의 훈련

당신이 예언자의 일을 하려면, 당신에게 필요한 것은 홀이 아니라 괭이라는 교훈을 터득하기 바란다 _ 클레르보의 베르나르

    십자가가 복종의 증표인 것처럼 수건은 섬김의 증표이다. 예수께서 제자들을 모아 최후의 만찬을 베푸셨을 때 그들은 누가 제일 크냐 하는 문제로 다투었다. 이 문제는 제자들에게 새로운 것이 아니었다. "제자 중에서 누가 크냐 하는 변론이 일어나니"(눅 9:46). 누가 제일 크냐 하는 문제가 제기될 때에는 언제나 누가 제일 작은가 하는 문제도 제기되기 마련이다. 바로 여기에 이 문제의 난점이 있다. 우리 대부분은 우리가 제일 큰 자가 될 수 없다는 것은 알고 있지만, 제일 작은 자가 되는 것도 원치 않는다.

    유월절 잔치에 모인 제자들은 누군가가 다른 사람들의 발을 씻길 필요가 있다는 것을 잘 알고 있었다. 그런데 문제는 발을 씻기는 사람이

제일 작은 자라는 것이었다. 그래서 그들은 더러운 발 그대로 앉아 있었다. 문제는 아픈 곳이었기 때문에 제자들은 그것에 대해 거론조차 하지 않았다. 누구도 제일 작은 자로 간주되기를 원치 않았던 것이다. 이때 예수께서 수건과 대야를 가져다가 발을 씻겨 주셨다. 그리하여 예수님은 누가 크냐 하는 문제에 대한 정의를 다시 내리셨다.

예수님은 제자들 앞에서 종의 도를 실행하신 후 그들에게 섬김의 삶을 살 것을 요청하셨다.

"내가 주와 또는 선생이 되어 너희 발을 씻었으니 너희도 서로 발을 씻어 주는 것이 옳으니라 내가 너희에게 행한 것같이 너희도 행하게 하려 하여 본을 보였노라"(요 13:14–15).

어떤 면에서 우리는 다른 사람의 발을 씻기라는 예수님의 말씀보다 복음을 위해 부모나 집이나 전토를 버리라는 말씀을 더 좋아할 것이다. 철저한 자기 부인은 모험을 한다는 느낌을 준다. 즉 우리가 모든 것을 다 버린다면 영광의 순교의 기회까지 가질 수 있다. 그러나 남을 섬기는 일에서는 우리가 자신을 버리고 죽는 작은 죽음의 경험을 수없이 경험해야 한다. 섬김은 우리를 세상적이고 평범하며 사소한 자로 전락하게 만드는 것이다.

그러나 '섬김의 훈련'에도 역시 큰 자유가 있다. 섬김은 우리로 세상의 승진과 권위 획득 게임에 대하여 "아니오!"라고 말할 수 있도록 한다. 섬김은 '지배 서열'에 대한 우리의 바람이나 욕구를 없애준다. 지배 서열이라는 말이 우리를 얼마나 잘 보여주는가! 우리는 얼마나 닭을 닮았는지! 닭장 속의 닭들은, 누가 제일 크고 누가 제일 작은가 하는 문제가 결정되기 전에는, 또 그 중간의 모든 서열이 명백하게 결정되기 전에는 평화가 없다. 인간의 단체에서도 지배 서열이 명백하게 정해지기 전에는 오랜 결속이 지속될 수 없다. 사람들이 앉는 좌석 배치를 보아도 이 사실을 알 수 있다. 또한 사람들이 걸을 때 서로 어떤 관계를 취하는지를 보아도 이 사실을 알 수 있다. 또한 두 사람이 대화할 때 누가 항상 양보하는지, 어떤 일을 할 때 누가 앞서고 누가 뒤서는지를 보아도 그 사실을 알 수 있다. 이런 것들은 인간 사회의 표면에 드러나 있다.

리더십이나 권위에 대한 생각을 모조리 없애야 한다는 것은 아니다. 사회학자들은 누구나 그런 일이 불가능함을 금방 증명할 수 있다. 예수님과 제자들 가운데서도 리더십과 권위는 쉽게 찾아볼 수 있다. 요점은 예수께서 리더십에 대한 정의를 완전히 새롭게 하셨고 권위의 서열을 새롭게 하셨다는 것이다.

예수께서 모든 사람이 동등한 권위를 갖고 있다고 가르치지는 않으셨다. 예수님은 진정한 영적 권위에 대하여 말할 것이 많았으며 그런 권위를 지닌 사람은 많지 않다고 가르치셨다. 그러나 예수님이 말씀하신 권위는 지배 서열의 권위는 아니다. 우리는 예수께서 이 문제에 대하여 가르치신 교훈의 근본 의미를 잘 이해해야 한다. 많은 사람들이 생각하는 것처럼, 예수께서는 지배 서열을 거꾸로 바꾸어 놓은 것이 아니라 그것을 철폐하셨다. 예수께서 말씀하신 권위는 조종하고 지배하는 지위의 권위가 아니라 기능의 권위였다.

예수님은 선언하셨다. "이방인의 집권자들이 그들을 임의로 주관하고 그 고관들이 그들에게 권세를 부리는 줄을 너희가 알거니와 너희 중에는 그렇지 않아야 하나니"(마 20:25-26). 예수님은 당시의 지배 서열 제도를 전적으로 배격하셨다. 그렇다면 제자들 가운데는 어떤 권위가 있어야 했던가? "너희 중에 누구든지 크고자 하는 자는 너희를 섬기는 자가 되고……인자가 온 것은 섬김을 받으려 함이 아니라 도리어 섬기려 하고"(마 20:26-28). 그러니까 예수님이 말씀하신 영적 권위는 지위나 혹은 직함에서 찾는 권위가 아니라 수건에서 찾는 권위이다.

자기 의에서 나온 섬김 vs 참된 섬김

참된 섬김을 이해하고 실천하려면 자기 의에서 나온 섬김과 명확하게 구분해야 한다.

자기 의에서 나온 섬김은 인간의 노력을 통해 온다. 이것은 어떻게 섬길지를 계산하고 계획하는 데 막대한 힘을 소비한다. 사회학적인 도표와 조사를 바탕으로 사람들을 돕는다. 그러나 진정한 섬김은 내면 깊은 곳에 계시는 거룩하신 분과의 관계에서 온다. 우리는 내면 깊은 곳에서 속삭이는 음성, 즉 신적 충동에 의하여 섬긴다. 힘이 소비되기는 하지만 그 힘은 육신의 격한 힘이 아니다. 토머스 켈리는 다음과 같이 기록했다.

"나는 주님께서 우리를 결코 참을 수 없을 숨 가쁜 열기로 인도하시지 않는다는 것을 알고 있다."[1]

자기 의의 섬김은 거창한 것에 관심을 가지며 교회에서 좋은 점수를 얻는 데에 관심을 갖는다. 자기 의의 섬김은 특히 그 섬김이 거창한 것일 때 섬기기를 즐겨한다. 그러나 진정한 섬김은 작은 섬김과 큰 섬김을 거의 구분하지 못한다. 혹시 구분이 될 경우에 진정한 종은 흔히 작

---

[1] Thomas R. Kelly, *A Testament of Devotion* (New York : Harper & Brothers, 1941), p. 124.

은 섬김에 끌린다. 그것은 거짓된 겸손 때문이 아니라 작은 섬김을 중요한 섬김으로 보기 때문이다. 그는 섬길 수 있는 모든 기회를 아무 차별 없이 환영한다.

자기 의의 섬김은 외적 보상을 요구한다. 사람들이 그 노력을 보고 칭찬하는 것을 알기 원한다. 자기 의의 섬김은 인간의 찬사를 추구한다. 그러나 진정한 섬김은 숨은 섬김을 만족하게 여기며 다른 사람의 주목을 무서워하지도 않고, 또 다른 사람의 주목을 추구하지도 않는다. 진정한 섬김은 내면 깊은 곳에 계시는 분의 지시에 의하여 실행되는 것이기 때문에 오직 그분이 인정해 주시는 것으로 만족할 수 있다.

자기 의의 섬김은 결과에 대하여 지대한 관심을 가지며, 섬김을 받은 사람으로부터 같은 보답이 돌아오기를 열심히 기다린다. 자기 의의 섬김은 결과가 기대 이하일 때는 미움을 갖는다. 그러나 진정한 섬김은 결과를 계산할 필요가 없으며 섬김 그 자체를 기뻐할 뿐이다. 진정한 섬김은 친구는 물론 원수들까지도 섬길 수 있다.

자기 의의 섬김은 누구를 섬길지 그 대상을 선택한다. 때로는 높은 지위에 있고 권세를 가진 사람만 섬긴다. 그렇게 할 때 이득이 보장되기 때문이다. 때로는 낮은 사람이나 어려운 사람을 섬기기도 한다. 그렇게 할 때 겸손을 내세울 수 있기 때문이다. 그러나 진정한 섬김은 차별을 두지 않는다. 진정한 섬김은 "뭇 사람(모든 사람)을 섬기는 자가 되어야 하리라"(막 9:35)는 예수님의 명령을 청종한다. 앗시시의 프랜시스는 한 편지에서 다음과 같은 말을 기록했다.

"나는 모든 사람의 종이기 때문에 모든 사람을 섬겨야 하고 치료의 효험을 가진 주님의 말씀을 가지고 받들어야 한다."[2]

자기 의의 섬김은 기분과 마음의 지배를 받는다. 섬길 기분이 내켜야 섬긴다. 건강이 좀 좋지 않다든지 혹은 잠이 부족하다든지 하는 등의 일이 섬길 마음을 지배한다. 그러나 진정한 섬김은 필요가 있기 때문에 단순하게 그리고 성실하게 섬긴다. 진정한 섬김은 섬길 기분이 흔히 진정한 섬김에 방해가 된다는 것을 알고 있다. 진정한 섬김은 기분이 섬김을 지배하는 것을 허락하지 않고 섬김이 기분을 훈련하도록 한다.

자기 의의 섬김은 일시적이다. 이것은 특별한 섬김이 수행되고 있는 동안만 섬긴다. 섬김을 마친 후에는 안이하게 된다. 그러나 진정한 섬김은 생활 방식이다. 진정한 섬김은 생활 방식에서 나온 행동이며 자연 발생적으로 솟아나서 인간의 욕구를 충족시킨다.

자기 의의 섬김은 지혜가 없다. 이것은 섬김이 파괴적인 결과를 가져오는 때에도 필요를 충족시키기를 고집한다. 자기 의의 섬김은 도울 기회를 요구한다. 그러나 진정한 섬김은 자유롭게 섬길 수도 있고 보류할 수도 있다. 진정한 섬김은 행동하기 전에 온유한 마음과 인내를 가지고 음성을 들을 수 있다. 고요한 가운데 기다림으로써 섬길 수 있다. "서서 기다리는 사람만이 봉사할 수 있다."[3]

자기 의의 섬김은 공동체에 금이 가게 한다. 종교적 장식을 모두 제거하고 보면 그것은 결국 개인의 영광에 중심을 두고 있다. 그러므로 자기 의의 섬김은 다른 사람을 이용한다. 또한 가장 교활하고 파괴적인 조종 수단 가운데 하나이다. 반대로 진정한 섬김은 공동체를 튼튼하게

---

2) St. Francis of Assisi, *Selections from the Writings of St. Francis of Assisi* (Nashville : Upper Room Press, 1952), p. 25.

3) John Milton, *The Complete Works of John Milton* (New York : Crown, 1936), p. 614.

만든다. 진정한 섬김은 조용한 가운데 아무 가식 없이 다른 사람들의 필요를 돌보기를 힘쓴다. 진정한 섬김은 끌어 주고 싸매어 주며 치료해 주고 그리고 튼튼하게 해준다.

섬김과 겸손

겸손의 미덕은 다른 어떤 방법보다도 섬김의 훈련을 통하여 우리의 삶 속에 이루어진다. 모두 아는 바와 같이 겸손은 추구한다고 얻어지는 미덕이 아니다. 겸손은 추구하면 할수록 우리에게서 멀어진다. 겸손을 소유했다고 생각하는 것은 겸손을 소유하지 못했다는 확실한 증거다. 그래서 대부분은 이 소중한 미덕을 얻기 위해 할 수 있는 일은 아무것도 없다고 여기고 아무것도 하지 않는다.

그러나 우리가 할 수 있는 일이 있다. 언젠가는 겸손이 우리의 머리 위에 떨어지기를 바라며 힘없이 살아갈 필요는 없다. 모든 고전적인 '영적 훈련' 가운데서 섬김이 겸손의 성장에 가장 큰 도움이 된다. 우리가 다른 사람의 유익에 역점을 두는 행동 방향을 선택할 때, 그리고 그 행동이 대부분 숨겨져 있을 때, 우리의 심령 속에 큰 변화가 발생한다.

섬김만큼 육신의 절제 없는 욕망을 훈련시키는 것은 없다. 그리고 숨은 섬김만큼 육신의 욕망을 변화시키는 것도 없다. 육신은 섬김에 대하여 불평한다. 특히 숨은 섬김에 대해서는 더욱 불평하고 비명을 지르기까지 한다. 육신은 명예를 얻고 인정받기 위해 애쓰며 자신의 섬김을 다른 사람들이 주목하게 하기 위해 교활한 수단을 모색한다. 이 육신의 정욕에 굴복하기를 단호하게 거부하려면, 육신을 십자가에 못 박아야 한다. 육신을 십자가에 못 박을 때마다 우리의 자랑과 교만을 십자가에 못 박게 된다.

사도 요한은 이렇게 기록했다. "이는 세상에 있는 모든 것이 육신의 정욕과 안목의 정욕과 이생의 자랑이니 다 아버지께로부터 온 것이 아니요 세상으로부터 온 것이라"(요일 2:16). 우리가 이 말씀의 의미를 제대로 이해하지 못하는데, 그것은 이것을 모두 성적인 죄에 귀속시키려는 경향이 있기 때문이다. '육신의 정욕'이란 인간의 본래적 열정을 우리의 지배 아래 두지 못하는 것을 말한다. 도드는 '안목의 정욕'이란 "겉으로 보이는 것에 사로잡히는 성향"을 가리킨다고 했다. '이생의 자랑'은 "허세를 부리는 이기주의"[4]라고 정의했다.

여기에서 공통점을 발견할 수 있다. 그것은 하나님을 의지하지 않고 인간의 타고난 힘과 능력에 심취하는 것이다. 바로 이것이 육신의 활동이다. 육신은 겸손과는 전적으로 배치되는 적이다.

이런 인간의 열정을 막기 위해서는 날마다 엄격한 훈련을 해야 한다. 육신은 자기에게 아무 권한도 없다는 고통스러운 교훈을 터득해야 한다. 이 자기 낮춤을 달성하게 하는 것은 숨은 섬김이다.

윌리엄 로는 그의 저서 『경건하고 거룩한 생애로의 초대』를 통하여 18세기 영국에 지대한 영향을 끼쳤다. 이 저서에서 그는 하루하루를 겸손의 날로 여기라고 촉구했다. 하루하루를 겸손의 날로 만들려면 어떻게 해야 할까? 다른 사람을 섬기는 법을 배움으로써 그렇게 할 수 있다. 로는 겸손을 삶에 실천하게 하는 것은 '섬김의 훈련'이라고 이해했다.

---

4) C. H. Dodd, quoted in william Barclay, *The Letters of John and Jude* (Philadelphia : The Westminster Press, 1960), pp. 69-69.

그는 겸손하려면 다음과 같이 하라고 했다.

> ……낮아져서 이웃의 모든 연약함과 결점과 함께 하고 그들의 약함을 가려주고, 그들의 좋은 점을 사랑하고, 그들의 미덕을 격려하고, 그들의 부족한 것을 도와주고, 그들의 번영을 기뻐하고, 그들의 고통을 동정하며, 그들의 우정을 받아들이고, 그들의 불친절을 묵과하고, 그들의 악의를 용서하고, 종들의 종이 되며, 스스로를 낮추어 가장 낮은 사람들을 위한 가장 낮은 직무를 수행하라.5)

날마다 육신을 쳐서 훈련한 결과 겸손의 은혜가 찾아온다. 겸손은 부지중에 우리를 찾아온다. 겸손이 우리에게 존재한다는 것을 자각하지 못해도 우리는 삶에서 새로운 향기와 기쁨을 느낄 수 있다. 우리의 활동에 자신감이 붙는 것을 보고 놀라게 된다. 삶의 요구들은 과거와 다름없이 항상 많지만 이제 허둥댐 없는 새로운 평화를 느끼며 산다. 과거에 우리가 시기했던 사람들도 이젠 동정심을 가지고 바라본다. 이제는 그들의 지위만을 바라보는 것이 아니라 그들의 고통을 바라보기 때문이다. 또한 과거에는 지나쳐 버렸던 사람들도 이제는 새로운 눈으로 바라보고 그들을 기뻐한다. 버림받은 사람들과 동일시하는 새로운 정신을 갖게 된다. "만물의 찌꺼기같이 된"(고전 4:13) 사람들에게 말이다.

우리 안에서 일어나는 변화 이상의 것이 있다. 우리는 하나님 안에서 더 깊은 사랑과 기쁨을 알게 된다. 하루하루의 생활에서 절로 찬양이 흘러나온다. 기쁨으로 몰래 섬기는 일은 행동으로 나타나는 감사의 기

---

5) William Law, *A Serious Call to a Devout and Holy Life* (Nashville : Upper Room Press, 1952), p. 26.

도다. 우리는 이제 새로운 통제 센터의 지시를 받는다.

그렇지만……

진지하게 섬김을 생각할 때 망설임이 따르는 것은 자연스럽고 이해할 수 있는 일이다. 이 망설임은 신중함에서 오는 것이다. 어떤 훈련에든 돌입하기 전에 먼저 그 대가를 헤아려 보는 것이 지혜로운 일이기 때문이다. 우리는 '내가 그 일을 하면 사람들이 나를 이용하고 나를 짓밟을 것이다.' 등과 같은 두려움을 경험하게 된다.

바로 여기에서 우리는 섬김을 택하는 것과 종이 되기를 택하는 것 사이의 차이를 구분해야 한다. 섬김을 선택할 때 우리는 여전히 결정권을 갖고 있다. 즉 우리는 누구를 섬길 것인지 또한 언제 섬길 것인지를 우리 자신이 결정한다. 그리고 우리가 결정권을 가지고 있을 경우에는, 누가 우리를 짓밟을까봐, 즉 누가 우리의 결정권을 빼앗아 갈까봐 크게 염려하게 된다.

그러나 종이 되기를 선택할 때에는 결정권을 포기하게 된다. 여기에 큰 자유가 있다. 우리가 자원하여 이용당하기를 선택할 경우에는 남에 의하여 조종된다는 것이 의미가 없게 된다. 종이 되기를 선택할 때 우리는 누구를 섬길지 또 언제 섬길지를 결정하는 결정권을 포기한다. 우리는 다른 사람에게 사용될 수 있는 처지에 있게 된다.

노예의 입장을 생각해 보자. 노예는 삶의 모든 것을 노예의 견지에서 본다. 노예는 자신이 자유하는 사람과 같은 권리를 소유하고 있다고 생각하지 않는다. 그러나 그 노예가 그것을 자원하지 않을 경우에는 그 일이 참혹한 것이 되고 인간성을 빼앗는 것이 된다.[6] 그 노예가 노예의 신분을 자유의사로 선택했을 경우에는 문제가 달라진다. 즉 자원하여 봉사하는 일은 큰 기쁨이 된다.

우리에게는 노예란 생각하기도 어려운 일이지만, 사도 바울에게는 아무 문제가 되지 않았다. 사도 바울은 그가 그리스도의 노예가 된 것을 자주 자랑했다. 바울은 '사랑의 노예'에 대한 1세기의 개념을 많이 사용했다('사랑의 노예'는 사랑하는 마음에서 노예로 계속 머물기를 선택한 노예이다). 우리는 '노예'라는 말을 '종'이라는 말로 번역함으로써 바울의 용어를 부드럽게 만들려고 최선을 다했다. 그러나 어떤 용어를 사용하든 우리는 바울이 자유의사로 그의 권리를 포기한 것을 의미했음을 이해해야 한다.

그러므로 남에게 이용당하고 짓밟힐까봐 염려하는 두려움은 당연한 것이다. 그 일은 분명 발생할 수 있다. 그러나 자유의사로 짓밟히기를 선택한 사람에게 상처가 있을 수 없다. 토마스 아 켐피스는 우리에게 이렇게 가르쳤다. "모든 사람이 당신을 길바닥의 흙처럼 넘어가고 짓밟도록……복종하라."[7]

『성 프랜시스의 작은 꽃들』에 보면 프랜시스가 브라더 레오에게 완전한 기쁨의 의미를 가르친 재미있는 이야기가 나온다. 두 사람이 비가 내리는 추운 날에 함께 길을 걸어가고 있는데 프랜시스는 레오에게 세상 사람들이 기쁨을 가져다준다고 믿고 있는 모든 것들을 생각해 보도

---

6) 나의 박사 과정 연구의 상당 부분이 미국의 노예 제도에 관한 것이었다. 나는 본의 아닌 노예 생활이 악마와 같은 것임을 분명히 알게 되었다.
7) Thomas à Kempis, *The Imitation of Christ* (『그리스도를 본받아』, 생명의 말씀사 역간), in an anthology entitled *The Consolation of Philosophy* (New York : Random House, 1943), p. 211.

록 했다. 레오가 하나하나 말할 때마다 프랜시스는 "거기에는 완전한 기쁨이 없다."라는 말을 덧붙였다. 마침내 레오는 격분하여 물었다. "하나님의 이름으로 간청하건대, 완전한 기쁨이 어디에 있는지 가르쳐 주시오." 그러자 프랜시스는 자기 자신을 가장 낮추는 일들을 하나하나 열거했다. 그리고 그때마다 다음과 같은 말을 덧붙였다. "브라더 레오, 그 완전한 기쁨이 여기에 있다는 것을 명심하시오." 이어서 프랜시스는 레오에게 결론적인 설명을 하기 위해 다음과 같이 말했다. "그리스도께서 그의 친구들에게 주시는 성령의 모든 은혜와 은사 가운데서 가장 뛰어난 것은 자기 자신을 이기고 그리스도의 사랑을 위하여 고난과 모욕과 수치와 역경을 기꺼이 참는 것이오."[8]

오늘날 이 말을 받아들이기는 심히 어렵다(나도 역시 이 점에 대하여 경건의 거장들이 한 말을 경청하기 위해 애를 쓴다). 우리는 이러한 자세가 지나친 금욕주의와 자기 멸절 길로 들어가지 않을까 걱정한다. 교회에서 인간의 능력과 잠재력을 극도로 저평가하는 '벌레 신학'을 우리는 이제 겨우 벗어나고 있다. 섬김이 인간을 벌레로 보는 신학으로 다시 돌아가게 하는 것이 아닌가? 결코 그렇지 않다. 그러나 항상 조심하여 그 위험에 빠지지 않도록 해야 한다. 또한 그 반대 방향에서 오는 것을 경계해야 한다. 즉 본회퍼의 다음과 같은 말의 뜻에 유의할 필요가 있다.

"우리의 생활에서 금욕주의의 요소가 전혀 없다면, 또한 우리가 육신의 정욕의 고삐를 풀어 놓는다면……우리는 그리스도를 섬기는 훈련

---

8) Brother Ugolino di Monte Santa Maria, *The Little Flowers of St. Francis* (Garden City, New York : Doubleday, 1958), pp. 58-60.

이 어려워지는 것을 발견하게 될 것이다."⁹⁾

삶의 현장에서의 섬김

　섬김 가운데서 우리가 할 일을 발견하기는 하지만 섬김이 우리가 할 일의 목록이 아니다. 섬김은 윤리 규정이 아니라 생활 방식이다. 특정한 섬김의 행위를 한다는 것이 '섬김의 훈련'을 하는 삶을 사는 것과 동일하지는 않다. 실제 농구 경기에는 농구 규칙서에서 찾아볼 수 있는 것 이상의 것이 있는 것처럼, 섬김이란 특정한 섬김의 행위 이상의 것이다. 종처럼 행동한다는 것과 종이 된다는 것은 전혀 다른 의미이다. 각종 훈련이 모두 그렇듯이 섬김의 훈련을 체험하지 않고 섬김의 기술을 익힌다는 것은 불가능하다.

　그러나 섬김의 내적 성격을 강조하는 것만으로는 불충분하다. 섬김이 진정한 섬김이 되기 위해서는 우리가 살고 있는 이 세상 안에서 구체화되어야 한다. 그러므로 일상생활 속에서 섬김이 어떠한 것인지를 알아야 한다.

　먼저 숨은 섬김이 있다. 공적인 지도자들도 알려지지 않는 섬김의 일을 할 수 있다. 만약 우리의 섬김이 모든 사람들의 눈앞에서 이루어지는 것이라면 우리는 천박한 사람일 것이다. 제레미 테일러의 영적 교훈을 들어 보자.

---

9) Dietrich Bonhoeffer, *The Cost of Discipleship* (New York : Macmillan, 1963), p. 188.

"감추어지고 존경받지 않는 것을 즐거워하라. 칭찬이 없는 것에 만족하고, 업신여김을 받거나 제대로 인정받지 못해도 괴로워하지 말라……."10) 숨은 섬김은 육신을 경책하는 것으로 교만에 대하여 치명적인 타격을 가할 수 있다.

언뜻 생각하기에는 숨은 섬김은 섬김받는 사람만 위한 것같이 보인다. 그러나 그렇지 않다. 숨은 섬김은 그 사실을 전혀 알지 못하는 사람들에게도 영향을 끼칠 수 있다. 그들은 설명할 수는 없지만 사람들에 대해 보다 더 깊은 사랑과 자비를 느낄 수 있다. 만약 어떤 숨은 섬김이 그들 자신을 위한 것이었다면 그들은 보다 더 깊은 감화를 받는다. 왜냐하면 그들은 그 섬김의 근원이 볼 수 없을 정도로 깊다는 것을 알기 때문이다. 이 숨은 섬김은 모든 사람들이 자주 행할 수 있는 것이다. 숨은 섬김은 인간의 모든 공동체에 기쁨의 물결을 일으킬 수 있다.

다음에는 작은 섬김이 있다. 도르가와 마찬가지로 우리는 '과부들을 위한 속옷과 겉옷'(행 9:39 참조)을 만드는 길을 찾을 수 있다. 실화 하나를 소개한다. 내가 박사 학위 논문을 열심히 마무리하고 있던 때에 친구로부터 전화가 걸려 왔다. 그의 아내가 자동차를 가지고 나갔으니 몇 가지 용무를 도와줄 수 있느냐는 것이었다. 내심 불만스러웠지만 그만 허락하고 말았다. 서둘러 방문을 나서면서 자동차 안에서 책 읽을 기회가 있으리라 생각하고 본회퍼의 『함께 사는 생활』을 집어 들었다. 그 친구를 자동차에 태워 용무를 보도록 도와주면서 소중한 시간을 잃고 있다

---

10) Jeremy Taylor, *The Rule and Exercises of Holy Living in Fellowship of the Saints : An Anthology of Christian Devotional Literature* (New York : Abingdon-Cokesbury Press, 1957), p. 353.

는 데 대하여 내심 짜증이 났다. 마침내 그 친구가 마지막 용무를 볼 슈퍼마켓에 도착했다. 나는 친구에게 손을 흔들면서 자동차 안에서 기다리겠다고 말했다. 나는 책을 집어 들고 책갈피가 끼워져 있는 곳을 펼쳤다. 그리고 다음과 같은 글을 읽었다.

> 그리스도인들의 공동체 안에서 우리가 다른 사람을 위해 수행해야 할 두 번째 섬김은 적극적으로 도움을 주는 것이다. 이 말은 사소하고 외적인 일을 실제로 도와준다는 것을 의미한다. 사람들이 함께 사는 곳에는 어디에나 이런 일이 얼마든지 있다. 너무 훌륭해서 가장 비천한 봉사를 할 수 없는 사람은 아무도 없다. 그런 사소한 일에 다른 사람을 도와주는 것이 시간 낭비라고 걱정하는 사람은 일반적으로 자신의 일의 중요성을 너무 중대하게 생각하는 사람이다.11)

프랑수아 드 살르는, 큰 미덕과 작은 성실은 설탕과 소금과 같다고 말했다. 설탕은 탁월한 맛을 가지고 있지만 그 사용 빈도는 적다. 그러나 소금은 어디에서나 찾아볼 수 있다. 큰 미덕은 드물게 발생하지만 작은 섬김은 날마다 있어야 하는 것이다. 큰 과업은 잠시 동안의 큰 희생을 요구하지만 작은 과업은 지속적인 희생을 요구한다.

"작은 기회는……매순간 돌아온다.……만약 우리가 이 작은 일들에 충성하기 원한다면 우리 육체는 숨 쉴 겨를도 없을 것이다. 그러므로 우리는 우리의 모든 인간적 성향에 대하여 죽어야 한다. 우리가 우리의 사소한 모든 기호와 습관에서 벗어나는 자유를 가지려면 아무리 고통

---

11) Dietrich Bonhoeffer, *Life Together* (New York : Harper & Row, 1952), p. 99.

스럽다 할지라도 하나님께 대한 헌신을 백 배나 해야 할 것이다."12)

영의 세계에서 진정한 문제는 생활의 심히 작고 사소한 구석에 있다는 것을 곧 발견하게 된다. 우리는 거창한 것에 빠져 있기 때문에 이 사실을 보지 못한다. 작은 일을 섬기면 우리의 태만과 게으름이 물러가게 된다. 우리는 작은 일이 핵심 문제라는 것을 알게 된다. 페늘롱은 이렇게 썼다. "작은 일을 멸시하는 것은 영이 고상하기 때문이 아니다. 오히려 그 반대로, 시야가 너무 좁아서 그렇게도 중대한 결과를 가지고 오는 일을 작게 여기는 것이다."13)

이번에는 다른 사람들의 명성을 보호해 주는 섬김을 보기로 하자. 클레르보의 베르나르는 이것을 '자선'의 섬김이라고 했다. 우리가 험담과 뒷공론에서 구출받으려면 이 섬김이 꼭 필요하다. 사도 바울은 "남을 헐뜯지 말라"(딛 3:2-현대인의 성경)고 훈계했다. 험담을 온갖 종교적 모습으로 옷 입힐지 모르지만 독소는 그대로 있다. 우리의 혀를 다스리는 훈련을 해야 한다. 혀는 우리의 내부에 놀라운 일을 이룰 수 있다.

또한 우리는 다른 사람을 중상하는 말에 가담해서는 안 된다. 우리 교회는 교역자들에 대해서 지켜야 할 규칙이 있다. 어떤 교인이든 한 교역자 앞에서 다른 교역자를 비난하는 말을 하지 않도록 해야 한다는 것이다. 우리는 온유하면서도 엄격하게 그 본인을 직접 찾아가 말하도록 요구해야 한다. 그렇게 할 때 결국 교인들은 교역자들에 대한 비난을 다른 사람들 앞에서 하지 않도록 되어 있다는 것을 알게 된다. 교인 전

---

12) François Fénelon, *Christian Perfection* (Minneapolis: Bethany Fellowship, 1975), p. 34.
13) Ibid., p. 36.

체가 이러한 규칙을 지킬 때 결과적으로 전체에게 유익이 되는 것이다.

베르나르는 악의를 가진 혀는 "그 말을 듣는 모든 사람들의 자비에 중대한 타격을 가한다. 그 파괴는 그 말을 직접 듣는 사람들에게만 그치는 것이 아니라 입술에서 입술을 건너면서 되풀이하여 파괴를 일으킨다."[14]고 경고했다. 다른 사람의 명성을 보호해 주는 일은 영구적인 가치가 있는 귀한 섬김이다.

또 섬김을 받는 섬김도 있다. 예수께서 제자들의 발을 씻기시려 하실 때에 베드로는 예수님에게서 발 씻김받는 일을 거부했다. 베드로는 자기를 위해 주님께서 그와 같은 비천한 봉사를 하는 일을 원치 않았던 것이다. 이 말은 얼핏 듣기에는 겸손을 나타내는 말처럼 들린다. 그러나 사실에 있어서는 교만을 드러낸 행동이었다. 예수님의 섬김은 베드로가 생각하는 권위의 개념에서 볼 때는 모욕적인 것이었다. 만약 베드로라면 결코 발을 씻어 주는 일을 하지 않았을 것이다.

다른 사람들이 우리를 섬기도록 허락하는 것은 복종과 섬김의 행동이다. 그것은 우리들에 대한 그들의 권위를 인정하는 것이다. 우리는 갚아야 한다는 부담감을 갖지 말고 그 봉사를 은혜로 받아야 한다. 교만한 마음 때문에 섬김받기를 거부하는 사람들은 하나님이 임명하신 하늘 나라의 지도자에게 복종하지 않는 사람들이다.

이번에는 보편적인 예절의 섬김이 있다. 오늘날 우리의 이러한 정중한 예절의 행위는 땅에 떨어졌다. 그러나 우리는 모든 문화가 갖고 있는 대

---

14) Bernard of Clairvaux, *St. Bernard on the Song of Songs* (London : Mowbray, 1952), p. 70.

인 관계의 예절을 무시해서는 안 된다. 서로의 가치를 인정하는 것은 현대 사회에 남아 있는 얼마 되지 않는 예의 표시 방법들 가운데 하나다. "…… 관대하며 모든 사람을 부드럽게 대하게 하시오"(딛 3:2-현대인의 성경).

전도자들은 이 예절의 가치를 잘 알고 있다. 그들은 어떤 동네에 들어가서 먼저 적절한 예절을 따라 인사하기 전에는 복음을 들으라는 요청을 하지 않는다. 그런데 우리는 우리 자신의 문화 속에서 이러한 예절을 깨뜨리고도 환영을 받으리라는 생각을 하고 있다. 그리고는 왜 아무도 그런 예절의 인사를 귀담아 듣지 않는지 의아해 한다.

우리는 이런 불평을 한다. '그런 예절은 의미 없고 위선적인 것이다.' 그러나 이것은 잘못된 생각이다. 그런 예절은 중대한 의미가 있고 전혀 위선적인 것이 아니다. 사람들이 "요즈음 어떻습니까?"라고 말할 때 우리의 근황을 실제로 알기 원하는 것이 아니라는 사실에 대한 우리의 이기주의적 오만을 극복한다면, 그 인사말은 단지 우리의 존재를 인정해 주는 방법임을 알 수 있게 된다. 그럴 때 우리는 최근에 우리가 겪고 있는 두통거리에 대해 알려 줄 필요없이 우리도 그들의 존재를 인정해 주는 답례의 인사를 할 수 있다. "감사합니다."라는 말이나 또는 "죄송합니다."라는 말 또는 감사의 편지나 회답 서신 등등은 모두 예절의 섬김에 해당한다. 구체적인 행동은 각 문화에 따라 서로 다르지만 목적은 항상 같다. 즉 상대방을 인정해 주고 상대방의 가치를 확인하는 목적을 가지고 있다는 것이다. 예절의 섬김은 오늘날과 같이 점점 더 기계화되고 비인격화되는 사회에서 더욱 절실히 요청된다.

대접하는 섬김을 보도록 하자. 베드로는 "서로 대접하기를 원망 없이"(벧전 4:9) 하라고 했다. 바울도 역시 이와 같은 권면을 했다(롬 12:13). 또한 걸음 더 나아가 손 대접하는 일을 감독의 자격 요건 가운데 하나로 제시했다(딤전 3:2 ; 딛 1:8).

오늘날 가정은 서로 문을 개방하는 일이 절실히 요청된다. 집에서 손님을 대접하던 옛 사상은 오늘날 호텔과 식당의 발전으로 인해 낡아 빠진 것이 되었다. 그러나 이와 같은 변화가 과연 진정한 발전인지 한번 진지하게 생각해 볼 필요가 있다. 나는 캘리포니아의 스페인 선교부의 길을 걷다가 방문객들을 위해 마련된 우아하고 적합한 시설을 보고 놀란 일이 있다. 없어져야 할 것은 오히려 비인간화된 오늘날의 반질반질한 숙박 시설이 아닌가 하는 생각이 든다.

나는 손 대접하기를 우선순위에 두고 힘쓰는 한 부부를 알고 있다. 어떤 달에는 그 부부가 70명이나 되는 손님을 대접할 수 있었다. 그 부부는 손 대접하는 섬김을 하나님께서 주신 사명이라고 믿었다. 아마 우리 대부분은 이렇게 많은 손님을 대접할 수 없을 것이다. 그러나 우리도 무엇인가 할 수 있다. 어디에선가부터 시작할 수 있다.

때로는 손 대접하기를 너무 복잡하게 만들기 때문에 오히려 자신을 제한한다. 기억나는 일이 하나 있다. 그때 그 집 안주인은 진심으로 모든 사람들을 즐겁게 해주려는 마음에서 이것저것 급히 서두르고 다녔다. 그때 내 친구 하나가 다음 말로 우리 모두를 놀라게 했다(그리고 우리 모두를 편안하게 만들었다). "헬렌, 나는 커피나 차를 원하지 않아요. 다만 방문하고 싶어서 왔어요. 이리 좀 와서 함께 얘기합시다!" 함께 있으면서 대화를 나누는 것이 손님을 대접하는 데 필요한 것이다.

이번에는 경청하는 섬김이 있다. "친교에 있어서 우리가 제공해야 할 첫째 섬김은 그들의 말을 잘 듣는 것이다. 하나님을 사랑하는 일이 하나님의 말씀을 듣는 일에서 시작하는 것처럼 형제를 사랑하기 시작하는 일도 역시 형제의 말을 듣는 데에 있다."[15]

우리는 서로 듣는 일을 통하여 오는 도움을 절실히 필요로 하고 있다. 듣는 사람이 되기 위해 정신 분석학 훈련을 받을 필요는 없다. 가장 중요한 요건은 동정하는 마음과 인내이다.

듣는 일을 잘하기 위해 바른 답을 가지고 있을 필요도 없다. 사실 바른 답은 종종 듣는 일에 방해가 된다. 듣는 일에 집중하기보다는 대답하는 일을 더 염려하기 때문이다. 인내심 없이 건성건성 듣는 자세는 말을 하는 사람에게 실례가 된다.

다른 사람의 말을 잘 듣는 일은 우리의 마음을 조용하게 만들고 훈련시켜 하나님의 말씀에 귀 기울이게 한다. 그것은 내적 작용을 일으켜 마음에 영향을 주어 애정과 심지어 생활의 우선순위까지도 변화시킨다. 우리가 하나님의 말씀을 듣는 일에 둔하게 될 경우에 조용한 가운데 다른 사람들의 말을 들음으로써 우리가 하나님의 말씀을 들을 수 있는지 확인해 보는 것은 대단히 좋은 일이다. "자신의 시간이 너무나 귀중하기 때문에 조용한 가운데 시간을 보내는 일은 할 수 없다고 생각하는 사람은 결국 자신과 자신의 어리석음을 위해 시간을 사용할 수 있을 뿐 하나님과 형제들을 위해서는 시간을 사용할 수 없다."[16]

---

15) Bonhoeffer, *Life Together*, p. 97.
16) Ibid., p. 98.

이번에는 서로 짐을 지는 섬김이 있다. "너희가 짐을 서로 지라 그리하여 그리스도의 법을 성취하라"(갈 6:2). '그리스도의 법'은 사랑의 법이다. 야고보는 '최고의 법'이라고 했다(약 2:8). 사랑은 우리가 우는 사람과 함께 울며 서로의 아픔과 고난을 질 때 가장 온전하게 성취된다. 특별히 사망의 음침한 골짜기를 지나는 사람들과 함께 할 경우에는 눈물이 말보다 훨씬 낫다.

우리가 배려하는 마음을 가진다면 서로의 슬픔을 지는 법을 배우게 될 것이다. 여기서 '배운다'는 말을 사용한 것은 이 일 역시 숙달을 요하는 훈련이기 때문이다. 우리 대부분은 다른 사람의 짐을 지기로 결심하기만 하면 다른 사람의 짐을 질 수 있다고 생각한다. 그러고서 얼마간 애를 쓰다 보면, 곧 삶의 기쁨을 잃게 되고 다른 사람의 슬픔을 너무 무거워하게 된다. 그렇게 할 필요는 없다. 다른 사람의 짐을 져주면서도 그로 인해 넘어지지 않는 법을 배울 수 있다. 온 세상의 짐을 지신 예수께서는 "내 멍에는 쉽고 내 짐은 가벼움이라"(마 11:30)고 말씀하실 수 있으셨다. 다른 사람의 슬픔과 고통을 들어 예수님의 강하고 부드러운 팔에 맡김으로써 우리의 짐을 가볍게 할 수 있을까? 물론 그렇게 할 수 있다. 그러나 훈련이 필요하다. 그러므로 온 세상의 짐을 지려고 덤벼들지 말고 보다 겸손한 자세로 시작해야 한다. 작은 구석에서부터 시작하여 배우도록 하자. 예수께서 우리의 스승이 되신다.

끝으로, 생명의 말씀을 서로 나누는 섬김이 있다. 캐서린 도허티가 설립한 '뿌스띠냐'에는 하나의 법칙이 있다고 한다. 그것은 고요하게 홀로 있기 위해 한적한 곳에 가는 사람은 다른 사람들을 위해 그렇게 해야 한다는 것이다. 그들은 하나님께서 주신 말씀을 가지고 돌아와 다른 사람들과 나누어야 한다. 이것이 탁월한 섬김인 것은 그 누구도 하나님께서 말씀하시기를 원하는 바를 모두 다 감당할 수는 없기 때문이다. 하나님의 권고를 온전히 받기 위해서는 우리가 서로 의지해야 한다. 아무리 작은 지체도 말씀을 전달할 수 있다. 우리는 이 섬김을 결코 경시해서는 안 된다.

물론 이 말씀을 서로에게 전하는 일은 두려운 일이다. 하나님께서 우리를 통해 이야기하신다는 사실이 우리가 그 말씀을 바르게 이해한다는 것을 보증하지 않는다. 우리는 종종 하나님의 말씀에 우리의 말을 섞는다. "한 입에서 찬송과 저주가 나오는도다"(약 3:10). 이와 같은 사실은 우리를 겸손하게 해서 하나님을 진지하게 의지하도록 한다. 말씀을 서로 나누는 이 섬김에서 물러서는 일이 결코 없어야겠다. 오늘날 이 섬김이 절실히 요청되고 있다.

부활하신 그리스도께서는 우리를 수건의 사역에 참여하라고 하신다. 마음 깊숙한 곳에서 흘러나오는 그런 사역은 생명과 기쁨과 평안이다. 아마 기도하면서 몇 사람에게 섬김을 실험해 보기 원할 것이다. '주 예수님, 예수께서 오늘 내가 섬길 사람을 나에게 보내 주시면 진심으로 감사하겠습니다.'라는 기도로 하루를 시작하기 바란다.

제 3 부

단체 훈련
Celebration of Discipline

Celebration
of Discipline

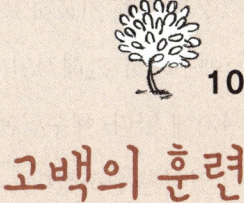

고백의 훈련

악한 행위를 고백하는 것이 선한 행위의 시작이다 _ 히포의 어거스틴

하나님의 마음속에는 주고 용서하려는 욕구가 있다. 그렇기 때문에 하나님께서는 구속의 전 과정을 시작하셨고, 그것은 십자가에서 절정에 도달하고 부활에서 확증되었다. 예수께서 십자가에서 하신 일을 요약하면 다음과 같다. 인간이 너무 악하고 비천하여 하나님은 인간에 대하여 심히 노하셨다. 그래서 누군가 충분히 자격이 있는 사람이 인간이 받아야 할 형벌을 담당하기 전에는 인간을 용서하실 수가 없었다.

이것은 엄연한 진리이다. 예수님을 십자가에 못 박히게 한 것은 진노가 아니라 사랑이다. 골고다는 용서하기 원하시는 하나님의 위대한 욕구에서 온 것이지 하나님의 마지못한 행위에서 온 것이 아니다. 예수께서는 자신의 대속적인 고난을 통해 인간의 모든 악을 실제로 담당하고 그것을 통해 치료하고 용서할 수 있음을 아셨다.

예수께서 관례적인 진통제가 제공되었을 때 거부하신 이유가 바로 여기에 있다. 예수님은 이 가장 위대한 구속의 과업을 위해 완전히 깨어 있기를 원하셨다. 그분은 깊고 신비로운 방법으로 인류의 모든 죄를 질 준비를 하셨다. 예수님은 영원한 현재에 사시기 때문에, 그분의 행위는 그분의 주변에 있는 사람들만을 위한 것이 아니었다. 예수님은 과거와 현재와 미래의 모든 폭력과 모든 공포와 모든 죄를 담당하셨다. 이것이 죄의 고백과 죄의 용서를 가능케 하는, 예수님의 가장 고귀하고 가장 거룩한 일이다.

어떤 사람들은 예수께서 연약해지셔서 "나의 하나님 나의 하나님 어찌하여 나를 버리셨나이까"(막 15:34) 하고 외치셨다고 생각한다. 결코 그렇지 않다. 이 때는 예수님의 가장 위대한 승리의 때였다. 아버지와 계속적인 교제를 해 오신 예수님은 지금 인간과 완전히 동일시되어 실제로 죄의 화신이 된 것이다. 바울은 다음과 같이 기록했다. "하나님이 죄를 알지도 못하신 이를 우리를 대신하여 죄로 삼으신 것은……"(고후 5:21). 예수께서는 이 악한 시대의 모든 어두운 세력을 짊어지시고 자신의 임재의 빛으로 그 모든 어두운 세력을 물리치셨다. 예수께서 인간의 모든 죄를 짊어지셨기 때문에 하나님으로부터 버림을 받은 것이다. 예수님은 오직 그렇게 하심으로써 죄를 대속하실 수 있으셨다. 그때는 진실로 예수님이 가장 위대한 승리를 하시는 때였다.

예수께서는 그 모든 일을 완성하신 후에 '다 이루었다.'고 말씀하셨다. 즉 구속의 일이 완성되었다는 말이다. 예수님은 인류의 비참한 운명을 위한 마지막 고난의 방울들이 자신을 통해 하나님의 주관 하에 들어가는 것을 느끼실 수 있었다. 악과 증오와 분노와 공포의 격통이 모두 다 빠져나가고, 예수님은 다시 하나님의 임재의 빛으로 되돌아 갈 수 있었다. '다 이루었다.' 과업은 완성되었다. 곧이어 예수님은 영혼을 아버지께 맡길 수 있으셨다.

우리 죄를 해결하기 위해
그는 피를 흘리셨다.
우리에게 하나님을 보여 주기 위해
그는 눈을 감으셨다.
세상 모든 사람들이여,
엎드려 깨달으라
바로 하나님이 그런 사랑을 보여 주실 수 있음을
클레르보의 베르나르

이 구속의 과정은 하나님의 마음속에 감추어진 위대한 비밀이다. 그러나 나는 그것이 진리임을 안다. 내가 그렇게 아는 것은, 성경이 그것을 진리라고 말하고 있을 뿐만 아니라 나 자신을 포함한 많은 사람들의 삶 속에서 그 효력을 보았기 때문이다. 자백과 용서가 우리를 변화시키는 실재라는 것을 알 수 있는 토대가 바로 여기에 있다.

십자가 없이는 '고백의 훈련'이 심리학적인 치료에 불과하게 된다. 그러나 고백의 훈련은 그것과는 비교도 되지 않는다. 고백의 훈련은 하나님과 우리와의 관계의 객관적인 변화를 내포하고, 우리 안의 주관적 변화를 내포한다. 그것은 영혼을 치료하고 변화시키는 방법이다.

"그러나 나는 십자가 위의 그리스도와 구속이 구원과 관계 있다고 생각한다."고 말할지도 모르겠다. 물론 그것은 사실이다. 그러나 성경에서 말하는 구원은, 누가 하늘나라에 들어가느냐 또는 누가 그리스도인이 되느냐 하는 것보다 훨씬 더 큰 의미를 가지고 있다. 이미 회심한 사람들을 향하여 바울은 다음과 같이 말했다. "……두렵고 떨림으로 너희 구원을 이루라"(빌 2:12).

웨슬리는 '신자의 회개'라는 제목의 설교에서 그리스도인들이 하나님의 용서하시는 은혜 속에 더욱 들어가야 할 필요가 있다고 말했다. 고백의 훈련은 신자들로 하여금 "온전한 사람을 이루어 그리스도의 장성한 분량이 충만한 데까지 이르도록"(엡 4:13) 성장하는 데 도움을 준다.

"그러나 고백은 훈련이 아니라 은혜다."라고 말할지도 모르겠다. 고백은 은혜도 되고 훈련도 된다. 하나님께서 은혜를 허락하지 아니하시면, 진정한 고백이 이루어질 수 없다. 그러나 고백은 훈련도 된다. 왜냐하면 고백에는 우리가 해야 할 일이 있기 때문이다. 우리를 전능하신 분의 그늘 아래로 나아가게 하는 것은 우리가 의식적으로 행동의 방향을 선택하는 데 있다.

"고백의 훈련이 어떻게 단체 훈련에 들어갈 수 있는가? 나는 고백이 하나님과 개인 사이의 은밀한 일이라고 생각한다."라고 주장할 사람도 있을지 모르겠다. 이에 대한 대답도 역시 그 어느 한쪽이 아니라 양쪽 다라는 것이다. 우리는 "하나님과 사람 사이에 중보자도 한 분이시니 곧 사람이신 그리스도 예수라"(딤전 2:5)는 성경의 가르침을 종교 개혁에서 특히 강조했다는 점에 대하여 진심으로 감사하는 바이다.

우리는 또한 "너희 죄를 서로 고백하며……서로 기도하라"(약 5:16)는 성경의 가르침을 오늘날 우리의 시대에서 새롭게 강조하고 있다는 점에 대해서도 진심으로 감사하는 바이다. 양쪽 모두를 성경에서 찾아볼 수 있다. 그러므로 그 어느 한쪽을 도외시해서는 안 된다.

고백이 우리에게 어려운 훈련이 되는 이유는 우리가 믿음의 공동체를 죄인들의 친교 단체로 보기 전에 성도들의 친교 단체로 보는 데 있다. 우리는 다른 모든 신자들은 진보하여 성결에 들어갔고 우리만 죄 가운데 있다고 생각한다. 그래서 우리의 실수와 부족을 다른 사람들에게 드러내 보이지 못한다. 우리는 하늘나라로 가는 길에 올라서지 못한 사람은 우리뿐이라고 상상한다. 그래서 다른 사람들에게 우리 자신을 감추고 거짓말과 위선의 베일 속에서 살아간다.

그러나 먼저 하나님의 백성은 죄인들의 모임이라는 것을 안다면, 하나님의 사랑의 무조건적인 부름을 자유롭게 듣고 우리의 어려움을 형제 자매들 앞에 고백하게 될 것이다. 그리고 우리만 죄 가운데 있는 것이 아님을 알게 될 것이다. 우리에게 끈질기게 달라 붙는 공포와 교만은 다른 사람들에게도 역시 끈질기게 달라 붙는다.

우리는 모두가 다 죄인이다. 우리는 서로 고백하는 행동을 통하여 치료하는 능력이 작용하게 할 수 있다. 우리의 인간성은 부인되어야 할 것이 아니라 변화되어야 한다.

용서할 수 있는 권위

예수 그리스도를 따르는 사람에게는, 죄의 고백을 받고 예수 그리스도의 이름으로 그 죄를 용서할 수 있는 권위가 주어져 있다. "너희가 누구의 죄든지 사하면 사하여질 것이요 누구 죄든지 그대로 두면 그대로 있으리라"(요 20:23). 이 얼마나 놀라운 특권인가! 우리가 생명을 주는 이 사역을 피해야 할 이유가 무엇인가?

우리가 다른 사람을 자유케 하는 그 권위를 우리의 공로가 아니라 순전히 은혜로 받은 것이 사실이라면, 그 위대한 선물을 사용하지 않고 그대로 가지고 있을 수 있겠는가?

"우리의 형제가……우리에게 주어진 것은 우리를 돕기 위해서다. 우리의 형제는 그리스도를 대신하여 우리의 죄의 고백을 듣고 그리스도의 이름으로 우리의 죄를 용서한다. 우리의 형제는 하나님께서 우리가 고백한 비밀을 지키시는 것과 같이 비밀을 지킨다. 내가 나의 형제에게 고백하러 갈 때, 나는 하나님께로 가고 있는 것이다."[1]

이러한 권위는 개인적인 고백의 가치나 효력을 결코 위협하지 않는다. 개인이 다른 사람의 중재 없이 십자가를 통하여 새로운 생명에 들어갈 수 있다는 것은 놀라운 진리이다. 이 진리가 종교 개혁 시대에 마치 새 바람처럼 휩쓸었다. 이 진리는 교회의 고백 제도 속에 숨어 있는 속박과 조작으로부터의 자유를 외치는 나팔 소리였다. 그러나 우리는 또한 루터 자신이 형제 상호간의 고백을 믿고 있었다는 사실을 기억해야 한다.

루터는 대교리 문답서에서 다음과 같이 기록했다. "그러므로 내가 당신에게 권면을 고백할 때 나는 당신이 그리스도인이 되라고 권면하는

---

1) Dietrich Bonhoeffer, *Life together* (New York : Harper & Row, 1952), p. 112.

것이다."2)

고백 제도가 교회에 처음으로 도입되었을 때, 그 제도가 개인의 경건과 성결에 진정한 부흥의 불을 붙여 주었다는 사실을 우리는 또한 잊어서는 안 된다.

개인적인 고백을 통하여 용서를 알게 되고, 성가신 죄의 습관에서 해방된 사람은 이 하나님의 자비의 증거를 크게 기뻐해야 한다. 그러나 이런 역사가 전혀 발생하지 않는 사람들도 있다. 어떤 때가 이러한 경우인지를 설명하기로 하겠다.

우리는 용서받기 위해 기도하고 간청하며, 또 용서받았기를 기대하지만, 자유를 느끼지 못한다. 그래서 우리는 용서에 대하여 의심하게 되고 고백에 대하여 실망을 느끼게 된다. 혹시 우리 자신에게만 고백하고 하나님께는 고백하지 않았는지도 모른다는 생각에서 걱정을 한다.

우리를 따라 다니면서 괴롭히는 과거의 슬픔과 상처가 치유되지 않는다. 우리는 우리 자신에게 하나님은 죄는 용서하시지만 우리의 기억은 치유하지 못하신다고 납득시키려고 애쓴다. 그러나 우리는 우리의 깊은 내부로부터 무엇인가가 더 필요한 것이 있음을 알게 된다. 사람들은 우리에게 믿음으로 용서를 받아들이고 하나님을 거짓말하시는 분으로 여기지 말라고 한다. 우리는 하나님을 거짓말하시는 분이라고 하지 않으려는 마음에서, 용서를 믿음으로 받아들이려고 최선을 다한다.

그럼에도 불구하고 우리의 삶 속에는 슬픔과 원망이 여전히 남아 있

---

2) Ibid. p. 118.

기 때문에, 우리는 또다시 실망한다. 결국 우리는 용서는 하늘나라에 들어가는 허가증에 불과하고 현재의 삶과는 아무런 관계가 없든지, 우리가 하나님의 용서의 은혜를 받을 자격이 없다고 생각하기에 이른다.

이 말에서 무엇인가 새로운 것을 깨닫는 사람은 기쁨을 찾을 수 있다. 우리가 개인적으로 고백한다 해서 우리의 자원이나 하나님의 은혜가 떨어지지는 않는다. 영국 국교의 기도서에는, 자기 성찰과 회개에의 부르심에 이어서 다음과 같은 격려의 말이 나온다.

"여러분 가운데서 이러한 방법으로 자기 자신의 양심을 잠잠케 할 수 없는 사람이 있어서 더 깊은 위로나 혹은 조언이 필요하다면, 그런 사람은 나를 찾아오든지 다른 하나님의 말씀의 사역자를 찾아서 자신의 고뇌를 털어 놓으십시오……."[3] 하나님께서는 우리에게 형제 자매를 주셔서 그리스도의 자리에 앉아서 우리에게 하나님의 임재와 용서를 보여 주게 하셨다.

성경은 신자는 모두 하나님 앞에서 제사장이라고 가르친다. "너희는 택하신 족속이요 왕 같은 제사장들이요"(벧전 2:9). 종교 개혁 당시에 이 사실은 '모든 신자의 보편적 제사장직'이라고 일컬어졌다.

구약 시대의 제사장의 기능 가운데 하나는 거룩한 제사를 통하여 죄의 용서를 가져다주는 일이었다. 물론 히브리서에서는 예수님이 최종적이고도 충분한 제물임을 분명히 했다. 그러나 예수께서는 자신의 제사장 직분을 우리에게 주셨다. 즉 그 제사가 다른 사람들의 마음과 생활 속에 실현되도록 하는 직분을 주신 것이다. 용서의 말씀이 들리고

---

3) Agnes Sanford, *The Healing Gifts of the Spirit* (New York : Holman, 1966), p. 110.

우리의 생활에 뿌리를 내리는 것은 우리의 형제 자매들의 음성을 통해서이다. 본회퍼는 다음과 같이 기록했다.

"형제 앞에서 자신의 죄를 고백하는 사람은 그때부터 그가 혼자가 아니라는 것을 알게 된다. 그는 다른 사람의 실재를 통하여 하나님의 임재를 체험한다. 내가 나 혼자서 나의 죄를 고백하는 한, 모든 것이 어두움 속에 머물러 있게 된다. 그러나 형제 앞에서는 죄가 빛으로 나온다."[4]

이러한 도움의 방법을 제도화시킨 형태를 참회 제도라고 한다. 나를 비롯하여 많은 사람들이 형식을 갖추어서 사람 앞에서 죄를 고백하는 이 참회 제도를 환영하지 않지만, 그 제도가 어떤 이점들을 가지고 있는 것은 사실이다.

첫째로, 형식을 갖춘 뚜렷한 고백은 변명의 여지를 허락하지 않으며 또한 환경에 책임을 돌리는 일을 허락하지 않는다. 자신의 잘못으로 죄를 지었다는 것을 고백해야 한다. 한 개인이 저지는 판단이 과오라고 할 수도 있다. 또한 자신의 죄에 대한 책임을 자녀들이나 가족이나 이웃에게 돌릴 수도 없다. 우리는 자신의 죄에 대한 개인적인 책임을 지는 대신에 온갖 사람과 온갖 환경에 책임을 돌리는 경향이 있으므로, 형식을 갖춘 뚜렷한 고백은 현실을 그대로 직시토록 하는 효력이 있다.

참회 제도의 두 번째 이점은 용서를 받았다는 말이 주어진다는 데 있다. 성경 말씀이나 혹은 그와 비슷한 어떤 말씀이 실제로 주어진다. "만일 우리가 우리 죄를 자백하면 그는 미쁘시고 의로우사 우리 죄를 사하

---

[4] Bonhoeffer, op. cit., p. 116.

시며 우리를 모든 불의에서 깨끗하게 하실 것이요"(요일 1:9). 이어서 참회자는 그가 완전히 용서함을 받고 죄에서 자유케 되었다는 권위 있는 말을 듣게 된다. 우리의 형제나 혹은 자매가 그리스도의 이름으로 그러한 말을 해줄 때, 사죄의 확신이 심령 속에 새겨지게 된다.

참회 제도의 세 번째 이점을 보도록 하자. 형식을 갖춘 고백이 용서를 얻는 하나의 방법으로 간주될 때 이것은 위험한 것이 된다. 그러나 그 형식을 갖춘 고백을 우리의 죄의 심각성을 생각할 수 있는 기회로 볼 때, 그것은 진정 가치를 가지게 된다. 오늘날 하나님의 사랑에 대한 거역을 너무나도 가볍게 생각한다. 하나님께서 죄에 대하여 느끼시는 아픔을 약간만이라도 의식한다면, 우리는 보다 더 거룩한 생활에 들어갈 것이다. 하나님은 우리에게 다음과 같은 간곡한 말씀을 하셨다. "너희는 내가 미워하는 이 가증한 일을 행하지 말라 하였으나"(렘 44:4). 참회 제도의 목적은 죄의 심각성을 보다 더 깊이 깨닫도록 돕는 데 있다.

물론 이와 같은 일은 형식을 갖춘 참회 제도가 아니라도 달성될 수 있다. 지금 여기서 말하고 있는 것을 바로 안다면 그것은 하나님의 백성의 공동 재산인 고백 사역을 파악하는 데 있어서 놀라운 진전이라고 볼 수 있을 것이다. 그렇다면 어떻게 알 수 있을까? 실제 예를 제시하는 것이 구체적으로 아는 데 도움을 줄 것이다.

고백 일기

성경에서 그리스도인 형제 사이에서 이루어지는 고백에 관해 읽기는 했지만, 교회에서 첫 목회를 하기 전까지는 그것을 체험하지 못했다. 나는 죄의식이나 중압감으로 인해 다른 사람에게 나의 내면의 삶을 털어 놓는 그 어려운 단계를 취하지 못했다. 그러면서도 나는 단 한 가지를 제외하고는 아무 잘못도 없다고 생각했다. 나는 하나님의 일을 할 수 있도록 더 큰 능력을 갈망했을 뿐이다. 내게 직면한 절실한 일이 많았는데, 나는 그 일을 감당하는 데 무능함을 느꼈다. 내가 체험하고 있는 것보다 더 큰 영적 자원이 나에게 필요했다. 나는 기도했다.

'주님, 주님께서 나의 삶에 주시기를 원하는 것이 더 있습니까? 나는 주님께 점령받고 지배받기를 원합니다. 나의 삶에 주의 능력이 들어오는 것을 막는 장애물이 있다면, 그것을 보여 주시옵소서.'

주님은 그 장애물을 보여 주셨다. 주님은 들리는 음성이나 혹은 사람의 음성을 통해서 보여 주시지 않고, 다만 나의 과거의 그 무엇이 주의 생명이 흘러 들어오는 것을 막고 있다는 생각을 갈수록 강하게 하심으로써 보여 주셨다. 그래서 나는 하나의 계획을 생각해 내었다.

나의 생애를 세 기간, 즉 유년기, 청소년기, 성인기로 구분했다. 첫날 종이와 연필을 가지고 하나님 앞에 나아가 묵상하며 기도했다. 나는 나의 유년기 동안에 있었던 일 가운데 용서받아야 할 일이나 치유받아야 할 일을 보여 주시기를 하나님께 간구했다. 그리고 약 십 분 동안 전적으로 침묵하는 가운데 기다렸다. 나의 유년기에 있었던 일 가운데서 떠오르는 일은 모두 기록했다. 나는 하나하나를 분석하거나 가치 판단을 하려고 하지 않았다. 나의 확신은, 하나님께서 자신의 치유를 필요로 하는 일은 무엇이나 보여주시리라는 것이었다. 그 기록을 다 마친 후에 날짜를 기록해 두었다. 다음날 나의 청소년기에 대해 역시 같은 일을 했다. 그리고 셋째 날에는 나의 성인기에 대해 역시 같은 일을 했다.

그 다음, 나는 종이를 들고 그리스도 안에 있는 나의 사랑하는 형제를 찾아갔다. 일주일 전에 미리 약속했기 때문에, 그는 우리의 만남의 목적을 알고 있었다. 나는 천천히 그리고 때로는 고통스럽게 내가 가지고 간 종이를 읽었다. 다만 죄를 명백히 밝히는 데 필요한 설명만 덧붙였다. 나는 종이에 쓴 것을 다 읽은 후에 그 종이를 나의 가방에 도로 넣으려 했다. 그때 나의 지혜로운 상담자는 내 손을 부드럽게 잡더니 그 종이를 빼앗아 갔다. 그는 내가 지켜보고 있는 앞에서 그 종이를 찢고 또 찢은 후에 쓰레기통에 넣어 버렸다. 말 한마디 없이 그렇게 했다. 그 힘 있는 용서의 표현에 이어서 나의 죄는 용서받고 무죄가 되었다는 간단한 말이 있었다. 나는 나의 죄가 동이 서에서 먼 것같이 멀리 사라진 것을 알았다.

다음에 나의 친구는 손을 얹고 과거의 모든 상처와 슬픔을 치유하기 위한 기도를 했다. 그 기도의 능력은 오늘도 살아 있다.

내가 어떤 극적인 감정을 체험했다고 말할 수는 없다. 그런 체험을 하지 않았다. 사실 그 모든 체험은, 감정의 강요가 전혀 없는 순전한 순종의 행위였다. 그러나 나는 그 체험이 내가 과거에 알지 못했던 방법으로 나를 자유케 했다는 것을 깨달았다. 나는 알지 못했던 성령의 새로운 영역에 대해 자유롭게 탐구하게 된 것같이 느껴졌다. 이 사건 이후 나는 과거에 경험하지 못한 몇 가지 '훈련'에 들어가기 시작했다. 거기에는 인과 관계가 있었을까? 그것은 내가 알지 못한다. 솔직히 말해서 나는 그런 데 관심이 없다. 다만 위로부터 온 그 내적 충동에 순종했다는 것으로 족하다.

또 하나 흥미로운 일이 있었다. 나의 인간성의 폭로는 나의 상담자 친구에게 자유의 불을 붙여 주었다. 그 친구는 나를 위한 기도를 마친 즉시 이때까지 고백할 수 없었던 괴로운 죄를 고백할 수 있었다. 자유는 자유를 낳는다.

고백할 사람을 위한 조언

"우리가 사랑함은 그가 먼저 우리를 사랑하셨음이라"(요일 4:19). 사실이다. 그러나 하나님이 우리를 먼저 사랑하셨기 때문에 우리가 고백할 수 있다. 긍휼과 은혜의 증거는 참회하는 마음에 불을 붙여 고백이 흘러나오도록 한다. 우리는 호세아가 말한 것처럼 하나님께로 끌린다. "내가 사람의 줄 곧 사랑의 줄로 그들을 이끌었고"(호 11:4).

하나님은 탕자의 아버지처럼 우리를 기다리시기 때문에 우리는 소망을 가지고 하나님께 나아갈 수 있다. 탕자의 아버지는 멀리서 그의 아들을 보자 불쌍히 여기는 마음으로 달려가서 목을 안고 맞이했다(눅 15:20). 하나님의 가장 큰 기쁨은 용서하시는 데 있다. 하나님께서는 한 사람이 고백할 때 하늘의 잔치를 베푸신다.

어떻게 해야 할까? 성 알폰서스 리구오리는 다음과 같이 기록했다. "좋은 고백을 하기 위해서는 양심의 성찰과 유감, 죄를 짓지 않으려는 결심, 이 세 가지가 필요하다."[5]

'양심의 성찰'이란 무엇을 말하는가? 더글러스 스티어는 다음과 같이 말한다. "한 영혼이 하나님의 눈앞에 나아갈 때 사랑의 하나님 앞에

---

[5] St. Alphonsus Liguori, "A Good Confession," in an anthology entitled *To Any Christian* (London : Burns & Oates, 1964), p. 192.

고요히 있음으로 영혼이 깊이 찔림을 받아 용서받아야 하는 것들을 의식하고 그것을 바로잡아 끊임없이 보호해 주시는 하나님을 사랑할 수 있게 되는 것이다."6) 이것은 하나님께서 우리 마음에 오셔서 그분의 용서와 치료의 손길이 필요한 곳을 보여 달라고 요청하는 것이다.

하나님 앞에 우리 자신을 보여 드리는 이 체험에서 우리는 구체적인 죄를 다룰 각오를 해야 한다. 구체적이 아닌 일반적인 고백은 우리를 수치와 치욕으로부터 구해 줄 수 있을지는 모르나 내적 치유에 불을 붙이지는 못한다.

예수님 앞에 나아온 사람들은 구체적인 죄를 가지고 나와서 각각 용서를 받았다. 일반적인 고백을 통해 진정한 죄과를 회피하기가 너무나도 쉽다. 고백할 때 구체적인 죄를 가지고 나아가야 한다. 그러나 구체적인 죄라고 해서 외적인 죄만을 의미하는 것은 아니다. 그것은 명확한 죄를 의미한다. 즉 육신의 죄로서 나태, 폭식, 간음, 살인뿐만 아니라 마음의 죄로서 교만, 탐욕, 분노, 공포 등을 의미한다. 이미 앞에서 설명한 바 있는 그 방법을 사용할 수도 있다. 혹은 루터가 사용한 방법을 활용할 수도 있다. 루터는 십계명에 입각하여 그 자신을 성찰하는 방법을 사용했다. 다른 방법도 자신이 원하는 바에 따라 사용할 수 있다.

그러나 구체적인 고백을 해야겠다는 마음에서 우리의 삶의 아주 세부적인 것도 남김 없이 모두 드러내야 한다고 걱정하는 위험에 빠져서도 안 된다. 프랑수아 드 살르는 다음과 같은 의미깊은 조언을 했다.

"당신이 고백하는 가운데 사소한 과오를 모두 다 기억하지 못한다고

---

6) Douglas Steere, *On Beginnig from Within* (New York : Harper & Brothers, 1943), p. 80.

하여 걱정하지 말라. 왜냐하면 당신이 알지 못하는 사이에 자주 넘어지는 것과 마찬가지로 알지 못하는 사이에 자주 일으켜지기 때문이다."[7]

'유감'이란 좋은 고백에 꼭 필요하다. 고백과 연관된 유감은 감정이 내포될 수 있지만 감정이 주가 아니다. 유감은 죄를 범한 데 대한 혐오이며, 아버지의 마음을 거스른 데 대한 깊은 뉘우침이다. 유감은 감정의 문제이기 이전에 의지의 문제이다. 사실, 의지의 신앙적 슬픔이 없는 감정적 슬픔은 고백을 파괴한다.

유감은 고백을 진지하게 하는 한 방법이다. 초서가 캔터베리 이야기에서 조소를 보내고 있는 성직자와 참회자의 경우와 이 유감은 서로 반대가 된다. 캔터베리 이야기에 나오는 한 대목을 보자.

> 그는 고백을 아주 달콤하게 들었다.
> 그리고 그의 용서의 말은 즐거웠다.[8]

좋은 고백을 위한 셋째 요소는 '죄를 짓지 않으려는 결심'이다. 고백의 훈련을 통하여 우리는 하나님께 거룩하지 못한 생활은 증오하고 거룩한 생활은 열망하도록 해달라고 간구한다. 웨슬리는 다음과 같은 말을 한 적이 있다.

"죄 외에는 아무것도 무서워하지 않고, 하나님 외에는 아무것도 바라지 않는 전도자 일백 명을 나에게 달라.……그들만으로도 지옥의 문을 진동시키고 이 땅에 하늘나라를 세우겠다."[9]

---

7) Liguori, op. cit., p. 193.
8) Geoffrey Chaucer, *The Canterbury Tales* (Baltimore : Penguin Books, 1959), p. 23.

우리가 고백을 준비할 때 하나님께 청해야 할 것은 죄로부터 구출받기를 원하는 의지이다. 우리는 하나님께 정복되고 지배받기를 원해야 한다. 그것을 바라지 않는다면 바라기를 바라야 한다. 이 바람은 하나님으로부터 오는 은혜의 선물이다. 이 선물을 구하는 일은 형제나 자매에게 고백하기 전에 미리 갖추어야 할 준비 가운데 하나이다.

이 모든 말이 복잡하게 들리는가? 당신은 이러한 요점들 가운데 어느 하나를 놓침으로 모든 일을 무산시킬까봐 걱정하는가? 그러나 실제보다는 분석이 훨씬 더 복잡하게 들리는 것이 보편적인 현상이다. 아버지의 마음을 기억하기 바란다. 아버지께서는 어떤 위험도 무릅쓰고 잃은 양 한 마리를 찾는 목자와 같다. 우리는 하나님이 용서하시도록 만들어야 할 필요가 없다. 사실, 우리들로 하여금 하나님의 용서를 구하도록 하시는 분은 하나님이시다.

고백을 준비하는 데 있어서 유의해야 할 일이 하나 더 있다. 자기 성찰 과정에서 뚜렷한 종착점이 있어야 한다. 그렇지 않을 경우에 우리는 자책하는 습관에 빠지기 쉽다. 고백은 슬픔으로 시작하지만 기쁨으로 끝난다. 죄를 용서받는 데에는 기쁨이 있다. 왜냐하면 죄를 용서받는 일은 진정한 삶의 변화를 가져오기 때문이다.

그 다음에는 누구를 찾아가서 고백해야 하는지의 실제적인 문제가 있다. 모든 신자들이 다른 사람의 고백을 받을 수 있다는 말은 신학적으로 볼 때 틀림이 없는 말이다. 그러나 실제에 있어서 모든 신자가 다

---

9) E. M. Bounds, *Power Through Prayer* (『기도의 능력』, 생명의 말씀사 역간), Chicago : Moody Press, n,d., p. 77.

충분한 동정심과 이해력을 가지고 있는 것은 아니다.

　불행한 일이기는 하지만 비밀을 지키지 못하는 사람들도 있는 것이 사실이다. 또 어떤 사람들은 죄를 드러내 보이는 것을 무서워하기 때문에 부적합하다. 또 어떤 사람들은 고백의 본질과 가치를 이해하지 못하고 '그것이 뭐 그렇게 나쁜 일인가.' 하는 태도를 취한다. 그러나 다행스럽게도 많은 사람들은 이것을 이해하고 돕기를 기뻐한다. 우리는 하나님께서 이런 사람들을 보여 주시기를 기도함으로써 그들을 발견할 수 있다. 하나님의 용서의 능력을 굳게 믿으며 진심으로 주를 기뻐하는 사람을 살펴보면 찾을 수 있다.

　이에 필요한 기본 자질은 영적 성숙, 지혜, 동정, 상식, 비밀 준수 능력, 건전한 유머 감각 등이다. 대부분의 목사들은 이 일을 할 수 있다. 때로는 아무 직분도 없는 평신도도 이 일을 아주 잘 할 수 있다.

　그러나 도저히 고백할 수 없는 죄가 있을 경우에는 어떻게 해야 할까? 우리가 우리의 생활의 어떤 구석을 드러내 보일 용기가 없을 경우에는 어떻게 해야 할까? 그런 경우에 할 수 있는 일은 우리의 형제나 혹은 자매에게 다음과 같이 말하는 일이다. "나는 당신의 도움이 필요합니다. 나는 나 자신이 고백할 수 없는 죄가 있습니다."

　그때 우리의 상담역 친구는 이렇게 말할 것이다. "당신을 삼키려는 그 사나운 짐승을 굴에서 몰아내는 쉬운 방법을 택할 것이다. 당신이 해야 할 일은 질문에 예 혹은 아니오라고 대답하는 일뿐이다. 그러고 나면 일시적 또는 영구적 고통은 사라지고 하나님의 은혜가 회복된다. 또한 양심의 평화가 찾아온다."[10]

고백을 받는 사람을 위한 조언

모든 영적 사역이 그렇듯이 형제의 고백을 올바르게 듣기 위해서도 준비가 있어야 한다.

우리는 십자가 아래에서 사는 법을 배움으로써 준비를 시작할 수 있다. 본회퍼는 다음과 같이 말했다. "십자가 아래에 사는 사람은 누구나, 그리고 예수님의 십자가를 통하여 모든 인간과 자신의 전적인 사악함을 아는 사람은 누구나 자신과 전혀 무관한 죄는 없다는 것을 알게 된다. 예수님을 십자가에 못 박은 자신의 죄의 끔찍함을 보고 소름끼치게 무서워한 바 있는 사람은 누구나 형제의 가장 악한 죄에 대해서 무서워하지 않게 된다."[11]

바로 이것이, 우리가 다른 사람의 고백을 통하여 감정이 상하게 되는 데서 구출받는 길이다. 또한 이것이, 우리를 우월한 자세를 취하게 하는 데에서 구출해 준다.

우리는 인간의 마음의 사악함을 알게 되었고, 그리고 하나님의 용서의 은혜와 자비를 알게 된 것이다. 우리가 죄의 무서움을 알고 난 후로는 다른 사람들이 어떤 죄를 범하였든지, 우리는 우리 자신이 죄인 중의 괴수라는 것을 알게 된다.

그러므로 누가 무슨 말을 해도 우리에게는 방해가 되지 않는다. 십자가 아래에서 사는 삶을 통하여 우리는 가장 착하다고 생각하던 사람이 가장 흉악한 말을 한다 해도 타격받지 않고 들을 수 있다.

---

10) Liguori, op. cit., p. 195.
11) Bonhoeffer, op. cit., p. 118. (The Phrase "living under the cross" is Bonhoeffer's.)

우리가 실제로 그런 삶을 살 때, 다른 사람들에게 그 정신을 전달할 수 있다. 그래서 그들은 우리에게 나아오는 것이 안전함을 알게 된다. 그들은 자신들이 고백하는 것은 무엇이나 우리가 받아들일 수 있음을 알게 된다. 그들은 우리가 우월감 가운데 친절히 대하는 것이 아니라 진실로 이해하고 있음을 알게 된다.

우리가 이런 자세로 살 때, 다른 사람들에게 비밀을 지키겠다는 말을 할 필요가 없다. 그들은 우리가 신의를 저버리지 않는다는 것을 알고 있다. 또한 우리는 신의를 저버릴 유혹도 받지 않는다. 왜냐하면 그들로 하여금 그 어려운 고백을 하도록 만든 것은 신앙적인 후회였다는 것을 알기 때문이다.

십자가 아래에서 사는 삶을 통해 우리는 영적인 우월감을 가지고 사는 위험에서 구출을 받는다. 우리는 우리의 형제가 현재 서 있는 그 위치에 서 있기 때문에 그 형제의 고백을 이용하고자 하는 생각이 없다. 우리가 생각하는 것은 받아들이고 이해해 주는 것뿐이다.

이 신성한 사역을 준비할 때, 우리 속에 그리스도의 빛이 더해지기를 규칙적으로 기도하는 것이 지혜로운 일이다. 그렇게 함으로써 우리가 다른 사람들과 함께 있을 때, 다른 사람들에게 그리스도의 생명과 빛을 비출 수 있다. 우리의 존재 바로 그 자체가 하나님의 사랑과 용서의 은혜를 말해 주는 그런 삶을 살기를 배워야 한다. 또한 우리는 분별하는 능력이 증진되도록 기도해야 한다. 고백이 있은 후 우리가 그들을 위해 기도할 때 특히 이 분별의 능력이 중요하다. 우리는 심령 깊은 곳에 정말로 필요한 치유가 무엇인지를 알 수 있어야 한다.

다른 사람들이 그들의 고민을 우리에게 고백할 때 우리 자신을 조용하게 자제시키는 일이 중요하다. 우리는 즉흥적으로 해석함으로써 그 상황의 긴장을 해소하려는 유혹에 빠지기가 대단히 쉽다. 그와 같은 행위는 그 순간의 신성함을 산만케 할 뿐 아니라 파괴시키기까지 한다. 또한 우리는 필요 이상으로 자세한 것을 들추어내려고 노력할 필요가 없다. 우리가 만약 그들이 어떤 곤란이나 공포 때문에 무엇을 숨기려고 한다는 것을 느낀다면 가장 좋은 방법은 조용히 기도하는 마음으로 기다리는 것이다.

한번은 한 여자가 나와 주님께 그녀의 슬픔을 고백한 일이 있었다. 그녀가 말을 그쳤을 때, 나는 조용히 기다려야겠다는 느낌을 받았다. 얼마 후에 그녀는 아무에게도 말할 수 없었던 내적인 죄를 말하기 시작했다.

나중에 그녀는 나에게, 내가 기다리고 있을 때 나의 눈에 다른 한 분의 눈이 포개어져 있어 그 다른 한 분의 눈이 그녀에게 사랑과 용납을 전달해 줌으로써 그녀로 하여금 편안하게 마음의 짐을 털어 놓게 했다고 말했다. 나는 그 무엇을 보거나 느낀 일이 없었다. 그러나 그녀의 체험을 조금도 의심하지 않았다. 왜냐하면 그녀의 그와 같은 체험이 놀라운 내적 치유를 가져 왔기 때문이다.

이 이야기는, 고백받는 일에 있어서 하나의 중요한 요소를 설명해 준다. 즉 기도로 당신 자신과 고백자 사이에 십자가를 두는 것이 도움이 된다는 것이다. 그 일은 고백자로 하여금 당신에게서 단순히 인간적 감정만을 받지 않도록 보호해 준다. 그리고 당신을 위해서는, 고백자로부터 어떤 해로운 영향을 받지 않도록 보호하기도 한다. 모든 것이 십자가의 빛으로 여과된다. 당신의 동정심은 거룩한 사랑에 의하여 증대되고 활기 있게 된다. 당신은 고백자를 위해 십자가의 능력으로 기도하고 있다.

상대방이 고백할 때 당신은 그 사람을 위해 기도해야 한다. 당신은 내적으로 그리고 알지 못하는 사이에 사랑과 용서의 기도의 빛을 그 사람에게 비추어야 한다. 또한 그 사람이 그리스도의 치유의 손을 필요로 하는 모든 영역을 드러내 보이는 실마리를 찾도록 기도해야 한다.

끝으로, 당신이 상담 자체만을 위해서가 아니라 그 사람을 위해 기도하는 일이 심히 중요하다. 기도를 하기 전에 혹은 기도를 하는 동안에, 예수 그리스도 안에 있는 용서가 그 사람에게 실제로 효력이 있다는 것을 알려야 한다. 우리는 말로써 그리고 권위를 가지고 이 사실을 알릴 수 있다. 왜냐하면 우리가 죄를 사하는 배후에는 하늘의 권위가 있기 때문이다(요 20:22-23).[12]

그 기도는 죄가 만들어낸 내면의 상처를 치유하기 위한 것이다. 그 기도에 '안수'를 병행하면 가장 좋다. 안수는 성경의 기본적인 가르침 가운데 하나로서 하나님이 생명을 주는 능력을 전달하는 수단이다(히 6:2). 하나님께서 마음속 깊숙이 들어오셔서 과거의 슬픔을 치료해 주시도록 간구하라. 치유를 마음으로 그려보라. 그리고 그에 대해 감사하라. 이 기도의 사역에 대해 아그네스 샌포드는 이렇게 말했다.

---

12) 요한복음 20:23의 예수님의 말씀을 통하여 볼 때 우리는 죄를 사하는 사역을 할 뿐만 아니라 죄를 그대로 두는 사역도 한다. "너희가 누구의 죄든지 사하면 사하여질 것이요 누구의 죄든지 그대로 두면 그대로 있으리라." 죄를 그대로 두는 일이란, 준비되어 있지 않은 어떤 일에 사람들을 끌어들이려고 애쓰기를 거부한다는 의미에 해당하는 일이다. 때로는 교인들이 다른 사람들을 하나님의 나라로 인도하는 일에 너무 성급한 나머지 그 사람들이 용서를 추구하기도 전에 혹은 용서를 원하기도 전에 그 사람들의 용서를 알리려고 힘쓴다. 불행하게도 이러한 병폐가 오늘날 많은 전도 운동의 특징이다.

이런 유의 기도를 통해 아주 깊은 신뢰를 갖게 된다. 자신이 기도해 주고 있는 사람의 감정을 느낀다. 깊이 공감한 나머지 영혼 깊숙한 곳으로부터 동정의 눈물을 흘리게 된다. 그러나 슬프기 때문이 아니라 기쁘기 때문이다. 이 눈물은 자신의 눈물이 아니고 잃은 자를 사랑하시는 그리스도의 불쌍히 여기는 마음에서 나오는 눈물이요, 마침내 그리스도께서 사랑하시는 그 사람에게 다가갈 수 있는 통로를 얻으셨다는 그리스도의 기쁨이라는 것을 알기 때문이다.[13]

고백의 훈련은 가식을 종식시킨다. 하나님은 교회가 자신의 연약한 인간성을 공개적으로 고백함으로 그리스도의 용서하시고 강하게 하시는 은혜를 체험하는 교회가 되기를 원하신다. 정직해야 고백할 수 있고, 고백해야 변화를 받을 수 있다. 교회가 이 고백의 훈련을 다시 회복할 수 있도록 하는 은혜를 하나님께 간구한다.

---

13) Sanford, op. cit., p. 117.

예배의 훈련

예배한다는 것은 하나님의 거룩하심으로 양심을 살리는 것이며, 하나님의 진리로 지성을 먹이는 것이고, 하나님의 아름다우심으로 상상을 정결케 하는 것이며, 하나님의 사랑에 마음을 여는 것이고, 하나님의 목적에 의지를 바치는 것이다 _ 윌리엄 템플

예배한다는 것은 실재되신 분을 체험하며 생명되신 분을 체험하는 것이다. 예배는 모인 공동체 가운데 계신 부활하신 그리스도를 알고 느끼고 체험하는 것이다. 예배는 하나님의 쉐키나 Shekinah[1], 아니 좀더 좋게는 하나님의 쉐키나에 의하여 점유되는 것이다.

하나님께서는 예배하는 자를 적극적으로 찾으신다. 예수님은 다음과 같이 선언하신다. "아버지께 참되게 예배하는 자들은 영과 진리로 예배할 때가 오나니 곧 이때라 아버지께서는 자기에게 이렇게 예배하는 자들을 찾으시느니라"(요 4:23). 찾으시고 이끄시고 권유하시는 분은 하

---

[1] 하나님의 백성 가운데 거하는 하나님의 영광(혹은 광채)이다. 이 말은 하나님이 추상적이거나 혹은 멀리 떨어져 계시는 분이 아니라 직접 임재해 계시는 분이라는 것을 의미한다.

나님이시다. 예배는 하나님의 주도적인 행위에 따른 인간의 응답이다. 창세기에 보면 하나님께서는 동산을 거니시면서 아담과 하와를 찾으셨다. 예수님은 십자가에 못 박히심으로 사람들을 그에게로 이끄셨다 (요 12:32). 성경에는 하나님께서 자신의 자녀들과의 교제를 주도하시고 회복하시며 지속하게 하시는 노력의 실례로 가득 차 있다. 하나님은 멀리서 아들을 보고 달려가 맞이한 탕자의 아버지와 같은 분이시다.

예배는 아버지의 마음속에서 나온 사랑의 제의에 대한 우리의 응답이다. 예배의 핵심은 '영과 진리'에 있다. 예배는 하나님의 성령이 우리 인간의 영혼을 만지실 때 비로소 우리 속에 불붙여진다. 형식과 의식을 사용하거나 사용하지 않는 것으로는 예배가 되지 못한다. 우리가 온갖 좋은 기법과 방법을 사용할 수도 있고 또 가장 훌륭한 예배 의식을 가질 수도 있지만, 성령이 우리의 영혼을 만지시기 전에는 하나님을 예배하지 못한다. '나의 영혼을 자유케 하사 나로 하나님을 예배케 하소서.'라는 찬송가 가사가 예배의 본질을 잘 말해 준다. 하나님이 우리의 영혼에 접촉하시고 우리의 영혼을 자유케 하시기 전에는 우리가 예배의 세계에 들어갈 수 없다. 노래와 기도와 찬양, 이 모두가 예배와 통하는 것이기는 하지만, 예배는 그런 것들 이상의 것이다. 우리의 영혼이 하나님의 불로 불붙여져야 한다.

그러므로 우리는 예배의 형식 문제에 지나치게 관심을 갖지 않아도 된다. 이런 의식이냐 혹은 저런 의식이냐 하는 문제는 핵심 과제가 아니라 부차적 과제이다. 신약성경 어떤 곳에서도 예배를 위한 어떤 특별한 의식을 제시하지 않았다는 사실을 알면, 우리는 예배의 형식 문제에 얽매일 필요가 없다는 것을 더욱더 잘 알 수 있다. 실상 우리가 성경에서 발견할 수 있는 것은 자유이다. 이 자유가 회당 예배 제도에 깊이 뿌리를 내리고 있던 사람들에게는 엄청난 것이었다. 그들은 실제를 체험했다. 성령이 영혼에 접촉할 때 형식은 문제가 되지 않는다.

형식이 이차적이라고 해서 아무 상관이 없다는 것은 아니다. 우리가 유한한 인간인 이상 형식은 있어야 한다. 우리는 예배 체험을 구체화할 '포도주 부대'가 있어야 한다. 그러나 형식이 예배는 아니다. 예배로 이끌어 주는 것일 뿐이다. 예배에 도움이 된다면 무엇이든지 사용할 수 있는 자유가 그리스도 안에 있다. 그리고 어느 형식이 살아 계신 그리스도를 경험하는 데 방해가 된다면, 그것은 나쁜 형식이라고 할 수 있다.

예배의 대상

예수께서는 우리가 누구에게 예배해야 하는지에 대한 대답을 하셨다. "……주 너의 하나님께 경배하고 다만 그를 섬기라"(마 4:10). 오직 한 분 참되신 하나님은 아브라함과 이삭과 야곱의 하나님이시다. 이 하나님을 예수 그리스도께서 나타내 보이셨다. 하나님께서는 십계명 첫머리에 엄격한 명령을 두심으로써 모든 우상을 미워하신다는 것을 분명히 밝히셨다. "너는 나 외에는 다른 신들을 네게 두지 말라"(출 20:3). 우상 숭배는 보이는 대상 앞에서 절하는 데에만 있는 것이 아니다. 토저는 다음과 같이 말했다. "우상 숭배의 본질은 하나님에 대하여 무가치한 것을 즐겨 생각하는 데 있다."[2]

---

[2] A. W. Tozer, *The Knowledge of the Holy* (『하나님을 바로 알자』, 생명의 말씀사 역간), New York : Harper & Brothers, 1961, p. 11.

하나님에 대하여 올바르게 생각하는 것이 모든 것을 올바르게 하는 것이다. 하나님에 대하여 잘못 생각하는 것이 모든 것을 잘못하는 것이다.

우리는 하나님이 누구인지를 반드시 알아야 한다. 그러기 위해서는 하나님께서 옛날 백성 이스라엘에게 자신을 드러내 보이신 일에 대하여 읽어야 하고, 하나님의 속성을 묵상해야 하며, 예수 그리스도를 통한 하나님의 본성의 계시를 응시해야 한다. 우리가 높고 귀하신 만군의 여호와 하나님을 바라볼 때, 그리고 하나님의 무한한 지혜와 지식을 숙고할 때, 그리고 측량할 수 없는 하나님의 자비와 사랑에 감격할 때 우리는 다음과 같은 찬양을 하지 않을 수 없다.

> 즐거이 주의 속성을 고백합니다
> 온전히 무한히 영화로운 속성을.[3]

하나님이 누구신지를 알면 우리는 고백을 하게 된다. 이사야가 하나님의 영광을 보았을 때 다음과 같이 부르짖었다. "……화로다 나여 망하게 되었도다 나는 입술이 부정한 사람이요 나는 입술이 부정한 백성 중에 거주하면서 만군의 여호와이신 왕을 뵈었음이로다"(사 6:5). 하나님의 빛나는 거룩과 대비될 때 인간의 악함이 분명하게 되는 것이다. 우리가 하나님의 진실하심을 볼 때 우리의 변덕이 드러난다. 하나님의 은혜를 깨닫는 일이 우리의 죄를 깨닫는 일이다.

우리는 하나님의 속성뿐 아니라 하나님이 하신 일 때문에 예배한다.

---

3) Ibid., p. 21.

우선, 성경의 하나님은 행동하시는 하나님이시다. 하나님의 선하심과 진실하심과 공의와 자비, 이 모든 것은 하나님께서 자신의 백성을 다루시는 일에서 분명하게 드러난다. 하나님의 은혜로운 행동은 고대 역사 속에 새겨져 있을 뿐만 아니라 오늘날 우리들 각자의 역사 속에도 새겨져 있다. 사도 바울이 말한 바와 같이, 우리에게 유일하게 합당한 응답은 예배이다(롬 12:1). 우리는 하나님이 누구신지를 알기 때문에 하나님을 찬양한다. 그리고 하나님이 어떤 일을 하셨는지를 알기 때문에 하나님께 감사한다.

예배의 우선성

주님이 진실로 주님이 되시려면 예배가 우리의 생활에서 최우선이 되어야 한다. 예수님의 첫째 계명은 "네 마음을 다하고 목숨을 다하고 뜻을 다하고 힘을 다하여 주 너의 하나님을 사랑하라"(막 12:30)는 것이다.

신적 우선순위는 예배가 첫째이고, 봉사가 둘째이다. 우리의 생활은 찬양과 감사와 경배가 강조되어야 한다. 봉사는 예배에서 흘러나온다. 봉사로 예배를 대체하면 그것은 우상 숭배가 된다. 활동은 경배의 원수이다.

하나님께서는 레위 제사장들의 근본적인 기능이 '내게 가까이 나아와 수종을 드는 데' 있다고 선언하셨다(겔 44:15). 구약의 제사장 직분에서 하나님을 수종 드는 일은 그 밖의 다른 모든 일에 앞서야 했다. 이 사실은 신약의 보편적 제사장 직분에 있어서도 마찬가지이다. 우리에게 닥치는 큰 유혹 가운데 하나는 하나님을 섬기지 않고 봉사의 요청에 응하려고 분주히 돌아다니는 것이다.

오늘날 하나님은 교회에게 예배로 돌이키라고 하신다. 이것은 하나님과의 친밀한 교제에 대한 관심이 재부각된 교회들에서 볼 수 있다. 또 의식에 관심이 있는 교회에서도 볼 수 있다. 어느 곳에서든 볼 수 있는 것이다.

이것은 마치 하나님이 "내 백성이 마음을 돌이키기 원하노라."고 하시는 것과 같다. 만일 우리가 하나님께서 가시는 곳에 가고, 하나님께서 행하시는 것을 행하면, 우리는 더 깊고 더 진실한 예배를 하게 될 것이다.

예배 준비

성경에 나타나 있는 예배의 특징은, 사람들이 이를테면 '거룩한 기대' 속에 모였다는 데 있다. 그들은 자신이 실제로 하나님의 음성을 듣는다고 믿었다. 모세가 성막에 들어갈 때, 그는 하나님의 존전에 들어간다고 알았다. 이 사실은 초대교회에서도 마찬가지이다. 그들이 만난 건물이 하나님의 능력에 의하여 진동한 일은 이상한 일이 아니었다. 그 일은 전에도 발생했었다(행 2:2, 4:31).

어떤 사람은 떨어져 죽음을 당하고, 또 어떤 사람은 하나님의 말씀에 의하여 죽음 가운데서 살아났을 때 그들은 그들 가운데 하나님이 계신다는 것을 알았다(행 5:1-11, 9:36-43, 20:7-10).

초대교회 신자들이 함께 모였을 때, 그들은 휘장이 둘로 찢어졌다는 것과 모세와 아론처럼 지성소에 들어와 있다는 것을 알고 있었다. 그들에게는 중재자가 필요없었다. 그들은 살아 계신 하나님의 두렵고 영광되고 자비하신 임재 앞에 들어갔다. 그들은 그리스도께서 그들 가운데 계신다는 것을 알고, 그리스도께서 그들에게 가르쳐 주시기를 기대하는 가운데 모였으며, 또 그리스도께서 살아 있는 능력으로 그들에게 접촉해 주시기를 기대하는 가운데 모였다.

이 '거룩한 기대'를 어떻게 발전시킬 수 있을까? 이것은 우리가 마음의 쉐키나에 들어갈 때 우리 속에서 시작된다. 우리가 하루하루의 생활을 하는 동안에 내적 예배와 찬양으로 채워질 수 있다. 우리는 일하고 놀고 먹고 잠자면서도 우리의 스승으로부터 듣는 일을 계속할 수 있다.

프랑크 루박의 글에는 전능자의 그늘 아래 살고 있다는 의식이 가득 차 있다. "오늘의 모든 기적들 가운데서 가장 위대한 것이 이것이니, 내가 주님에게서 듣는 일을 할 때 내가 주님을 가장 잘 알게 된다는 것이다.……또한 주님께 감사드리는 것은 계속적으로 대화하는 습관이 날마다 더 쉬워져 가고 있다는 것이다. 나는 모든 생각이 주님과의 대화가 될 수 있다고 진심으로 믿고 있다."[4]

브라더 로렌스도 역시 같은 사실을 알고 있었다. 그는 부엌에서 하나님의 임재를 체험했기 때문에 예배 시간에도 하나님을 만날 것을 알고 있었다. 그는 다음과 같이 기록했다.

"하나님의 임재를 실제로 체험하는 일 없이 신자가 만족한 생활을 한다는 것은 상상도 할 수 없다."[5] 일상생활에서 하나님의 쉐키나를 체

---

[4] Frank C. Laubach, *Learning the Vocabulary of God* (Nashville : Upper Room, 1956), pp. 22-23.
[5] Brother Lawrence, *The Practice of the Presence of God* (『하나님과 동행하는 생활』, 생명의 말씀사 역간, Nashville : The Upper Room, 1950), p. 32.

험한 일이 있는 사람은 하나님의 임재를 실제로 체험하는 일 없이는 만족한 생활을 할 수 없다.

브라더 로렌스와 프랑크 루박으로부터 비전을 받는 나는, 나의 현재의 스승이신 예수님과 항상 교통하는 생활을 할 수 있는지를 배우기 위해 일 년을 바쳤다. 나는 예수님의 언어를 배우기로 결심했다. 예수님은 저 노래하는 새들을 통하여 나에게 무엇을 전달하시는가? 또한 예수께서 저 슬픈 얼굴을 통하여 나에게 무엇을 전달하시는가? 나는 예수님이 모든 행동을 통하여 감동시켜 주실 수 있기를 구했다. 내가 글을 쓰는 손가락을 통하여 또는 내가 말하는 음성을 통해서도 말이다.

나의 소원은 매순간을 내적인 경배와 찬양과 감사의 속삭임으로 보내는 것이었다. 물론 여러 시간을 그렇게 보내지 못한 때가 자주 있었다. 때로는 여러 날을 그렇게 보내지 못했다. 그러나 그럴 때마다 뉘우치고 다시 노력했다.

그 해는 나에게 많은 것을 가르쳐 주었다. 그러나 공중 예배에서의 나의 기대감이 크게 증대된 것이 그중에서도 큰 것이다. 결국 예수님은 그 주간 내내 많은 상세한 부분에 대하여 나에게 말씀해 주셨다. 예수님은 지금 여기서도 나에게 말씀하신다. 또 하나, 예수님의 음성과 인간의 소리를 구분하기가 점점 더 쉽게 되었다는 사실이다.

거룩한 기대를 가지고 공중 예배에 참석하는 사람들이 하나 둘 늘어갈 때, 분위기가 바뀔 수 있다. 그때에 괴로운 마음과 산만한 마음을 가지고 참가한 사람들도 곧 고요한 가운데 주님의 임재를 느끼게 된다. 모인 사람들의 마음과 정신이 위로 향하게 된다. 분위기가 기대로 가득 차게 된다.

이러한 현상이 발생하도록 하는 실제적 방법이 있다. 한 주간 내내 주님의 음성을 듣고 순종하는 가운데 하나님 나라의 후사답게 생활하도록 하라. 당신이 한 주간 내내 주님의 음성을 들었기 때문에, 공중 예배에 모일 때도 주님의 음성을 들을 것을 알게 된다.

예배 시간 십 분 전에 참석하기 바란다. 마음을 높여 영광의 왕을 경배하기 바란다. 예수 그리스도를 통하여 나타난 하나님의 존귀와 영광과 자비를 묵상하기 바란다. 이사야가 본 '높이 들린' 하나님의 환상을 마음속에 그려 보기 바란다(사 6장). 또는 요한이 '눈은 불꽃 같고, 음성은 많은 물 소리 같은' 그리스도를 본 그 장엄한 계시를 마음속에 그려 보기 바란다(계 1장). 주님의 임재가 나타나기를 구하기 바란다.

그 다음에는 목사나 책임을 맡은 사람들에게 그리스도의 빛이 발하기를 구하라. 하나님의 광채, 쉐키나가 그 사람을 둘러싸고 있는 것을 상상하기 바란다. 그들이 하나님의 능력으로 진리를 담대하게 전하기를 마음속으로 구하라.

교인들이 들어오기 시작하면 둘러보아 중보 기도가 필요한 사람들을 찾는다. 아마 그들은 어깨가 처져 있든지 혹은 다소 슬픈 기색이 보일 것이다. 그들이 그리스도의 임재하는, 영광스럽고 새 힘을 주는 빛에 들어가도록 간구하라. 그들의 어깨에서 무거운 짐이 벗겨지는 것을 상상하기 바란다. 번연의 천로역정에서 그러했던 것처럼 말이다. 예배 시간 내내 그들에게 특별한 관심을 가지기 바란다. 어떤 집회에서든지 몇몇 사람들이 이와 같은 일을 한다면, 모든 사람의 예배 체험이 깊어질 것이다.

초대교회 공동체의 또 하나의 생동적인 특색은 그들이 예배에 함께 '모여 있다.'는 의식이었다. 첫째로 그들은 자신들이 진실로 하나의 집단으로 모인다는 의식을 가지고 있었다. 둘째로 개인주의를 초월한 일치의 정신을 가지고 모였다.

동양 종교와는 대조적으로 기독교 신앙은 단체 예배를 대단히 강조했다. 큰 위험이 따르는 상황 속에서도 초대교회 공동체는 함께 모이기를 폐하지 않도록 촉구받았다(히 10:25).

서신들을 보면 신자들의 공동체를 가리켜 '그리스도의 몸'이라고 말한 곳이 자주 나온다. 머리와 팔과 다리가 없는 인간 생활을 생각할 수 없는 것과 마찬가지로, 서로서로 관계를 가지지 않고 고립되어 사는 그리스도인을 생각할 수 없다. 마틴 루터는 "나 자신의 집에서는 내 속에 뜨거움이나 활기가 없었는데, 교회에서 무리들이 함께 모였을 때 나의 마음속에 불이 붙었고 그 불빛이 비쳤다."[6]고 증언했다.

하나 더 추가하면 하나님의 백성이 함께 모일 때, 거기에는 흔히 '모여' 한마음이 된다는 의식이 있었다. 토머스 켈리는 다음과 같이 말했다. "생명을 살리는 주님의 임재가 우리에게 가득 찬다. 그래서 우리의 개인 생활의 특별한 비밀과 고립된 부분을 부숴 버린다. 그리고 우리의 영혼을, 개인을 초월한 생명과 능력 속에 융화시킨다. 객관적이고 위력 있는 주님의 임재가 우리를 감싸고, 우리의 영혼을 튼튼하게 하며, 우리에게 말로 다 표현할 수 없는 기쁨과 위로의 말씀을 한다. 그리고 우리의 영혼 깊은 곳에 생명을 준다. 과거에는 잠을 자고 있던 그 영혼의

---

[6] Douglas Steere, *Prayer and Worship* (New York : Edward W. Hazen Foundation, 1942), p. 36.

깊은 곳에 말이다."[7]

함께 모여서 진정한 예배를 할 때, 나 혼자에게는 결코 발생할 수 없는 일들이 일어난다. 물론 집단 심리라는 것도 있지만 이것은 집단 심리 훨씬 이상의 것이다. 이것은 하나님의 영이 완전히 침투한 것이다. 이를 위해 성경 기자들은 코이노니아Koinonia라는 말을 사용했다. 이 코이노니아는 성령의 능력 안에서 가지는 깊은 내적 친교이다.

이와 같은 체험은 단체 정신을 초월한다. 또한 그 체험은 동지적 결합이나 서로의 삶에 대한 지식에 의존하지 않는다. 그 체험 가운데 우리의 분리가 하나님의 영에 의하여 녹아 없어진다. 성령의 능력 안에서 우리는 "일치감을 갖게 되며 주님의 임재를 느끼게 된다. 모든 말을 잠잠케 하는 일치감과 주님의 임재를 말이다. 또한 더 큰 생명 속에서 우리를 고요하게 감싸는 일치감과 주님의 임재를 말이다."[8] 예배를 통한 이런 친교는 매체를 통한 예배를 무미건조한 것으로 만든다.

예배의 인도자

진정한 예배의 인도자는 오직 한 분 예수 그리스도이시다. 예수 그리스도를 예배의 인도자라 하는 것은 첫째로, 예수 그리스도가 그의 백성 가운데 살아 계시고 임재하신다는 것을 의미한다. 예수님의 음성이 그 백성의 마음에 들려질 수 있고, 예수님의 임재가 그들의 마음에 알려질 수 있다. 우리는 성경 안에서 예수님에 대한 사실을 읽을 수 있을 뿐만

---

[7] Thomas R. Kelly, *The Eternal Promise* (New York : Harper & Row, 1966), p. 72.
[8] Ibid., p. 74.

아니라, 계시에 의하여 예수님을 알 수 있다. 예수님은 우리를 가르치시고 인도하시며 훈계하시고 위로하기를 원하신다.

둘째로, 그리스도는 그의 모든 직분을 통하여 살아 계시고 임재하신다. 예배에서 우리는 그리스도를 구세주와 대속주가 되시는 그의 제사장 직분을 통해서만 보기가 쉽다. 그러나 그리스도는 우리의 예언자와 왕으로도 우리 가운데 계신다. 다시 말하면 의義에 대하여 우리를 가르치시고, 옳은 것을 행할 수 있는 능력을 주신다.

조지 폭스는 다음과 같이 말했다. "예수님의 이름으로 함께 모이라. ……예수님은 여러분과 교통하시고, 여러분들을 정결케 하시며, 여러분들을 생명으로 먹이시고, 여러분들을 생명으로 살리시기 위해서 여러분들 가운데 계시는, 여러분의 예언자요 목자요 감독자요 제사장이시다."9)

셋째로, 그리스도는 그분의 모든 능력을 통하여 살아 계시고 임재하신다. 그리스도는 우리를 죄의 결과로부터 구원하실 뿐만 아니라 우리를 죄의 지배로부터 구원하신다.

그리스도는 우리에게 무엇을 가르치시든지 순종할 수 있는 능력을 주신다. 예수님이 우리의 인도자이시므로 우리는 예배에서 기적이 발생할 것을 기대한다. 내적인 치유와 외적인 치유는 예외적인 일이 아니라 통칙이다. 사도행전은 우리가 읽는 책이 아니라 체험하는 책이다.

넷째로, 그리스도는 오직 그분만이 인간의 어떤 도구가 사용될지를 결정하신다는 의미에서 예배의 인도자이시다. 사람들이 설교를 하거

---

9) George Fox, Epistle 288(1672), quoted in *Quaker Religious Thought* 15(Winter 1973-1974), p. 23.

나 혹은 예언을 하거나 혹은 찬양을 하거나 혹은 기도를 하는 것은, 그들이 인도자에 의하여 부르심을 받았기 때문이다. 그러므로 사람의 명예가 높아질 여지가 없다. 오직 예수님만이 영예를 받으셔야 한다.

우리의 살아 계신 머리가 우리를 불러 세우셨기 때문에 성령의 각 은사는 기쁨으로 받아야 하며 기쁨으로 활용해야 한다. 우리가 지식의 은사를 받아서 사용하는 것도 예수님으로 말미암아서이다. 우리가 예언의 은사나 혹은 권면의 은사를 받아서 분주하게 활동하는 것도 하나님의 음성을 듣기 때문이다.

설교하는 일이나 혹은 가르치는 일도 머리되신 예수님이 예배에 활기를 불어 넣기 위해 마련하셨기 때문에 있을 수 있다. 성령의 기름 부으심을 받지 못한 설교는 서릿발같이 예배를 냉랭하게 한다. 마음으로부터 하는 설교는 예배의 영에 불을 붙이지만, 두뇌의 설교는 불을 덮어 끈다. 성령의 감동을 받아 하는 설교만큼 생명을 주는 것은 없고, 인간의 사상으로 하는 설교만큼 치명적인 것도 없다.

그리스도가 예배의 인도자라는 이 고귀한 이야기를 들은 당신은 인간 인도자는 중요하지 않다고 결론지을 수 있다. 그러나 그건 천만의 말씀이다. 권위와 동정을 가지고 사람들을 예배로 인도할 영감받은 인도자를 하나님이 세우지 않으시면 예배를 거의 드릴 수 없을 것이다(엡 4:11). 하나님께 부름받은 예배 인도자는 자신의 인도자 됨을 부끄러워하지 말아야 한다. 사람들은 인도를 받아서 예배를 해야 한다. 바깥 뜰에서 안 뜰로, 그리고 지성소로 인도받아야 하는 것이다. 하나님은 사람들에게 기름을 부어 사람들을 이렇게 인도하게 하셨다.

예배에 들어가는 길

예배가 '영적 훈련'으로 생각되어야 할 하나의 이유는, 예배는 정해진 행동과 삶의 방법이라는 데 있다. 즉 하나님이 우리를 변화시킬 수 있도록 우리를 하나님 앞에 세우는 행동과 삶의 방법이다. 우리는 성령의 감동에 응답할 뿐이지만 그 세계(예배의 세계)에 들어가는 데에는 하나님께서 정하신 방법이 있다.

예배에 들어가는 첫째 방법은 인간 주도적인 모든 활동을 멈추는 것이다. 인간 주도적인 모든 활동을 멈춘다는 것은 교회의 예배에만 국한되는 것이 아니라 생활 방식에도 해당된다. 그것은 우리의 일상 생활 속에 스며들어야 하는 것이다. 우리는 항상 내적으로 고요한 가운데 듣는 생활을 함으로써 우리의 말과 행동이 하나님께로서 나오도록 해야 한다.

만약 인간의 힘과 지혜로 우리의 생활을 영위해 나가는 습관을 갖게 되면, 우리는 예배로 모였을 때에도 역시 그와 같은 행동을 하게 된다. 그러나 우리가 모든 언어와 생활을 하나님의 지시에 의하여 하는 습관을 배양한다면, 그와 같은 정신이 공적 예배에도 나타나게 된다. 프랑수아 페늘롱은 다음과 같이 말했다. "진실로 자기를 부인하고, 자기 자신을 끊임없이 창조주의 손에 맡기며, 무슨 일에든지 '주님, 내가 어떻게 행하기를 원하십니까?' 라는 말을 하루에 백 번이라도 중단 없이 말하는 사람은 복 있는 사람이다."[10]

이와 같은 것이 불가능하게 보이는가? 이와 같은 일이 우리와는 거리가 멀다고 생각하는 유일한 이유는 예수님을 우리의 현재의 스승으로

---

10) François Fénelon, *Christian Perfection* (Minneapolis : Bethany Fellowship, 1975), p. 4.

알지 못하고 있는 데 있다. 우리가 얼마 동안 예수님의 보호와 인도 아래 있는 체험을 가진다면, 우리는 우리 생활의 모든 행동의 뿌리를 하나님께 두는 일이 어떻게 가능한지를 알게 될 것이다. 우리는 고요히 하나님을 찬양하고 예배하는 가운데 아침에 일어나게 되고 그리고 밤에 잠자리에 들어가게 된다.

우리는 예수님께 우리가 예수님의 인도와 지배 아래에서 살기를 원한다고 말하게 된다. 아침 출근 길에 우리는 우리의 스승에게 다음과 같이 묻게 된다. '우리의 행동이 어떻습니까?' 그 즉시로 우리의 스승은 아침 식사 때 배우자에게 빈정대는 말을 한 것을 마음에 떠오르게 하신다. 또 문을 나서면서 자녀들에게 무관심한 표정을 지은 것을 마음에 떠오르게 하신다. 이리하여 우리는 육신에 살고 있다는 것을 깨닫는다. 여기에 고백이 있고, 회복과 새로운 겸손이 있다. 주유소에 차를 세웠을 때 종업원과 인사를 나누라는, 그리고 그들을 기계로 대하지 말고 사람으로 대하라는 성령의 감동하심을 느끼게 된다.

우리는 성령이 주도하시는 활동을 보는 우리의 새로운 통찰력을 기뻐하는 가운데 다시 운전한다. 하루 종일 우리는 그와 같은 인도하심을 받는다. 때로는 앞에서 끌어당기시고, 때로는 뒤에서 붙잡으시는 성령을 경험하는 것이다. 처음 걸음마를 배우는 어린아이처럼 우리는 성공과 실패를 통하여 배운다. 그러면서 성령을 통하여 우리를 모든 진리 가운데로 인도하시는 현재의 스승이 계신다는 것을 확신한다. 그리하여 우리는 바울이 교훈한 말의 의미를 이해하게 된다. "육신을 따르지 않고 그 영을 따라 행하는 우리에게……"(롬 8:4).

성령의 행동이 우리의 생활을 지배하도록 육신의 행동을 멈추는 것은 공중 예배에 영향을 끼치고 공중 예배를 활기차게 한다. 때로는 그와 같은 일은 완전한 침묵의 방식을 취한다. 산만한 마음과 혀에 가득한 말을 가지고 영원하신 그분의 임재 앞에 나아가기보다 경외하는 마음과 침묵하는 마음으로 나아가는 편이 훨씬 더 적합하다. 성경은 다음과 같이 권고한다. "오직 여호와는 그 성전에 계시니 온 땅은 그 앞에서 잠잠할지니라"(합 2:20).

사막의 교부 암모나스Ammonas는 다음과 같이 기록했다. "나의 사랑하는 여러분, 나는 여러분에게 침묵의 능력을 나타내 보여 주었습니다. 그것이 얼마나 철저히 치유하고 얼마나 하나님을 기쁘시게 하는지를 말입니다. ……성도들은 침묵에 의하여 성장합니다. ……침묵 가운데 하나님의 능력이 성도들에게 거하기 때문입니다. 또한 침묵 가운데 하나님의 비밀이 성도들에게 알려지기 때문입니다."[11]

찬양은 예배로 들어가는 또 하나의 길이다. 시편은 예배의 문학이지만 거기에서 가장 뛰어난 특징은 찬양이다. '여호와를 찬양할지어다!'라는 것이 시편의 이쪽 끝에서 다른 쪽 끝까지 울려 퍼지는 외침이다. 노래의 외침과 춤과 기뻐함, 이 모두가 찬양의 언어이다.

성경은 우리에게 "항상 찬송의 제사를 하나님께 드리자 이는 그 이름을 증언하는 입술의 열매니라"(히 13:15)고 요구한다. 구약은 소와 양의 제물을 요구했다. 신약은 찬송의 제사를 요구하고 있다.

베드로는, 그리스도의 새로운 제사장 직분을 받은 우리는 "신령한 제사"(벧전 2:5)를 드려야 한다고 말했다. 그리고 이어서 우리가 그렇게 하

---

11) Thomas Merton, *Contemplative Prayer* (Garden City, NY : Doubleday, 1969), p. 42.

는 것은 "……너희를 어두운 데서 불러내어 그의 기이한 빛에 들어가게 하신 이의 아름다운 덕을 선포하게 하려 하심이라"(벧전 2:9)고 말한다.

베드로와 요한은 등에는 피를 흘리고 입술은 찬양하는 가운데 공회를 떠났다(행 5:41). 바울과 실라는 찬양의 노래로 빌립보 감옥을 가득 채웠다(행 16:25). 두 경우 모두 그들은 찬양의 제사('찬송의 제사')를 드렸던 것이다.

20세기에 있어서 찬양에 가장 큰 활력을 불어 넣은 것은 은사 운동이었다. 하나님께서는 은사 운동을 통하여 무수한 사람들에게 새 생명과 활기를 불어 넣으셨다. 오늘날 우리 시대에, 예수 그리스도의 교회는 우리가 예배를 하는 데 찬양의 역할이 얼마나 중요한지를 크게 각성하고 있다.

찬양을 통하여 우리는 예배 행위에 우리의 감정을 전적으로 기울여야 한다는 것을 깨닫게 된다. 두뇌로만 드리는 예배는 올바른 예배가 아니다. 감정은 인격의 한 부분이다. 그러므로 감정이 예배에 사용되어야 한다. 이 말은 우리의 예배가 이성의 기능을 무시해야 한다는 뜻이 아니다. 다만 이성의 기능만으로는 충분하지 못하다는 뜻이다.

바울이 권면한 것과 같이 우리는 영으로 기도하고 또 마음으로 기도해야 하며, 영으로 찬양하고 또 마음으로 찬양해야 한다(고전 14:15).

이것은 방언의 은사에 대한 근거이기도 하다. 방언은 단순한 이성적 예배를 넘어 아버지와 보다 내적인 교제를 하도록 돕는다. 우리의 외적 정신은 무엇을 말하고 있는지 알지 못할 수도 있지만, 우리의 내적 영은 이해한다. 성령이 우리 영과 접촉하는 것이다.

노래는 우리를 찬양으로 이끌기 위한 것이다. 또한 감정 표현의 매개

체 역할을 한다. 음악을 통하여 우리는 기쁨과 감사를 표현한다. 41편 이상의 시편이 우리에게 "여호와께 노래하라."고 명령한다. 노래가 정신 집중이 된 상태로 이루어지면, 그것은 우리로 초점을 맞추도록 한다. 즉 우리는 집중하게 된다. 우리의 분산된 마음과 영이 하나로 통합되어 흐른다. 우리는 하나님을 향하여 자세를 갖추게 된다.

하나님은 우리의 전인격이 포함된 예배를 요구하신다. 몸과 마음과 영과 감정, 이 모두가 예배의 제단 위에 놓여야 한다. 우리는 예배가 마음과 영과 아울러 몸도 포함해야 한다는 것을 종종 잊어버린다.

성경은 예배를 육체적인 용어로 기술한다. '예배'로 번역된 히브리어 어원의 의미는 '엎드린다.'이다. 그리고 '축복한다.'는 말은 문자적으로 '무릎을 꿇는다.'는 의미를 가지고 있다. 또 '감사'는 '손을 벌린 상태'를 의미한다. 성경 전체를 통하여 우리는 예배와 연관하여 여러 가지 육체적 자세를 발견할 수 있다. 엎드리다, 서다, 무릎을 꿇다, 손을 들다, 손뼉을 치다, 머리를 들다, 머리를 숙이다, 춤추다, 베옷을 입고 재에 앉다 등등의 자세가 나타나 있다. 요는 우리가 우리의 몸도 우리의 모든 존재와 아울러 하나님께 바쳐야 한다는 것이다. 예배는 적합한 육체적 자세를 취해야 한다.

예배를 드릴 때, 속에 있는 영과 일치하는 자세로 하나님께 우리의 몸을 바쳐야 한다. 서는 자세, 손뼉을 치는 자세, 춤추는 자세, 손을 드는 자세, 머리를 드는 자세, 이런 등등의 자세는 찬양의 영과 일치하는 자세이어야 한다. 가만히 앉아서 침울한 자세를 취하는 것은 찬양을 위한 적절한 자세가 아니다. 무릎을 꿇는 자세, 머리를 숙이는 자세, 엎드리는 자세 등은 겸손의 영과 일치하는 자세이어야 한다.

'사람마다 기질이 다르다.' 이런 가르침에 대해서 우리는 즉시 반박할 것이다. "그런 것은 감정적인 기질을 가진 사람들에게는 호소력이 있을 것이다. 그러나 나는 성격상 조용하게 있는 편이다. 그런 예배는 나의 욕구에는 맞지 않는 예배다."라고 말할 것이다. 그러나 우리가 알아야 할 것은, 예배에서 진정한 문제는 '무엇이 나의 욕구에 맞는가?'가 아니라 '하나님께서 어떤 예배를 요구하시는가?' 라는 것이다. 하나님께서는 마음을 드린 예배를 요구하신다. 이러한 예배는 머리와 육체를 다 바치는 예배이다.

우리의 '수줍어하는 기질'은 흔히 다른 사람들이 우리를 어떻게 생각할까 하는 불안감과 별로 다를 것이 없다. 또는 하나님과 다른 사람들 앞에서 우리 자신을 낮추기를 원치 않는 마음과 별로 다를 것이 없다. 물론 사람들이 서로 다른 기질을 가지고 있다는 것은 사실이다. 그러나 그러한 사실이 우리의 전존재를 바쳐서 예배하는 일을 방해해서는 안 된다.

다음으로는, 예배에서 신체적 반응은 어느 모양으로든 조종되어서는 안 된다는 것을 속히 부연해야 한다. 우리는 하나님이 각 사람의 마음에 감동을 주시는 대로 반응할 수 있는 자유를 허용해야 한다. 나는 많은 예배 중에 사람들이 앉거나, 서거나, 무릎을 꿇거나, 엎드려 있는 등의 자세를 취하는 것을 보았다. 그래도 하나님의 영은 그들에게 임했다. 어떤 이들은 깊은 감동을 보이고, 다른 이들은 아무 외적인 모습도 보여 주지 않지만 모두 다 하나님의 영의 품 안에 있다. "그리스도께서 우리를 자유롭게 하려고 자유를 주셨으니 그러므로 굳건하게 서서 다시는 종의 멍에를 메지 말라"(갈 5:1).

물론 지금 말한 모든 것을 행하고도 예배로 들어가지 못할 수도 있다. 그러나 그것들은 우리를 하나님 앞에 놓아 우리 안의 영이 풀려나고 하나님과 만날 수 있게 하는 길을 마련해 준다.

예배로 들어가는 단계

예배는 우리가 하는 것이다. 예배에 대해 공부하고 예배 형식에 대해 토론하는 것은 다 좋은 일이다. 그러나 그것만으로는 충분하지 못하다. 결국 우리는 예배를 함으로써 예배를 배워야 한다. 예배를 하는 데 도움이 될 몇 가지 간단한 단계들을 소개하겠다.

첫째, 매일 하나님의 임재를 연습하는 시간을 가지라. 실제로 "쉬지 말고 기도하라"(살전 5:17)는 바울의 말을 따르도록 노력하라. 매순간 찬양, 경배, 감사를 속으로 이야기하라. 마음으로 예배하고, 자백하고, 성경을 공부하며, 상주하시는 당신의 스승 그리스도께 집중하는 개인적인 시간을 가지라. 이 모든 것은 공적 예배에 대한 기대를 높여 줄 것이다. 모여 예배드리는 것은 단지 당신이 한 주 내내 노력해 오던 일의 연장과 심화에 불과하기 때문이다.

둘째, 다양한 예배 경험을 가지라. 혼자 있을 때 예배하라. 성경 공부만을 위해서가 아니라 예배를 위해서 가정에서 그룹으로 모이라. 두세 명의 작은 그룹으로 모여서 찬양의 제사를 드리라. 큰 규모로 모였을 때는 불가능하지만 작은 규모로 모였을 때 가능한 일들이 많다. 이 작은 경험들은 모두 주일의 큰 모임을 능력 있게 하고 영향을 준다.

셋째, 모인 예배의 경험을 준비할 수 있는 길을 찾으라. 토요일 저녁에 일찍 잠자리에 든다든지, 자성과 자백의 내적인 시간을 갖는다든지, 주일에 사용될 찬송가와 성구를 찾아본다든지, 일찍 예배당에 가서 하나님의 임재를 충만히 한다든지, 진정으로 예배에 참여할 수 있도록 마음을 산만케 하는 일들을 쫓아 버리는 등의 일을 하라.

넷째, 주님의 능력으로 기꺼이 모이려고 하라. 다시 말해서 나 개인의 일, 나의 관심사, 나의 축복, 나의 말씀 듣기 등 '나의 것'을 버리라. 모인 예배의 언어는 '나'가 아니라 '우리'이다. 거기에 하나님의 방법에 대한 복종이 있다. 거기에 그리스도인의 교제 안에서 서로를 향한 복종이 있다. 거기에 개인만이 아니라 집단 안에 하나님의 생명이 일어나기를 원하는 바람이 있다. 만일 당신이 성령의 은사가 나타나기를 기도하고 있다면, 그것은 당신이 아니라, 하나님의 뜻을 쫓아 집단 전체나 어떤 사람에게 임해야 한다. 한마음 한뜻이 되어야 한다.

다섯째, 거룩한 의존을 발전시키라. 거룩한 의존이란 중요한 일이 일어나기 위해서 전적으로 그리고 완전히 하나님을 의지하는 것을 뜻한다. 여기에는 악이 약화되고 선이 흥왕하기 위한 내적 산고가 따른다. 당신은 하나님께서 행하시고 움직이시며 가르치시고 애쓰시며 승리하시기를 갈망한다.

여섯째, 주의를 산만케 하는 것들을 감사로 흡수해 버리라. 소음이나 산만케 하는 것이 있을 경우 신경질을 부리거나 소란을 피우지 말고 그것을 극복하는 법을 배우라. 아이들이 뛰어다니면 그들을 축복하라. 그들의 발랄함과 에너지를 보고 하나님께 감사하라. 주의를 산만케 하는 것들에 대해 여유를 가지라. 그것들은 하나님이 주시는 메시지일 수도 있다. 나는 설교할 때 아기나 아이들이 참가하는 것을 환영한다. 때로는 살아 있음을 확인할 수 있는 유일한 사람들이 그들이기 때문이다! 모여 예배할 때 주의를 산만케 하는 것들이 예배를 방해한다고 생각하지 말고, 있는 그대로 받아들이는 법을 배우라!

일곱째, 예배의 제사를 드리는 법을 익히라. 많은 경우 당신은 예배처럼 '느껴지지' 않을 것이다. 과거에 실망스런 경험을 많이 했기 때문에 진정한 예배라고 생각하기가 어려울 것이다. 하나님의 능력에 대한 의식이 매우 낮을 수도 있다. 예배 준비가 되어 있는 사람이 거의 없을 수도 있다.

그럼에도 예배에 가야 한다. 당신은 예배의 제사를 드려야 한다. 당신은 하나님의 백성들과 함께 하면서 이렇게 말해야 한다. "이들은 내 백성들이다. 그들의 목이 곧고 마음이 둔하고 사악할지라도 우리가 함께 하나님께 나아간다." 나도 예배하는 것처럼 느껴지지 않을 때에 무릎을 꿇고 "주님, 저는 예배하는 것 같지가 않습니다. 그러나 저는 이 시간을 주께 드리고 싶습니다. 이 시간은 주님의 것입니다. 이 시간을 주님을 위해 쓰겠습니다."라고 말한 적이 많다.

이자크 페닝턴은 사람들이 진정한 예배를 위해 모였을 때 "그들은 활활 타올라 서로를 뜨겁게 하는 석탄 더미 같아서, 큰 힘과 신선함과 생명의 활력이 모든 사람에게 흘러든다."[12]고 말한다. 장작 한 개비 혼자는 오랫동안 탈 수 없다. 그러나 장작개비들이 많이 모였을 때는 비록 빈약한 것들일지라도 큰 불을 이루어 낼 수 있다. "철이 철을 날카롭게 한다"는 잠언 27:17의 말씀을 명심하라. 그래서 다소 침체된 삶이라도 원하기만 한다면 서로 도움을 줄 수 있다.

그러므로 내키지 않더라도 예배에 참석해야 한다. 이제까지 예배가 무미건조하여 실망스러웠을지라도 참석해야 한다. 기도하면서 참석하고, 기대하면서 참석하고, 하나님께서 새롭고 생명력 있는 일을 여러분 가운데 행하실 것을 기대하면서 참석하라.

예배의 열매

예배는 거룩한 기대 가운데 시작되는 것처럼, 거룩한 순종 가운데 끝난다. 만일 예배가 우리를 더 큰 순종으로 이끌지 못한다면 그것은 진정한 예배가 아니다. 거룩하신 하나님 앞에 선다는 것은 변화한다는 것이다. 우리가 하나님의 빛에 들어갈 때 원한이 그대로 있을 수가 없다. 예수께서 말씀하신 바와 같이, 우리는 예물을 제단 앞에 두고 먼저 가서 형제와 화목해야 한다(마 5:23-24). 예배를 통하여 마음의 성소에 능력이 들어오고, 영혼 속에 자비가 자란다. 예배한다는 것은 변화하는 것이다.

거룩한 순종은 예배가 마취제가 되지 않도록 한다. 현실 도피가 되지 않도록 하는 것이다. 그리고 예배는 우리가 섬김에의 부르심을 명백하게 듣고 "내가 여기 있나이다 나를 보내소서"(사 6:8)라고 응답하게 한다.

---

12) As quoted in D. Elton Trueblood, *The people Called Quakers* (New York: Harper & Row, 1966), P. 91.

진정한 예배는 우리로 개인적 차원, 사회적 차원, 제도적 차원에서 마귀의 세력과 싸우는 어린양의 전투에 가담하도록 만든다. 하나님의 어린양 예수님이 우리의 사령관이다. 우리는 섬김을 위한 예수님의 명령을 받고 나아가 "진리의 말씀으로 승리하고 승리한다.……증오 대신 사랑을 돌려 주고, 적의에 대항하여 하나님의 능력으로 싸우며, 인내하는 가운데, 충성하는 가운데, 진리 가운데, 사랑 가운데, 오랜 고난 가운데, 그리고 성령의 모든 열매 가운데 기도와 눈물과 금식과 슬픔과 애통으로 싸운다. 이렇게 할 때, 선으로 악을 이길 수 있다."[13] 우리는 모든 일과 모든 방법을 그리스도께서 말씀하신 대로 한다. 오랜 경험을 통해 가꾸어 온 거룩한 순종이 있기 때문이다.

윌러드 스패리는 선언했다. "예배는 실제로 세심하고 훈련된 모험이다."[14] 예배는 소심한 사람을 위한 것도 아니고 안일한 사람을 위한 것도 아니다. 예배는 성령에 의한 담대한 삶에 우리 자신을 열어 놓는 것이다. 예배는 성전의 모든 설비와 제사장과 의식과는 무관하다. 예배는 다음 말씀을 기꺼이 따르는 것이다. "그리스도의 말씀이 너희 속에 풍성히 거하여 모든 지혜로 피차 가르치며 권면하고 시와 찬송과 신령한 노래를 부르며 마음에 감사하는 마음으로 하나님을 찬양하고"(골 3:16).

---

13) James Nayler, *A Collection of Syndry Books, Epistles, and Papers, Written by James Nayler*, etc. (London, 1716), p. 378.
14) Willard Sperry, "Reality in Worship", in *The Fellowship of Saints : An Anthology of Christian Devotional Literature*, ed. Thomas S. Kepler (New York : Abingdon-Cokesbury Press, 1963), p. 685.

인도하심을 받는 훈련

하나님의 생명과 사랑과 능력과 지혜 안에 거하라. 서로서로 그리고 하나님과의 연합 안에 거하라. 그리고 하나님의 평화와 지혜가 당신의 마음을 가득 채워 여호와 하나님 안에 있는 생명 이외에는 그 무엇도 당신을 지배하지 못하게 하라 _조지 폭스

오늘날 하늘과 땅은 성령의 인도하심을 받고, 성령의 감화를 받으며, 성령의 능력을 받은 사람들이 나타나기를 학수고대하고 있다. 모든 피조물이 간절한 기대 가운데 훈련되고, 자유롭게 모이며, 순교 정신을 가진 사람들, 즉 이 땅에서 하나님 나라의 생명과 능력을 알고 있는 사람들이 일어나기를 지켜보고 있다. 과거에 이와 같은 일이 일어났다. 지금도 그와 같은 일이 다시 일어날 수 있다.

전세계에서 일어나고 있는 운동들 속에서 우리는 성령의 사도적 교회가 나타나는 것을 보기 시작하고 있다. 많은 사람들이 성령의 임마누엘-우리와 함께 하시는 하나님-을 깊이 체험하고 있다. 그것은 예수께서 성령의 능력으로 친히 자기 백성을 인도하시는 것을 아는 것이요,

낮의 구름과 밤의 불기둥처럼 분명하고 즉각적인 인도를 체험하는 것이다.

그러나 성령의 직접적이고 적극적이며 즉각적인 인도를 아는 것만으로는 충분하지 않다. 개별적 인도가 집단적 인도를 낳아야 한다. 성령의 직접적이고 적극적이며 즉각적인 인도를 다 함께 아는 일이 있어야 한다. '집단적 인도' 란 조직체적 의미가 아니라, 유기체적이고 기능적인 의미이다. 교회 회의나 교단의 강령은 이런 것이 아니다.

금세기에서 하나님의 인도하심에 대한 대부분의 가르침은 집단적인 측면이 뚜렷이 결여되어 있다. 우리는 하나님께서 성경을 통하여, 이성과 환경을 통하여, 성령의 자극을 통하여 인도하시는 방법에 대하여 탁월한 가르침을 받고 있다. 또한 예외적인 인도하심-천사, 환상, 꿈, 표적 등-에 대한 가르침도 탁월하다. 그러나 하나님이 그의 백성, 즉 그리스도의 몸을 어떻게 인도하시는지에 대하여는 가르침을 받지 못하고 있다. 이 주제에 관해서는 깊은 침묵이 있을 뿐이다.

이런 이유 때문에 나는 본서 제3부 '단체 훈련'에 '인도하심을 받는 훈련'을 포함시켜, 그 공동체적인 측면을 강조하기로 했다. 하나님께서는 개인을 인도하실 뿐만 아니라 집단도 인도하신다. 그리고 집단 경험을 통해 개인을 가르치신다.* 개인적인 인도하심에 몰두하는 것은 아마도 서구 문화의 개인주의의 영향인 것 같다. 하나님의 백성은 늘 그렇게 하지는 않는다.

하나님께서는 한 백성으로서 이스라엘 자손을 속박으로부터 인도해

---

* 인도하심의 개인적 부분을 잘 설명해 주는 책으로는 댈러스 윌러드의 *In Search of Guidance* (Ventura, CA: Regal Books, 1984)가 있다.

내셨다. 모든 사람들이 구름 기둥과 불 기둥을 보았다. 그들은 우연히 같은 방향으로 가게 된 각 개인의 모임이 아니라, 하나님의 신권 통치 아래 있는 한 백성이었다. 하나님의 보호하시는 임재가 그들을 직접 덮고 있었다. 그러나 그 백성은 얼마 가지 않아서 하나님의 그와 같은 임재가 너무나 두렵고 너무나 빛나는 것을 느끼고 다음과 같이 간청했다. "하나님이 우리에게 말씀하시지 말게 하소서 우리가 죽을까 하나이다"(출 20:19).

그래서 모세가 그들의 중보자가 되었다. 이리하여 하나님의 말씀을 듣고 그 말씀을 백성에게 전달하는 기능을 가진 예언자들의 사역이 시작되었다. 이것은 성령의 단체적인 인도하심에서 한 걸음 물러난 것이었으나, 그래도 하나님의 통치 아래 함께 있는 한 백성이라는 의식은 남아 있었다. 그러나 이스라엘 백성이 왕을 원하여 예언자까지도 배척하는 날이 왔다. 그때로부터 예언자는 국외자가 되어 광야에서 외치는 고독한 소리가 되었다. 때로는 예언자의 소리를 따르는 일이 있었으나, 때로는 예언자가 죽음을 당했다. 여하간 예언자는 거의 항상 겉돌았다.

하나님은 인내하시는 가운데 한 백성을 예비하셨고, 때가 차매 예수님이 오셨다. 예수님이 오심으로 새 날이 밝았다. 성령의 직접적인 신권 통치 아래 사는 한 백성이 다시 모였다. 예수님은 조용히 인내하시는 가운데 아버지의 음성에 응답하는 삶이 어떤 것임을 그들에게 보여 주셨고, 그들도 하늘의 음성을 들을 수 있다는 것을 가르치셨다. 특히 함께 하는 경우에 가장 명확하게 들을 수 있다는 것을 가르치셨다. "너희 중의 두 사람이 땅에서 합심하여 무엇이든지 구하면 하늘에 계신 내 아버지께서 그들을 위하여 이루게 하시리라 두세 사람이 내 이름으로 모인 곳에는 나도 그들 중에 있느니라"(마 18:19-20).

이 말씀으로 예수님은 그의 제자들에게 확신과 권위 둘 다를 주셨다. 사람들이 예수님의 이름으로 진지하게 모였을 때, 예수님의 뜻을 분간할 수 있게 된다고 하는 확신이 그 말씀에 있었다. 감독하시는 성령님은 사람들의 마음이 연합할 때, 아버지의 심정과 조화를 이루게 하기 위하여 각기 다른 신자들을 억제와 균형으로 활용하신다. 참목자의 음성을 들었다고 확신할 때, 그들은 권위를 가지고 기도하고 행동할 수 있다. 아버지의 뜻에 신자들의 연합을 더하면 권위가 나온다.

예수님은 자기 백성에게 환영을 받지 못하고 성문 밖에서 십자가에 못 박히신 국외자이지만, 일부 사람들은 예수님의 통치권을 받아들였다. 그리고 그들은 모인 백성이 되었다. "믿는 무리가 한마음과 한뜻이 되어 모든 물건을 서로 통용하고 자기 재물을 조금이라도 자기 것이라 하는 이가 하나도 없더라 사도들이 큰 권능으로 주 예수의 부활을 증언하니"(행 4:32-33). 그들은 열렬한 증인 군단이 되어서 어디서든 그리스도의 음성을 듣고 그 뜻에 순종할 수 있도록 전도했다.

이와 같은 강렬한 친교의 가장 두드러진 특색은, 집단적 인도 의식에 있었다. 이 사실은 바울과 바나바가 하나님 나라의 복음을 가지고 로마제국 곳곳을 누비도록 불러 세우심을 받은 일에서 실증되었다(행 13:1-3). 그들의 부르심은 많은 사람들이 오랜 시간 함께 모여 있었을 때였다. 거기에는 '기도의 훈련'과 '금식의 훈련'과 '예배의 훈련'이 포함되어 있었다. 준비된 백성이 되었을 때 하나님의 부르심이 그들의 단체 예배로부터 나왔다. "내가 불러 시키는 일을 위하여 바나바와 사울을 따로 세우라"(행 13:2).

오늘날 선교사를 모집하는 방법에 있어서 이 단체적 인도하심의 실례를 진지하게 주목함으로써 큰 도움을 얻을 수 있다. 우리는 한 무리의 사람들이 함께 모여 금식과 기도와 예배를 함으로 마침내 주님의 뜻을 분간하도록 하는 방법을 배워야 할 것이다.

집단적인 인도하심으로 초대교회는 그들의 가장 위태로운 문제를 직시하고 해결했다(행 15장). 즉 독자적으로 활동하는 어떤 그리스도인들이 안디옥으로 가서 할례의 필요성을 전파하기 시작한 일이 있었다. 그 문제는 결코 사소한 것이 아니었다. 바울은 그 문제가 교회를 유대인의 문화에 속박하는 일에 해당된다는 것을 직시했다.

지명된 사도들과 장로들이 주님의 능력 안에서 함께 모였다. 그것은 지위를 위해 술책을 쓰기 위함도 또는 서로 싸우기 위함도 아니며, 오직 성령의 뜻을 듣기 위해서였다. 그것은 작은 일이 아니었다. 집중적인 토론이 있었다. 그때 개인적 인도하심이 단체적 인도하심을 방해하는지를 보여 주는 좋은 예가 나타났다.

베드로가 백부장 고넬료와 관련한 체험을 말했다. 베드로가 이 말을 할 때 하나님의 성령이 놀라운 일을 하셨다. 베드로가 말을 마치자 모인 모든 사람들이 조용해졌다(행 15:12). 마침내 거기 모인 집단은 문화적인 종교를 배격하고 예수 그리스도의 영원한 복음에 충실하기로 하는, 영광스럽고 하늘에서 주셨으며 통일된 결정을 내렸다. 그들은 다음과 같이 결론을 내렸다. "성령과 우리는……옳은 줄 알았노니"(행 15:28). 그들은 그 당시 가장 힘든 문제를 만나서 위로부터 오는 음성을 분별했다. 이 일은 사도행전의 절정이었다.

이것은 한 문제에 대한 승리 이상의 것으로, 모든 문제를 해결하는 방법의 승리였다. 한 백성으로서 그들은 성령의 직접적인 통치 아래 살기로 결정했다. 그들은 인간의 전체주의와 무정부주의와, 다수의 지배인 민주주의까지도 배격했다. 그들은 감히 성령의 통치에 근거하여 살기로 했다. 그들은 과반수의 투표에 근거를 두지도 않았으며, 타협에 근거를 두지도 않았다. 오로지 성령이 지시하신 일치에만 근거를 두었다. 그리고 그것이 통했다.

공동체로 하나님의 뜻을 분별한 이 체험이 바울로 하여금 교회를 그리스도의 몸으로 이해하도록 하는 데 크게 기여했음이 분명하다. 바울은 성령의 각 은사가 성령에 의하여 몸에 주어지고 그리하여 지체들의 상호 의존이 보장된다고 보았다. 모든 것을 소유한 사람은 아무도 없다. 가장 성숙한 사람도 다른 사람들의 도움을 필요로 하며 가장 미약한 사람도 무엇인가 기여할 것이 있다. 홀로 하나님의 모든 지혜를 들을 수 있는 사람은 아무도 없다.

슬픈 일이지만, 요한이 그 위대한 묵시적 환상을 받던 무렵에 신자들의 공동체가 식어 가기 시작했다는 것을 주목해야 한다. 콘스탄틴 시대에 이르러 교회는 또 하나의 인간 왕을 받아들일 준비를 갖추고 있었다. 그러나 그 환상은 죽지 않았으며, 수세기를 통하여 성령의 통치 아래 모인 단체들이 있었다. 오늘날 우리는 그런 모습을 보기 시작한다. 이로 인해 하나님께 감사한다.

몇 가지 모델

사도들의 무리는 단번에 바닥에서 성령의 통치라는 높은 곳으로 뛰어 오르지 않았다. 우리도 그렇게 올라갈 수는 없다. 그들은 한 걸음씩 한 걸음씩 전진했다. 때로는 후퇴도 했다. 그러나 오순절 날이 이르렀을 때 그들은 준비된 백성이 되어 있었다.

성령의 직접적인 통치 아래 사는 한 백성이 된다는 것의 근본적인 의미를 이해한 후에 우리가 저지르기 쉬운 가장 파괴적인 행위는 "그거, 정말 놀랍다. 내일부터 당장 그렇게 살겠다!"라고 말하는 것이다. 이와 같은 열광은 그 사람 자신과 주변 사람들의 생활을 비참하게 만들 뿐이다. 그러므로 우리는 성령의 세계를 점령하려고 흥분하여 돌진하기보다는 적절한 단계를 따라가야 한다. 우리가 배울 수 있는 가장 좋은 방법 가운데 하나는 위로부터 오는 음성을 단체적으로 듣기 위해 힘쓴 사람들의 모범을 살펴보는 일이다.

가장 좋은 한 예는 '앗시시의 가난한 소자' 성 프랜시스이다. 프랜시스는 기도하는 일과 묵상하는 일에만 자신을 전적으로 바쳐야 할지(그 당시에는 그와 같은 일이 일반적이었다) 아니면 전도하는 일도 함께 해야 할지를 놓고 크게 고심하고 있었다. 프랜시스는 조언을 듣기로 결심했다. "그 자신 속에 있는 거룩한 겸손이 그로 하여금 자신이나 자신의 기도를 신뢰하지 않도록 하였기 때문에, 그는 그 문제에 대한 하나님의 뜻을 알기 위해 겸손하게 다른 사람들을 찾았다."

그는 가장 신뢰하는 두 친구 시스터 클레어 Sister Clare와 브라더 실베스터 Brother Silvester에게 메시지를 보내 그들의 '더 순결하고 더 영적인 동반자들 가운데 한 사람' 과 만나 그 문제에 대한 하나님의 뜻을 찾아 주기를 부탁했다. 그들은 즉시 기도에 들어갔는데 클레어와 실베스터는 똑같은 대답을 보내 왔다.

메시지 전달자가 돌아왔을 때 프랜시스는 먼저 그의 발을 씻겨 주고 식사를 준비해 주었다. 그 다음에 전달자 앞에 무릎을 꿇고 앉아 물었다. "나의 주 예수 그리스도께서 나에게 어떻게 행할 것을 명령하셨는지요?" 그 사람은 "그리스도께서는 당신이 세상에 나가 복음을 전파하는 것을 원하십니다. 하나님께서는 당신을 부르실 때 당신 자신만을 위해서 부르시지 않고 다른 사람들의 구원을 위해서도 부르셨기 때문입니다."라고 대답했다.

프랜시스는 이 메시지를 거역할 수 없는 그리스도의 말씀으로 받아들이고 벌떡 일어서며 "그러면, 갑시다. 주님의 이름으로"라고 말했다. 이리하여 그는 즉시 전도 사역을 시작했다. 프랜시스가 받은 그 지시는 초기 프랜시스 운동이 신비적 묵상과 전도 열정이 놀랍게 결합되도록 했다.[1]

이 경험에서 프랜시스는 지혜로운 상담자들의 충고를 구하는 것 이상의 일을 했다. 그는 그리스도의 뜻을 보여 주는 하늘의 문을 여는 방법을 찾았고, 그것을 그대로 받아들였던 것이다. 그것은 그가 섬기는 사람들 모두에게 큰 유익이 되었다.

단체적으로 인도하심을 받은 또 하나의 모범은 '명확성을 위한 모임'이라는 데서 찾아볼 수 있다. 이러한 모임은 어떤 개인의 의문에 대한 성령의 뜻을 찾기 위해 특별히 소집된다.

한번은 재능 있는 한 젊은 사람이 그의 장래에 대해 나에게 조언을 부탁했다. 그는 대학을 졸업하고 목회를 해야 할지를 놓고 고심하고 있

---

[1] Brother Ugolino di Monte Santa Maria, *The Little Flowers of St. Francis* (Garden City, NY : Doubleday, 1958), pp. 74-78.

었다. 그는 직업 적성 검사를 다 해보고 또 진로 지도 과정도 다 밟았으나 아직도 결정을 내리지 못하고 있었다. 솔직히 나는 그에게 최선의 길이 무엇인지를 알지 못했다. 그래서 나는 그에게 명확성을 위한 모임을 요청하라고 제안했다. 그리하여 그는 그를 잘 알고 영적으로 성숙하고, 또 그에게 정직하게 말하기를 두려워하지 않는 사람들을 모았다. 깜짝 놀랄 만한 환상이 그들에게 주어지지는 않았지만 그날 밤 그들이 예배를 드리고 대화를 나누는 가운데 그들은 도움을 주는 좋은 공동체가 되었다. 얼마 동안의 기간이 지난 후에 그 젊은 사람의 은사와 소명은 확실해졌다. 그는 현재 목회 활동을 하고 있다.

이와 아주 비슷한 개념이 워싱턴 D. C.에 있는 세이비어 교회에서 개발되었다. 어떤 교인이 하나님께서 그에게 특별한 사역 그룹을 만들라고 지시하시든지 혹은 어떤 특별한 봉사 활동을 하라고 지시하시는 것을 느낄 때 그 교인은 '그 부르심을 알린다.' 이 알리는 일은 예배의 끝 시간에 있는데, 교인은 자기가 받은 비전을 말하게 된다. 그 후에 원하는 사람들은 모두 그 사람과 함께 모여 그 부르심을 검토하게 된다. 그들은 함께 모여서 그 사항을 면밀히 조사하고 질문하고 기도하고 토의한다. 때로는 그 생각이 단순히 인간적인 열성에서 나온 것으로 판명이 되는데 그런 경우에는 그 생각을 폐기한다.

때로는 그 생각을 기도와 그룹 토의를 통해 확증하기도 한다. 이때 그 부르심에 마음이 끌리는 사람들은 그 부르심을 자기 자신의 것으로 삼는다. 이리하여 그 부르심에 응답하기로 헌신한 사람들의 무리가 형성된다.

개인적으로 매우 중요한 문제를 분별하기 위해 그 문제를 신자들의 공동체에 내놓는 일도 있을 수 있다. 한번은 두 사람이 우리 공동체 앞에 나와서 그들은 서로 결혼하라는 주님의 인도하심을 느낀다고 하면서 성령의 인도를 받는 단체의 확증을 원했다. 그 두 사람을 잘 아는 몇몇 사람들이 그들과 함께 모임을 갖도록 요청되었다. 그 후 그들이 보고한 것을 소개하겠다.

마크와 벡키의 결혼 계획과 관련하여 대화를 하도록 지명받은 특별 위원회는 가장 긍정적인 보고를 하게 된 것을 기쁘게 생각한다. 우리는 마크와 벡키를 만나 아주 즐거운 친교와 기도의 시간을 가졌다. 우리는 인간 관계를 위한 하나님의 계획의 핵심인 가정의 신성에 대한 우리의 생각을 말했다. 우리는 마크와 벡키가 주님의 인도하심을 의지하고 있는 데 대하여, 또한 잠재적인 문제들에 대한 그들의 대비, 그리고 성공적인 결혼 생활은 상호간과 주님에 대한 지속적인 헌신에 달렸다는 그들의 성숙한 인식에 감명을 받았다.
우리는 마크와 벡키의 계획을 (교회)에 천거하게 된 것을 기쁘게 생각한다. 우리는 그들이 하나님께서 정하신 그 관계 속에서 그들의 사랑으로 연합할 때, 그들의 어린 시절의 가정과 교회의 기도와 사랑의 영향을 반영하리라고 생각한다.
이 위원회는 앞으로도 마크와 벡키에게 도움을 주는 관계가 지속되기를 진심으로 바란다. 우리는 결혼을 생각하고 있는 다른 젊은 이들에게도 이 선례를 권장한다.

다른 업무적인 결정도 성령의 집단적인 인도하심을 의식하는 가운데 이루어질 수 있다. 퀘이커 교도들은 오랫동안 이와 같은 방법을 실행해 오고 있는데 그 방법의 가능성이 입증되고 있다. 업무적인 회의도 예배와 같이 간주되어야 한다. 가능한 한 사실은 모두 상정되어 토의될 수 있는데, 모든 것은 그리스도의 음성을 들으려는 자세 가운데서 이루어져야 한다. 사실은 의사 결정 과정의 한 부분에 불과한 것으로서 그 자체가 결론적인 것은 아니다.

성령은 주어진 사실과 반대 방향으로 인도하실 수도 있고 혹은 일치하는 방향으로 인도하실 수도 있다. 올바른 길이 선택되었을 때 성령은 일치의 정신을 심어 주시고, 우리가 성령의 음성을 올바르게 듣지 못하였을 때는 우리를 불안으로 괴롭게 만든다. 단체적으로 인도하심을 받는 일의 원리는 다수결의 법칙이 아니라 일치의 법칙이다. 성령이 주시는 일치는 단순한 합의 이상의 것이다. 그것은 우리가 하나님의 음성을 들었다는 인식이다.

이에 대한 고전적이고 극적인 예가 1758년에 발생했다. 존 울먼을 비롯한 여러 명의 사람들이 프렌드회 퀘이커가 사탄적인 노예 제도에 동참하고 있는 데 대하여 괴로워하고 있었다. 그 해 필라델피아에서 업무를 위해 연차 회의가 열렸을 때, 노예 제도 문제가 주요한 의제였다. 문제가 중대했기에 격렬하게 토의했다. 울먼은 그 기간 내내 머리를 숙이고 침묵을 지키고 앉아 눈물만 흘리고 있었다. 그는 여러 시간 동안 고통스러운 기도를 한 후 마침내 자리에서 일어나 다음과 같이 말했다.

"나의 마음은 하나님의 정결하심과 하나님의 심판의 공의로우심을 생각하도록 인도받았습니다. 그 가운데 나의 영혼은 두려움에 싸였습니다. ……이 땅의 많은 노예들은 압박을 받고 있습니다. 그들의 부르짖는 소리가 하나님의 귀에 들어갔습니다.……지금은 지체할 때가 아닙니다."

울먼은 강경하면서도 부드럽게 '몇몇 사람들의 사적 이익' 문제를 이야기했다. 그리고 '불변하는 터에 서지 못한 우정'을 이야기했다. 그는 그 연례 회의에서 선지자의 담대함을 가지고 "의무를 철저히 그리고 꾸준히" 실천하지 못하면 "하나님께서 공의 가운데 무서운 일로 우리에게 보응하실지도 모른다."[2]고 경고했다.

그 연차 회의 전체는 이 간절한 증언으로 말미암아 일치의 정신으로 녹아 들었다. 그들은 한 목소리로 그들 가운데서 노예제를 없애기로 응답했다.

존 휘티어는, 그 회의는 "기독교 교회 역사상 가장 중요한 종교 회의 가운데 하나로 간주되어야 한다."[3]고 진술했다.

그 일치된 결정이 특별히 인상 깊은 것은 노예 소유자들에게 노예 생활 기간에 대한 배상을 노예들에게 하라고 요청한 유일한 단체가 프렌드회였다는 데 있다.[4] 또 하나 감명 깊은 것은 조지 워싱턴, 토머스 제퍼슨, 패트릭 헨리 등 노예 제도 반대 운동의 지도자들 가운데 그 누구도 시도하지 못한 일을 성령의 감동을 따라 행했다는 데 있다. 1758년의 그 일치된 결정은 매우 영향력이 강한 것이었기 때문에 미국 독립 선언을 서명할 무렵 퀘이커 교도들은 노예 제도에서 완전히 벗어나 있

---

2) Rufus M. Jones, *The Quakers in the American Colonies* (New York : Norton, 1921), p. 517.
3) John G. Whittier, ed., *The Journal of John Woolman* (London : Headley Brothers, 1900), p. 13.
4) 그 당시에는 일 년씩 보수를 지급하는 것이 상례이기는 했지만 지급된 액수가 얼마였는지 그 숫자는 없다. 하원에 노예 제도 폐지에 대한 호소에서 부스턴(F. Buston)은 노스캐롤라이나 프렌드회가 그들의 노예를 놓아 주는 데 50,000 파운드가 사용되었다고 말했다.

었다.

　세계 곳곳에서 일어나고 있는 많은 기독교 공동체들은 성령의 지시를 통한 업무 결정이 현실적이고 실제적임을 발견하고 있다. 일리노이의 르바 플레이스 펠로우십, 뉴욕의 형제회, 독일 다름슈타트의 마리아 자매단, 이런 여러 단체들은 모두 성령의 지시에 의한 일치를 기초로 운영한다. 그들은 성령의 뜻을 알 수 있다는 확신을 가지고 문제에 접근한다. 그들은 그들 가운데 그리스도의 뜻이 구체적으로 나타난다는 것을 믿으며 그리스도의 이름으로 모인다. 그들은 타협을 추구하지 않고 하나님이 주시는 일치를 찾는다.

　이백여 명이 모인 업무 회의에 참석한 일이 있었다. 그 회의에서는 하나의 의제가 격렬하게 토론되었다. 날카로운 의견 차이가 있었지만 회원 각자는 하나님의 뜻을 듣고 순종하고자 하는 진실한 마음을 가지고 있었다. 상당한 시간이 지난 후에 하나의 일치된 방향 의식이 몇 사람을 제외한 모두에게 나타나기 시작했다. 마침내 그 몇 사람 가운데 하나가 일어나 다음과 같이 말했다.

　"나는 그와 같은 행동 방향을 옳지 않다고 생각합니다. 그러나 나는 여러분들이 생각하는 것과 같은 생각을 나도 하게 되기까지 나와 함께 힘써 주거나, 혹은 하나님이 우리에게 다른 길을 열어 주시기까지 나와 함께 힘써 주기를 바랍니다."

　구경하는 입장인 나는 그들이 그 제의에 그렇게도 친절하고 진지하게 대하는 것을 보고 감동을 받았다. 그 회의장 곳곳에서 그들은 작은 그룹으로 모여 대화하고 기도했다. 그들이 마침내 일치된 결정에 들어갈 무렵, 나는 "평안의 매는 줄로 성령이 하나 되게 하신 것을 힘써 지키는"(엡 4:3) 그리스도인들의 자세를 보고 더욱 크게 감명을 받았다.

이렇게 단체적으로 인도하심을 받는 기능이 나타나는 것은 오늘날 영적 활력에 대한 가장 건강한 표시 가운데 하나이다.

영적 인도자

중세기에는 아무리 훌륭한 성도라 할지라도 영적 인도자의 도움 없이는 깊은 내적 여행을 시도하지 않았다. 오늘날 가톨릭의 수도원을 제외하고는 이 개념이 실천되기는커녕, 거의 이해되지도 못한다. 영적 인도자의 개념은 현대에 크게 활용 가능하다는 점에서 볼 때 이것은 비극이다. 이것은 형제자매들의 도움을 통하여 하나님의 인도하심을 받는 아름다운 일이다.

영적 인도자는 역사적인 예를 가지고 있다. 초기의 영적 인도자들 가운데 많은 사람들은 사막의 교부들로 그들은 '영들을 분별' 할 수 있는 능력으로 인해 큰 존경을 받았다. 사람들은 종종 사막의 먼 길을 찾아가서 짧은 한마디 충고의 말, 즉 '구원의 말씀'을 들었다. 그것은 그들의 구체적인 상황에 대한 하나님의 뜻과 판단을 요약한 것이었다. 아포디그마타, 즉 '교부들의 말씀' 은 이런 영적 인도의 단순함과 심오함에 대한 웅변적인 증거였다. 12세기에도 영국의 시토 수도회의 많은 평신도 형제들이 영혼을 살피고 안내하는 능력으로 유명했다.

영적 인도자의 목적은 무엇일까? 17세기 베네딕투스파의 신비주의자 돔 베이커는 다음과 같이 기록했다. "간단히 말해서, 그는 유일한 하나님의 안내자로, 영혼을 자신의 길이 아니라 하나님의 길로 인도해야 한다."⁵⁾ 영적 인도자의 안내는 단순하고 분명하게 우리를 우리의 진정한 인도자에게로 안내해야 한다. 영적 인도자는 성령의 내적 가르침에 이르는 길을 열어 주는 하나님의 도구이다.

영적 인도자의 기능은 순전히 은사적인 것이다. 영적 인도자는 다만 자신의 개인적 성결의 힘으로 안내하는 일을 할 뿐이다. 그는 위에 있는 사람도 아니고 또한 교회가 제도적으로 정한 권위를 가지고 있는 사람도 아니다. 그들의 관계는 조언자와 친구 사이의 관계이다. 영적 인도자가 내적인 깊이에 있어서 더 나아간 것이 사실이지만 둘 다 성령의 세계에서 배우고 성장하고 있는 것이다.

'영혼'과 '영'을 말하기 때문에 이 일은 삶의 한 작은 구석에만 해당된다고 생각할 수 있다. 다시 말하면, 우리가 우리의 영을 돌보기 위해 영적 인도자를 찾아가는 것이 마치 우리의 눈을 보호하기 위해 안과 의사를 찾아가는 것과 같을 수 있다는 것이다. 그것은 잘못된 것이다. 영적 지도는 전인全人과 관계되는 것이며 삶 전체와 관계되는 것이다.

러시아의 한 영적 지도자가 늙은 농부의 부인이 칠면조를 관리하는 일에 대하여 너무 많은 시간을 사용하여 조언한다고 비판을 받았다는 이야기를 토머스 머턴이 한 바 있다. 그 때 그는 다음과 같이 대답했다고 한다. "천만에요. 그녀의 삶 전체가 그 칠면조에게 있습니다."⁶⁾ 영적 지도는 우리의 구체적인 일상 생활을 다룬다. 그리고 일상 생활에 거룩한 의미를 부여한다. 장 삐에르 꼬사데의 표현처럼 '현재 순간의 성화'를 배우는 것이다.⁷⁾ "그런즉 너희가 먹든지 마시든지 무엇을 하든지 다

---

5) Thomas Merton, *Spiritual Direction and Meditation* (Collegeville, MN : Liturgical Press, 1960), p. 12.
6) Ibid., p. 8.

하나님의 영광을 위하여 하라"(고전 10:31).

영적 지도는 처음에는 자연스럽고 자발적인 인간관계에서 이루어진다. 계급적이거나 조직적인 태도는 영적 지도에 필요한 것이 아니라 오히려 파괴적인 작용을 하는 때가 자주 있다. 그리스도인의 공동체 속에 있는 일상적인 관심과 나눔이 영적 지도를 위한 출발점이 된다. 상호 종속 관계와 종의 정신을 통해 하늘나라의 권위가 흘러나온다.

영적 인도자는 자기 자신을 수용할 줄 아는 사람이어야 한다. 다시 말하면 그 사람의 삶 전체에 진정한 성숙이 스며들어 있어야 한다. 그런 사람은 시간의 변동에 따라 흔들리지 않으며 주위의 이기주의와 권태와 무관심을 흡수하여 변화시킬 수 있다. 그 사람은 판단하지 않는 사람이며 흔들리지 않는 사람이다. 그 사람은 불쌍히 여기는 마음을 가지고 있는 사람이며 헌신하는 사람이다.

바울이 디모데를 그의 '사랑하는 아들'로 생각했던 것처럼 그 사람은 부모의 책임을 맡을 준비가 되어 있어야 한다. 그 사람의 사랑은 일시적인 기분에 따라 변하는 것이 아닌 굳센 사랑이어야 한다. 또한 그 사람은 무의식 중에 그리고 유치하게 자기의 권위를 키워 나가지 않기 위해 인간의 심리를 충분히 알아야 한다.

영적 인도자는 자신도 내적 여행을 하는 중에 있어야 하며 자신의 갈등과 의심을 기꺼이 나누어야 한다. 또 늘 함께 계시는 스승이신 예수님으로부터 다 함께 배우고 있다는 것을 알아야 한다.

그런 관계가 어떻게 조성될 수 있을까? 하나님의 나라의 모든 일이

---

7) Jean-Pierre de Caussade, *The Sacrament of the Present Moment*, trans. kitty Muggeridge (San Francisco: Harper & Row, 1982).

그러하듯이 이 관계도 기도로 이루어진다. 우리의 사정을 하나님께 맡기고 하나님의 길을 보여 주시기를 기다려야 한다. 하나님께서 우리에게 어떤 사람과 말할 것을 요구하신다면, 우리는 기쁨으로 순종해야 한다. 그런 관계는 수도원의 조직처럼 공식화될 수도 있지만 반드시 그렇게 해야 할 필요는 없다. 우리가 형제들로부터 배울 수 있다고 믿는 겸손을 가지고 있다면, 또한 영적인 세계에 보다 더 깊이 들어간 사람도 있다는 것을 이해한다면, 우리는 영적 인도가 꼭 필요하다는 것을 알 수 있을 것이다. 르바 플레이스 펠로우십의 버질 복트는 "만약 당신의 형제에게서 들을 수 없다면 성령에게서도 들을 수 없다."[8]고 말했다.

영적 지도에는 많은 방식이 있다는 것을 알아야 한다. 설교는 소집단의 사역 못지않은 영적 지도 방식이다. 존 웨슬리는 영적 지도의 방식으로 '강의실 모임'과 '집단'을 조직했다. 성경 자체도 영적 지도의 기능을 한다. 기도하는 자세로 성경을 읽을 때 우리는 그리스도의 형상을 닮아 가기 때문이다.

오랫동안 계속되어 온 이 영적 지도 사역의 가치를 생각하면서 머턴은, 영적 지도자는 '영적 아버지'와 비슷한 데가 있다고 말했다.

그는 다음과 같이 말했다. "영적 아버지는 첫째로 가르침으로써 그리고 기도와 성결과 모범으로써 그의 제자의 영혼 속에 완전한 생명을 낳는다. 영적 스승은 교회 공동체 안에 주님이 임재하신다는 '상징'이다."[9]

---

[8] Dave and Neta Jackson, *Living Together in a World Falling Apart* (Carol Stream, Illinois : Creation House, 1974), p. 101.
[9] Merton, op. cit., p. 9.

단체적 인도하심의 한계

우리 모두가 아는 바와 같이 개인적으로 인도하심을 받는 일과 마찬가지로, 단체적으로 인도하심을 받는 일에도 위험성이 존재한다. '가장 큰 위험은 지도자에 의한 조작과 지배이다.' 단체적으로 인도하심을 받는 일이 은혜가 충만한 가운데서 이루어지지 않을 경우에, 그 일은 일탈된 행동을 바로잡는 효과적인 방법으로 전락하게 된다. 그것은 지도자들이 자신의 뜻을 개인에게 강요하는 거의 마술적인 방식이 되고, 다른 의견을 견제할 수 있는 공인된 체계가 된다.

이렇게 조작하는 일로 변질되면 영적 생동력을 질식시키게 되는 결과를 가져온다. 예언자 이사야는 장차 오실 메시아는 "상한 갈대를 꺾지 아니하며 꺼져가는 등불을 끄지 아니하신다."고 했다(사 42 : 3 ; 마 12 : 20). 연약한 자를 누르고, 작은 희망을 꺼 버리는 것은 예수님의 방식이 아니다. 각 개인의 상황에 대한 온유함으로 신중함을 가꾸어야 한다.

한번은 조지 폭스가 나다니엘 스티븐스라는 사람과 토론한 일이 있었는데 그때 그는 스티븐스를 완전히 이겼다. 압도된 스티븐스는 다음과 같이 말했다고 한다.

"조지 폭스는 태양의 빛으로 와서 지금 나의 별빛을 껐다고 생각한다." 폭스는 다음과 같이 기록했다. "그러나 나는 '나다니엘, 당신의 손을 나에게 주시오.'라고 말했다. 그리고 나는 그 어떤 사람 속에 있는 하나님의 가장 작은 빛도 내가 끄지 아니하는데 하물며 별빛을 어떻게 끄겠느냐고 말했다."[10]

---

10) George Fox, *The Journal of George Fox* (London : Headley Brothers, 1975), p. 184.

단체적으로 인도하심을 받는 데는 이와 정반대되는 위험도 있다. 마음과 목이 곧은 사람들이 성령의 감동하심을 받은 지도자들을 방해할 수 있는 것이다. 지도자들은 신자들의 공동체의 자문과 분별을 필요로 하지만, 지도할 자유도 있어야 한다. 하나님께서 그들에게 지도의 소명을 주셨다면, 삶의 모든 것을 낱낱이 공동체에게 물을 필요는 없다. 서구의 민주주의 이상에 현혹되어서 모든 사람은 공동체 생활의 사소한 일 하나하나에까지 동등한 발언권을 가졌다고 생각해서는 안 된다. 하나님께서 자신의 교회에 권위 있는 지도자를 세우신 것은 하나님의 일을 세상에서 이루기 위함이다.

단체적으로 인도하심을 받는 일에는 또 다른 위험이 있다. '이 위험은 성경의 기준을 떠나는 것이다.' 성경은 우리의 생각과 행동 전체를 파고들고 지배해야 한다. 성령은 그가 영감을 주어 기록하게 한 성경 말씀과 반대되는 인도를 하시지 않는다. 성령의 내적 권위가 항상 있어야 하는 것과 아울러 성경의 외적 권위도 항상 있어야 한다. 사실 성경 그 자체가 단체적인 인도하심의 한 방식이며 하나님께서 자신의 백성을 통하여 말씀하시는 한 길이다. 또한 성경은 성도들의 교제의 한 측면이다.

마지막으로 단체적인 인도하심은 '우리의 유한성 때문에 제한받는다.' 우리는 실수할 수 있는 인간이므로 우리가 최선을 다했음에도 불구하고 우리의 편견과 두려움이 성령의 인도하시는 일치를 방해하는 수가 있다. 때때로 우리는 사물을 서로 다르게 볼 수도 있다. 일례로 바울과 바나바는 제2차 전도 여행 때 마가를 데리고 갈 것인지에 대해 의견 일치를 이룰 수 없었다. 누가는 그들이 "심히 다투었다"(행 15:39)고 말한다. 우리도 이와 같은 경험을 한다 해도 놀랄 필요가 없다.

이런 일이 있을 때 나의 제안은 서로 온유하라는 것이다. 때로는 사역팀이 나누어지기도 하고 교회가 갈라지기도 한다. 우리는 이런 분리가 가능한 한 은혜롭게 진행되도록 해야 한다. 서로를 위해 기도하고 하나님의 축복을 빌어야 한다. 사도 바울처럼 "외모로 하나 참으로 하나 무슨 방도로 하든지 전파되는 것은 그리스도니 이로써 내가 기뻐하고 기뻐하리라"(빌 1:18)고 해야 한다.

댈러스 윌러드는 다음과 같이 말했다. "역사 속에서의 하나님의 목표는, 하나님 자신이 그 공동체의 최고의 주관자로 그리고 가장 영광스러운 거주자로 계시는, 사랑하는 사람들의 총괄적인 공동체를 만드는 데 있다."[11] 이러한 공동체는 성령의 직접적이고도 전적인 통치 아래 사는 공동체이다.

이 공동체의 사람들은 하나님의 영광의 빛으로 인해 하나님에 대한 충성 이외의 다른 모든 충성에는 시선을 두지 않으며, 예수 그리스도 안에 나타난 사랑의 법을 구현한다. 그들은 '영적 훈련' 아래 살고 있는 하나님의 어린양의 순종하는 군병이며, 내부로부터 완전한 변화를 이루어 가는 공동체이고, 이 세상에서 복음의 요구를 따라 살기로 결심한 사람들이다.

그들은 부드러우면서 공격적이고, 온유하면서 강하고, 고통하고, 또 승리한다. 사도의 기질을 가진 이러한 공동체는 하나님의 백성의 새로운 모임이다. 전능하신 하나님께서 우리의 시대에 이러한 백성이 모이도록 해주시기를 기원하는 바이다.

---

11) Dallas Willard, "Studies in the Book of Apostolic Acts : Journey into the Spiritual Unknown" (unpublished study guide available only from the author).

축전의 훈련

그리스도인은 머리에서 발 끝까지
할렐루야가 되어야 한다 _ 히포의 어거스틴

그리스도의 길의 핵심은 기쁨이다. 그리스도는 큰 기쁨의 소리와 함께 이 세상에 오셨다. 천사는 다음과 같이 외쳤다. "……내가 온 백성에게 미칠 큰 기쁨의 좋은 소식을 너희에게 전하노라"(눅 2:10). 그리스도는 그의 기쁨을 제자들에게 남겨 주고 이 세상을 떠나셨다. "내가 이것을 너희에게 이름은 내 기쁨이 너희 안에 있어 너희 기쁨을 충만하게 하려 함이라"(요 15:11).

앙드레 트로메는 『예수 그리스도와 비폭력 혁명』Jesus-Christ et la révolution non-violente에서, 그리고 존 요더는 『예수의 정치학』The Politics of Jesus에서, 예수님은 공적 사역을 희년을 선포하심으로 시작했다는 것을 상세히 설명한다(눅 4:18-19 참조). 이 개념의 사회적 의미는 심오하다.[1] 또한 우리가 간과할 수 있는 것은 그 결과 우리가 성령의 영구적인 희년으로 부르심을 받았다는 사실이다. 이러한 근본적이며 하나님이 가능케 하신 소유로부터의 자유와 사회 구조의 개혁은 기쁨을 가져올 수밖에 없다. 가난한 자가 복음을 받을 때, 포로된 자가 자유케 될 때, 눈 먼 자가 다시 보게 될 때, 눌린 자가 자유케 될 때, 그 누가 기쁨의 외침을 억제할 수 있겠는가?

구약성경에 나타나 있는 희년의 사회적 모든 규정(모든 부채의 탕감, 노예를 자유케 하는 일, 곡식을 심지 않는 일, 재산을 본래 주인에게 돌려 주는 일 등)은 하나님의 은혜로우신 공급을 찬양하는 것이었다. 하나님께서는 필요한 모든 것을 공급해 주신다는 신뢰를 받으셨다. 그분은 다음과 같이 선언하셨다.

"내가 명령하여……내 복을 너희에게 주어"(레 25:21).

걱정 근심으로부터의 자유가 찬양의 기초를 이룬다. 하나님께서 우리를 보호하신다는 것을 알기 때문에 우리는 모든 근심을 하나님께 맡길 수 있다. 하나님께서는 우리의 슬픔을 춤으로 바꾸셨다.

근심이 없는 즐거운 축전이 현대 사회에는 부재하다. 무관심과 침울이 이 시대를 지배하고 있다. 하비 콕스는 "현대인은 이해 타산에 너무나도 눌려 있기 때문에 황홀한 축전의 즐거움을 거의 잃고 있다."[2]고 말했다.

---

1) 요한네스 호켄디크 (Johannes Hoekendijk)는 다음과 같이 기록했다. "희년은 사회적 구원의 견지에서 강조된 자유와 관계된다" ("Mission-A Celebration of Freedom", *Union Seminary Quarterly Review*, Jan. 1966, p. 141).
2) Harvey Cox, *The Feast of Fools* (Cambridge : Harvard University Press, 1969), p. 12.

축전은 삶에 힘을 준다

기쁨은 삶에 즐거움을 가져다주며 기쁨은 우리를 힘있게 만든다. 성경은 우리에게 주의 기쁨이 우리의 힘이라고 말했다(느 8:10). 우리는 기쁨 없이는 무슨 일이든 오래 지속할 수 없다. 여자가 출산의 고통을 견딜 수 있는 것은 엄마가 되는 기쁨이 기다리고 있기 때문이다. 갓 결혼한 부부가 초창기 적응 기간을 애써 참고 견디는 것은 함께 사는 오랜 삶이 보장되는 것을 중요하게 여기기 때문이다. 부모가 자녀의 사춘기를 참고 견디는 것도 그들이 결국 어른이 될 것을 알기 때문이다.

작은 의지만 있어도 테니스 교습이나 피아노 레슨을 시작할 수 있다. 그러나 기쁨이 없으면 오래 지속할 수 없다. 사실 우리가 시작할 수 있는 유일한 이유는 마지막 결과가 기쁨이라는 것을 안다는 것이다. 이것이 초심자들이 계속 할 수 있게 해주는 것이다. 그들은 다 익혔을 때 즐거움과 기쁨이 있을 것을 알고 있다.

기뻐함은 모든 '영적 훈련'에 있어서 핵심적인 것이다. 축전의 기쁨이 없는 영적 훈련은 모두 현대판 바리새인들의 손에 있는 따분하고 답답한 도구가 된다. 모든 영적 훈련은 근심 없는 기쁨과 감사로 특징지어져야 한다.

기쁨은 성령의 열매 가운데 하나이다(갈 5:22). 나는 종종 기쁨은 마치 모든 것들의 진행을 지속하게 하는 원동기와 같다고 생각한다.

다른 훈련들에 기쁨을 불어 넣는 즐거운 찬양이 없다면 우리는 조만간에 그 훈련들을 포기할 것이다. 기쁨이 힘을 낳는다. 기쁨이 우리를 강하게 만든다.

고대 이스라엘은 일 년에 세 차례 함께 모여 하나님의 선하심을 축하하라는 명령을 받았다. 이것은 귀중한 의미를 가진 축제의 절기였다. 여기에서 이스라엘 백성은 힘과 단결력을 얻는 체험을 했다.

기쁨에 이르는 길

영적 삶에 있어서 진정한 기쁨을 가져다주는 것은 오직 하나인데 그것은 바로 순종이다. 예수님 안에서 기뻐하는 길은 '의지하고 순종하는' 길밖에 없다고 하는 찬송이 있다. 그 찬송 작사자는 영감을 주님으로부터 받았다. 왜냐하면 예수께서 우리에게 순종의 복에 필적하는 복은 없다고 말씀하셨기 때문이다. 한번은 무리들 가운데서 한 여자가 소리쳤다. "당신을 밴 태와 당신을 먹인 젖이 복이 있나이다"(눅 11:27). 이때 예수께서 대답하셨다. "오히려 하나님의 말씀을 듣고 지키는 자가 복이 있느니라"(눅 11:28). 메시아의 어머니가 되는 것보다 순종하는 삶을 사는 것이 더 복이 있다!

1870년에 한나 스미스는 기쁨의 기독교에 대한 고전으로 알려진 『그리스도인의 행복한 생활의 비결』을 저술했다. 이 책 제목은 얼핏 보기에 별로 깊이가 없는 것처럼 보인다. 그러나 성공적인 생활을 위한 쉬운 방법을 말해 주는 그런 깊이 없는 책이 아니다. 저자는 심혈을 기울여서 하나님 안에 감추어진 충성한 삶을 말하고 있다. 그리고 그녀는 이 길의 어려움을 세밀하게 보여 준 후, 하나님께 전적으로 바친 삶의 결과를 체계적으로 말해 준다.

그리스도인의 행복한 생활의 비결은 무엇일까? 그것은 그 책의 '순종의 기쁨'이라는 장에 가장 잘 설명되어 있다. 기쁨은 그리스도께 순종하는 일을 통하여 오며, 그리스도께 순종할 때 기쁨이 온다. 순종이 없는 기쁨은 공허하고 인공적이다.

진정한 찬양이 나오기 위해서는 일상 생활 속에 순종이 스며들어야 한다. 순종 없는 찬양은 공허한 소리가 될 뿐이다. 예를 들어, 어떤 사람이 가정에 행복이 있을 수 없는 삶을 살면서 교회에 나가서 찬송을 부르고 '성령으로' 기도하면서 하나님께서 자기에게 기쁨을 불어 넣어 주시기를 바란다고 하자. 그 사람은 어떤 하늘의 힘이 내려와서 자기의 일상 생활의 비참함은 그만 두고 기쁨을 가져다주기를 구하고 있는 것이다. 그러나 하나님이 원하시는 바는 불행을 피하는 것이 아니라 불행을 변화시키는 것이다.

때로는 하나님께서 우리가 원망과 완고함 가운데 있어도 기쁨을 불어 넣어 주시는 일이 있다는 것을 알아야 한다. 그러나 그와 같은 것은 비정상적인 상황이다. 하나님께서 기쁨을 주시는 정상적인 방법은 인간 생활 하나하나를 구속하고 정결케 함으로 주시는 것이다. 한 가족의 구성원들이 사랑과 동정, 그리고 서로 섬기는 마음으로 가득할 때, 그 가족은 찬양할 정당한 근거를 갖게 되는 것이다.

'주님의 기쁨'을 얻으려고 이 교회 저 교회 돌아다니는 사람이 있다는 것은 슬픈 일이다. 기쁨은 어떤 특별한 노래를 부르거나, 적당한 그룹과 관계를 가지거나, 심지어는 성령의 은사를 행하는 데 있는 것이 아니다.

물론 노래나 그룹 활동이나 성령의 은사가 나쁘다는 것은 아니다. 기쁨은 순종에 있다. 예수께 있는 능력이 우리의 일과 놀이에 임하여 그것들을 구속하면, 슬픔이 있었던 곳에 기쁨이 있게 된다. 이 사실을 간과하는 것은 성육신의 의미를 이해하지 못하는 것이다.

본서에서 '축전의 훈련'을 제일 마지막에 둔 이유가 여기에 있다. '영적 훈련'이 우리의 생활 속에서 그 기능을 발휘한 결과로 기쁨이 오는 것이다. 하나님께서는 영적 훈련들을 통하여 우리의 생활에 변화를 주신다. 우리 속에 변화의 역사가 있기 전에는 진정한 기쁨을 알 수 없다. 많은 사람들은 너무 빨리 기쁨을 가지려고 애쓴다. 어떤 사람들의 생활에 실제로 아무 일도 발생하지 않았는데, 우리는 흔히 그 사람들에게서 기쁨을 끌어내리고 애쓴다. 그들이 일상 생활 속에서 하나님을 체험하고 있지 않은데 말이다. 찬양은 삶의 평범한 일들이 구속되었을 때 발생한다.

실제로는 아무것도 찬양하지 않는 찬양은 피해야 한다. 우리 속에 찬양의 영이 없는데도 찬양하는 체하는 것은 더 나쁘다. 우리의 자녀들은 우리가 대충 식사 기도를 하고 얼른 식사를 시작하는 모습—그것은 감사가 아닌 감사이다—을 지켜 본다. 자녀들에게 해를 끼치는 일들 가운데 하나는 감사할 마음이 없는데도 감사를 강요하는 일이다. 우리가 만약 찬양하는 체 가장한다면, 우리 속의 영은 모순에 빠지게 될 것이다.

오늘날 인기 있는 교훈은 우리의 생활 속에서 발생하는 여러 가지 어려움에 대하여 하나님께 찬양을 돌리라고 가르친다. 하나님께 찬양을 돌리는 가운데 큰 변화의 능력이 나타난다고 가르친다. 좋은 면으로 볼 때 이 교훈은 믿음의 눈으로 바라보고 미래를 기대하라고 한다.

하나님께서 이 모든 일을 사용해 그를 사랑하는 마음들을 위해 선을 이루어 주신다는 기쁨의 확신을 우리의 마음속에 확언하는 것이다. 그러나 나쁘게 볼 때 이 교훈은 악의 사악성을 부인하고 가장 무서운 비극을 하나님의 뜻으로 인정해 버린다. 성경은 우리에게 모든 환경에서 감사하는 자세로 살라고 명령했지, 악의 존재를 기뻐하라고 명령하지는 않는다.

염려가 없는 기쁨

사도 바울은 우리에게 다음과 같이 말했다. "주 안에서 항상 기뻐하라 내가 다시 말하노니 기뻐하라"(빌 4:4). 그러나 어떻게 그렇게 기뻐할 수 있을까? 바울은 이어서 "아무것도 염려하지 말고"(빌 4:6)라고 한다.

이 말씀은 기뻐하라는 말의 소극적인 측면이다. 적극적인 측면은 "다만 모든 일에 기도와 간구로, 너희 구할 것을 감사함으로 하나님께 아뢰는" 것이다(빌 4:6). 그리고 그 결과는 다음 말씀에 나타나 있다. "모든 지각에 뛰어난 하나님의 평강이 그리스도 예수 안에서 너희 마음과 생각을 지키시리라"(빌 4:7).

바울은 우리가 항상 기뻐할 수 있는 방법에 대하여 가르치고 있는데, 그 첫 마디는 '아무것도 염려하지 말라.'는 것이다. 물론 예수께서도 이와 같은 권면을 하신 일이 있다. "목숨을 위하여 무엇을 먹을까 무엇을 마실까 몸을 위하여 무엇을 입을까 염려하지 말라"(마 6:25). 예수님의 말씀과 바울의 말 속에 다 함께 사용된 말이 있는데, 그 말은 '염려하지 말라.'는 것이다. 그리스도인들은 염려하지 말라는 요청을 받고 있다. 그러나 우리는 그것이 낯설게 여겨진다. 우리는 두 살 때부터 조심(염려)하라는 교육을 받아 왔다. 우리는 자녀들이 학교 갈 때 "조심해라."

하고 소리친다.

　기쁨의 영은 우리가 '아무것도 염려하지 않기'를 터득하기 전에는 우리에게 임하지 않는다. 그리고 우리가 하나님을 전적으로 의뢰하기 전에는 모든 일에 대한 근심 없는 마음을 가질 수 없다. 희년이 구약에서 그렇게도 중요한 축제였던 이유가 바로 여기에 있다. 하나님께서 사람들의 필요를 채워 주실 수 있다는 깊은 신뢰가 있기 전에는 그 누구도 감히 희년을 지킬 수 없다.

　우리가 하나님을 신뢰할 때 하나님께서 필요한 것을 주실 것을 전적으로 의지할 수 있다. "다만 모든 일에 기도와 간구로, 너희 구할 것을 감사함으로 하나님께 아뢰라"(빌 4:6). 기도는 우리가 하나님의 팔을 움직이는 방법이다. 따라서 우리는 근심 없는 찬양의 영 가운데 생활할 수 있다.

　그러나 바울은 여기에서 그치지 않는다. 바울은 계속해서 우리에게 우리의 마음을 "무엇에든지 참되며 무엇에든지 경건하며 무엇에든지 옳으며 무엇에든지 정결하며 무엇에든지 사랑받을 만하며 무엇에든지 칭찬받을 만한"(빌 4:8) 데 두라고 했다. 하나님께서는 이렇게 훌륭하고 선한 것을 하나하나 열거해 주셨다. 우리가 이 훌륭하고 선한 것을 생각하면 자연히 기쁨이 따른다. 하나님이 정하신 기쁨의 길이 바로 이것이다.

　기도와 찬송만으로 기쁨을 가질 수 있다고 생각한다면, 우리는 환멸을 느끼게 될 것이다. 그러나 우리가 선한 것들로 우리의 삶을 채우는 일을 한다면, 그리고 그 선한 것들에 대하여 하나님께 항상 감사한다면 우리는 기쁨을 체험하게 될 것이다. 우리의 문제들은 어떻게 될까? 우리가 우리의 삶에서 그 훌륭하고 선한 것들을 생각하기로 결심할 때, 우리의 삶은 그 훌륭하고 선한 것들로 가득 차기 때문에, 그것들이 우리의 문제를 압도하여 하찮은 것으로 만들어 버린다.

보다 더 높은 것들에 우리의 마음을 두겠다는 결심은 의지의 행동이다. 찬양이 훈련이 되는 이유가 바로 여기에 있다. 찬양은 저절로 우리의 머리 위에 떨어지는 그 무엇이 아니라 사고 방식과 생활 방식을 의식적으로 선택하는 데에서 오는 결과이다. 우리가 앞에서 말한 그 사고 방식과 생활 방식을 선택할 때, 그리스도 안에 있는 치유와 구속이 우리의 삶 깊은 곳에 들어온다. 그리고 그 결과로 기쁨이 발생한다.

축전이 주는 유익

축전이 주는 가장 중요한 유익은 우리 자신을 너무 심각하게 생각하는 데서 구출해 준다는 데 있다. 이것은 '영적 훈련'에 열성적인 모든 사람들에게 꼭 필요한 미덕이다. 경건하게 살려고 애쓰는 사람들에게 따르기 쉬운 위험 가운데 하나가 딱딱한 사람이 되어 버리는 것이다. 그것은 바람직한 일이 아니다. 그래서는 안 된다. 모든 사람들 가운데서 우리는 가장 자유롭고 가장 활기있고 가장 재미있는 사람이어야 한다. 축전은 우리의 삶에 쾌활함과 명랑함과 즐거움을 더해 준다. 예수께서도 그렇게 기쁨 충만한 삶을 사셨기 때문에 먹고 마시기를 좋아하는 자라는 비난을 받으셨다. 우리 가운데 많은 사람들은 침울한 삶을 영위하고 있기 때문에 먹고 마시기를 좋아하는 자라는 비난을 받을 가능성이 없다.

그것은 이따금씩 죄 가운데 뛰어 놀라는 말이 아니다. 다만 보다 더 깊고 보다 더 실제적인 기쁨의 체험을 할 필요가 있다는 것을 말하고 있을 뿐이다. 인생에 대한 폭넓은 이해를 배양하는 일은 우리를 치유해 주고 상쾌하게 해준다. 우리의 육체가 과로로 피곤해질 수 있는 것과 같이, 우리의 영이 하나님을 찾아 노력하는 가운데 피곤하게 되는 일이 있다. 찬양은 편안한 마음을 갖도록 도와주며 또 이 땅의 좋은 것들을 즐기도록 도와준다.

축전은 이따금씩 발생하는 슬픈 감정을 해결하는 효과적인 수단이 될 수도 있다. 그 감정을 그대로 두면 우리의 마음을 누르고 위축시킨다. 페늘롱은 그의 저서의 '슬픔 속에서의 도움'이라는 장에서, 인생의 무거운 짐으로 슬퍼하는 사람들에게 '즐거운 대화로, 또는 흥겹게 떠들더라도'3) 스스로 용기를 북돋우라고 권고한다.

축전은 우리에게 균형 잡힌 시각을 준다. 우리는 우리 자신을 보고 웃을 수 있고, 우리가 옹호하고 있는 것이 우리가 생각하는 것만큼 그렇게 엄청난 것이 아님을 알게 된다. 축전을 통하여 높은 사람과 강한 사람은 균형을 되찾게 되고, 약한 사람과 낮은 사람은 새 자유를 받게 된다. 하나님의 잔치에서 높고 낮음이 있을 수 있겠는가? 부자나 가난한 사람이나, 권세 있는 사람이나 권세 없는 사람이나 모두가 다 함께 하나님의 영광과 경이를 축하한다. 축전만큼 계급을 철폐하는 것은 없다.

이렇게 우리 자신의 중요성을 과장하여 보는 견지에서 자유케 되면 다른 사람을 판단하는 정신에서도 자유케 된다. 다른 사람들이 악하게

---

3) François Fénelon, *Christian Perfection* (Minneapolis : Bethany Fellowship, 1975), p. 102.

보이지 않는다. 경건한 체하는 가치 판단 없이 다같이 기뻐할 수 있다.

끝으로 축전의 흥미로운 특징 하나는, 축전은 점점 더 증대되는 성향을 가지고 있다는 사실이다. 기쁨이 기쁨을 낳고 웃음이 웃음을 낳는다. 이것은 줌으로써 더 풍성하게 되는 삶의 몇 가지 일 가운데 하나이다. 키에르케고르는 다음과 같이 말했다. "유머는 항상 숨겨진 짝을 가지고 있다."4)

축전의 실천

축전이 기본적으로 단체적인 훈련이라면, 그리고 하나님의 백성에게 유익을 가져다준다면 그것을 어떻게 실천해야 할까? 이 질문은 꼭 필요한 질문이다. 왜냐하면 현대인들은 너무나 기계화되어서 자연 발생적인 기쁨의 체험을 거의 소멸시켰기 때문이다. 우리의 축전 체험은 인위적이다.

축전을 실천하는 한 가지 방법은 노래하고, 춤추고, 소리치는 것이다. 하나님의 인자하심 때문에 마음속에서 시와 찬미와 신령한 노래가 터져 나와야 한다. 예배와 찬양과 춤과 웃음이 마음속 깊은 곳에서 흘러나와야 한다.

시편 150편에서 우리는 나팔과 비파와 수금과 소고와 현악과 통소와 큰소리나는 제금을 가지고 드리는 하나님의 백성의 찬양을 볼 수 있다.

어린이들이 축전할 때 어떤 행동을 하는가? 그들은 떠들썩한 소리를

---

4) D. Elton Trueblood, *The Humor of Christ* (New York : Harper & Row, 1964), p. 33.

낸다. 적당한 때에 조용한 것이 아무 잘못이 아닌 것과 마찬가지로, 적당한 때에 떠들썩한 것도 아무 잘못이 아니다. 어린이들은 기뻐할 때 춤을 춘다. 이스라엘 백성이 하나님의 능력으로 말미암아 바로의 손에서 완전히 벗어나게 되자 여선지자 미리암이 사람들을 인도하며 큰 찬양의 춤을 추었다(출 15:20). 다윗은 하나님 앞에서 힘을 다하여 춤을 춘 일이 있다(삼하 6:14, 16). 민속춤은 항상 문화적 가치를 담고 있으며 진정한 찬양에 되풀이하여 사용되었다. 물론 춤이 그릇되고 악한 방면으로 표현될 수도 있는데 그 문제는 여기 이 찬양과는 전적으로 다르다.

춤과 떠들썩한 소리가 축전에 반드시 필요하다는 말은 물론 아니다. 춤과 떠들썩한 소리는 땅과 거기 충만한 것이 모두 다 하나님의 것임을 말해 주는 하나의 실례에 불과하다. 베드로처럼 우리는 하나님의 은혜로운 손에서 나오는 것은 아무것도 더러운 것이 없음을 배워야 한다(행 10장). 우리는 자유롭게 하나님의 선하심을 축하해야 한다.

웃음 역시 축전의 또 한 가지 방법이다. 웃음이 가장 좋은 약이라는 옛 속담은 많은 것을 함축하고 있다. 노먼 커즌스는 그의 책 『질병의 해부』 *Anatomy of an Illness*에서 자신의 병을 치료하기 위해 웃음 요법을 사용한 방법을 설명한다. 그는 병원 침대에서 마르크스 브라더스 영화와 '캔디드 카메라' 쇼를 본 후, 자신이 경험한 웃음이 마취 효과를 일으켜 편안한 잠을 자게 하는 것을 느꼈다. 의사들도 웃음이 몸에 미치는 효과에 대해 긍정적인 답변을 했다.

그렇다. 예수님도 유머 감각이 있었다. 그분의 비유 중 일부는 매우 우스꽝스럽다. 심지어 '거룩한 웃음'이라는 것도 있다. 이것은 부흥회 때 흔히 있는 현상이다. 나는 거룩한 웃음을 경험하지 못했지만 다른 사람들에게서 보았고 그것이 아주 유익한 효과를 미치는 것을 발견했다. 하나님께서 이 은혜를 우리에게 주실 수도 있고 주시지 않을 수도 있지만, 우리는 누구든지 건전한 웃음을 경험할 수 있다.

그러므로 스스로를 웃게 만들어 보라. 건전한 농담과 재치 있는 말을 하라. 좋은 코미디를 즐기라. 웃는 법을 익히라. 이것은 익혀야 하는 것이다. 늘 생각해야 한다는 짐을 벗어 버리라.

세 번째로 축전의 기술을 발전시키는 방법은 상상과 환상의 창의적 재능을 발휘하는 일이다. 하비 콕스는 "인간의 즐기고 상상하는 재능이 위축되어 있다."[5]고 했다. 또 다른 곳에서 그는 다음과 같이 기록했다. "환상을 보는 사람들을 존중하고 신비가들을 존중할 때가 있었다. 오늘날은 그들이 조소를 받기도 하고 심지어는 화를 입기도 한다. 결국 우리 시대에서는 환상이 불신임을 받고 있다."[6]

그리스도를 따르는 우리들은 시대의 조류를 거스를 수 있다. 우리는 어린이들의 환싱 놀이를 마음대로 즐길 필요가 있다. 환상을 보고 꿈을 꾸도록 하자. 놀고 노래 부르고 웃도록 하자. 상상은 창의적인 생각을 풀어 놓을 수 있다. 그리고 상상하는 일은 아주 즐거운 일이 될 수도 있다. 자신의 성숙에 대하여 자신 없는 사람들만이 이러한 즐거운 찬양을 두려워한다.

또 다른 사람의 창의성을 즐겨야 한다. 조각, 회화, 연극, 음악 등을 하는 사람은 우리에게 큰 선물이다. 우리는 그들의 작품을 위해 전시회를 할 수 있다. 우리는 공식적인 모임은 물론 사적인 만남에서도 그들의

---

5) Cox, op. cit., p. 11
6) Ibid., p. 10.

노래를 부를 수 있다. 우리는 우리 친구들의 드라마를 보는 시간을 가질 수도 있다. 가족 미술전을 열어 아이들이 학교에서 그린 그림을 전시할 수도 있다. 이것은 즐겁고 또 가족의 유대를 견고케 한다.

네 번째로, 가정의 행사를 축전과 감사의 시간으로 만들 수 있다. 생일, 졸업, 결혼, 기념일 등과 같은 때가 특별히 좋다. 내가 아는 한 부부는 매년 결혼 기념일에 나무 한 그루씩을 심었는데 현재 그들의 농장은 40여 그루의 나무로 이루어진 작은 숲이 되었다. 이는 조용히 그들의 사랑과 성실함을 증거하고 있다.

우리가 찬양과 축하를 별로 하지 않지만 똑같이 중요한 날이 있는데 그것은 중요한 일을 마무리짓거나 직장을 구했을 때, 진급했을 때 등이다. 나아가 정규적인 감사의 날을 이런 행사와 연계할 수도 있다. 가족이 피아노 앞에 서서 노래하라! 민속춤을 배워 함께 즐기라. 같이 영화를 보거나, 경기를 하거나, 책을 보는 시간을 정하라. 친척 방문을 관계를 즐기는 날로 바꾸라. 당신의 가족에게만 있는 좋은 아이디어들도 있을 것이다.

우리가 할 수 있는 다섯 번째 일은 우리 문화의 명절을 이용해서 축전을 여는 일이다. 크리스마스는 아주 좋은 절기이다. 우리가 원하기만 하면 이런 절기와 관련된 상업성을 배제할 수 있다. 물론 선물을 주는 것은 좋은 일이다. 하지만 선물에도 여러 종류가 있을 수 있다.

몇 년 전 우리 아들이 특별한 선물을 준 적이 있다. 그때 피아노를 배우던 그 애가 가족들을 위해 피아노를 연주한 것이다. 그 아이는 커다란 선물 상자를 만들어 모두를 궁금하게 만들었다. 마침내 상자를 열었을 때 그 안에는 가족들을 위해 간단한 곡을 연주해 주겠다는 쪽지가 들어 있었다. 얼마나 즐겁고 재미있는가!

부활절도 그렇게 할 수 있다. 봄에 맞게 한다고 생각하지 말고 부활의 능력을 축하하기 바란다. 가족끼리 부활절 연극을 해보라. 노동절 축제를 하라. 이웃과 친구들에게 꽃을 전달해 주도록 하라. 색채의 아름다움과 그 다양성을 즐기도록 하자.

중세기에는 "바보들의 축일"7) Feast of Fools이라는 명절이 있었다. 이 날은 그 당시의 유명 인사들을 조롱해도 무방한 날이었다. 사람들은 자신의 상사를 흉내내며 조롱했다. 정치 지도자들이 풍자적으로 조롱을 받았다. 우리는 물론 그와 같은 축제에 흔히 수반되었던 지나친 퇴폐 행위는 피해야 한다. 그러나 우리 자신을 보고 웃을 수 있는 기회가 필요하다. 우리는 우리 시대의 사회적 풍습을 대항하여 싸우며 불안해 하기보다 그 사회적 풍습에 대하여 웃는 길을 찾는 편이 낫다.

기존의 축일에 제한되지 않고 우리 자신이 축일을 개발할 수 있다. 최근에 우리 교회 친목 모임에서는 목회자들에게 감사하는 축전의 밤을 가졌다. 각 가정에서 간소한 초대장을 만들었다. 여러 그룹에서 짤막한 희극을 마련하였으며, 글을 낭독하는 순서와 농담하는 순서도 있었다. 목회자들 가운데 하나인 나는 그날 밤이 떠들썩하고 유쾌한 밤이었다고 말할 수 있다. 목회자 송별식 때만 잔치할 필요가 어디 있는가? 더 자주 감사를 표하면 그들은 더 오래 머무를 것이다.

내가 아는 한 교회는 크리스마스 때 '빛의 축전'을 연다. 음악과 드라마 등이 있는데 거의 모든 사람들이 참여한다. 어떤 집단은 계절마다

---

7) Ibid., p. 3.

모여서 다른 나라 음식을 즐긴다. 한번은 스웨덴 음식을, 다음에는 아일랜드 음식을, 그 다음에는 일본 음식을 즐기는 것이다.

내가 가르치는 학교에서는 '봄의 심포니'라는 연례 행사를 한다. 이것이 인간의 영혼에 끼치는 유익은 계산할 수 없을 정도이다. 일년 중 가장 기다려지는 행사가 그것인 것이다. 음악과 의상과 화려함 등 흉내만 낸 것이 아니라 전문적인 작품으로 손색이 없는 쇼이다. 이 행사는 돈도 꽤 든다. 시간과 에너지와 돈이 상당히 든다. 그러나 우리가 함께 하나님의 나라를 구할 때는 이런 기쁨의 축전도 필요하다.

축전은 우리에게 다른 훈련들을 행할 수 있는 힘을 준다. 이 축전을 성실히 행할 때, 다른 훈련들은 우리를 오랫동안 비참하게 만들었던 것들로부터 건져 주며, 그 대신 축전의 기쁨을 더해 준다. 그리하여 생명과 능력의 순환이 이루어진다.

맺는말

　이제 이 책을 끝맺는 자리에 왔지만, 시작에 불과하다. 우리는 '묵상'이 우리의 영적 민감성을 어떻게 높이는지를 보았다. 그리고 묵상이 우리를 '기도'에 들어가게 한다는 것과 곧 이어서 기도가 '금식'과 연관된다는 사실도 보았다. 이 세 가지 훈련을 알고 난 후 우리는 우리 자신과 우리가 알고 있는 세상에 대해 분별력을 주는 '학습'을 효과적으로 할 수 있다.

　'단순성'을 통하여 우리는 다른 사람들과 더불어 정직하게 살게 된다. '홀로 있기'는 우리들로 하여금 다른 사람들과 함께 있을 때 진실한 교제를 하게 한다. '복종'은 우리가 다른 사람들과 더불어 조작과 조종이 없는 삶을 살게 한다. 그리고 '섬김'을 통하여 우리는 다른 사람들에게 복이 된다.

'고백'은 우리를 우리 자신으로부터 자유케 하고 '예배'에 들어가게 한다. 예배는 '인도하심'을 받는 문을 열어 준다. 모든 훈련의 자유로운 실행은 찬양을 낳는다.

영적 생활의 고전적 훈련은 우리를 성령의 히말라야 산맥에 오르도록 부른다. 이제 우리는 수목의 한계선에 서서 눈 덮인 봉우리를 보고 경외하고 있다. 우리는 길의 표시를 만들고 정상을 정복하신 우리의 인도자와 함께 확신 가운데 힘차게 걷기 시작한다.

『영적 훈련과 성장』에 대한 축하의 글

『영적 훈련과 성장』 발간 10주년(1988년도)을 기념하여 수많은 교회 지도자들과 교사들을 대상으로 이 책이 그들의 삶과 사역, 그리고 교회의 영성에 대한 가르침과 실천에 어떤 영향을 끼쳤는지 질문을 했다.

여기에 실은 그들의 대답은 이 책과 영적 훈련의 중요성을 더욱더 이해하게 해 준다.

"나는 파나마 공화국의 한 가톨릭 사제에게서 『영적 훈련과 성장』에 대해 처음 들었는데, 그는 이 책을 자기 교구에 추천했다. 한 권을 구입해 읽고는 즉시 우리 교회 지도자들의 필독서로 정했다. ……그 이후로 나는 이 훈련을 생활의 방법으로 실천해 오고 있다. ……나는 성령이 내 마음에 주시는 자극에 대한 것들을 아는 데 있어서 리처드 포스터의 글에 크게 도움을 받고 있다."

_ 자미 버킹엄, 『버킹엄 리포트』지 편집인

"리처드 포스터는 내 삶을 변화시켰다. 활동가인 나는 나 자신의 '좋은 일들'에 몰입한 나머지 종종 내 힘과 비전의 근원과 접촉을 유지하는 일을 소홀히 한다. 나는 아직도 부족하기 그지없지만, 『영적 훈련과 성장』은 내가 마땅히 가야 할 길로 나아가는 데 큰 도움이 되고 있다."
_ 토니 캄폴로, 저자

"리처드 포스터는 보기 드문 강력한 작가로, 그의 글은 통찰력이 있고, 간결하고, 핵심을 꿰뚫고, 생각하게 하고, 지성을 자극하고, 매우 실제적이고, 대부분의 현대 서적의 특징인 미사여구가 없다. 『영적 훈련과 성장』은 나의 영적 여정에 영향력 있고 도전적이며 유익한 안내가 되었다. 이 책은 오래된 친구처럼 반갑다. 기독교 영성에 대한 리처드 포스터의 깊고 강력한 기여에 대해 하나님께 감사드린다. 이 현대의 기독교 고전이 독자들이 그리스도와 동행하는 삶을 살도록 대대로 도움을 주고 있는 데 대해 감사한다."
_ 게리 콜린스, 『훌륭한 상담자』의 저자, 트리니티 신학교 심리학 교수

"지난 십 년 동안 교회는 여러 면에서 영성에 대해 아주 깊고 새로운 관심을 가졌다. 복음주의 프로테스탄트인 우리는 우리의 활동주의를 바로잡고 하나님과 진정으로 동행하는 우리의 뿌리로 돌아가야 한다. 『영적 훈련과 성장』은 분명 이 갱신 운동에 핵심이 되는 책들 가운데 하나다. 개인적으로 처음 읽고 크게 도움받았으며 널리 추천하는 바이다. 훈련된 은혜에 대한 강조가 가미된 리처드 포스터의 명쾌한 문장력은 이 책을 우리 시대의 유명 서적들 가운데 하나로 자리 잡게 했다. 금세기 말을 맞으면서 세계 복음화에 관심을 가진 사람들은 이 방대한 임무가 더 깊이 그리스도께 뿌리 내리고 하나님의 말씀으로 교훈을 받으며 성령의 보양함 없이는 이루어질 수 없다는 것을 깨달아야 한다. 『영적 훈련과 성장』의 개정판을 환영하는 바이다."
_ 리턴 포드, 『변화를 일으키는 지도자』의 저자, 리턴 포드 선교회

"리처드 포스터의 『영적 훈련과 성장』은 우리 세대에서 '고전'이라는 타이틀을 얻은 몇 안 되는 책들 가운데 하나다. 기독교 '고전'을 말할 때 우리는 현대의 작품을 거의 생각하지 않는다. 고전이 되기 위해서는 아주 오래 되어야 한다는 것이 전제된다. 그러나 사실상 세월은 이와 별로 상관이 없다. 한 책이 고전이 되기 위해서는 그 책의 메시지가 충분히 많은 사람들에 의해 검증을 받아 진정성이 있고 지혜로우며 유용한 것으로 판명나야 한다.
『영적 훈련과 성장』은 진정으로 인기 있는 책이다. 사람들을 위한 책인 것이다. 영적 훈련은 영적 거장들이나, 가족이나 풀타임 직업에 시간을 뺏기지 않아도 되는 소수의 특권층만을 위한 것이라고 대부분 생각한다. 하지만 리처드 포스터는 이 훈련을 전문가와 금욕주의자들에게서 빼앗아 본래의 대상인 일반 제자들에게 돌려주었다. '훈련하는 제자들'이라는 그의 비전은 공장 노동자와 학자, 아기를 키우는 엄마, 사무직 노동자, 성직자 모두를 포함한다."

_ 윌리엄 프레이, 트리니티 대학 전 학장

"'나를 따르라.'는 말씀은 그리스도께서 갈릴리 해변에서 지상 사역을 시작하시면서 야고보와 요한에게 주신 부르심이다. '나를 따르라.'는 말씀은 오늘날 신자들에게도 주어진 그리스도의 부르심이다. 그러나 그리스도를 무시하고 물질주의를 숭상하는 문화 속에서 이 부르심은 집중하기 어렵고 쉽게 좌절과 실패가 따른다. 리처드 포스터의 『영적 훈련과 성장』은 현대 사회에서 구세주를 알고 따르는 일의 성경적 의미를 깊이 탐구하고 일상 생활에 적용할 수 있는 실제적 제안들을 제시한다." _ 마크 해트필드, 오리건 주 상원의원

"『영적 훈련과 성장』은 현대 교회가 새롭게 되고, 고전적 영성 훈련을 깊이 이해하도록 도와주었다. 수많은 그리스도인들이 이 책에서 삶을 변화시키는 진리를 발견하고 실천에 옮기면서 감동이 이 나라를 휩쓸었다."

_ 캐롤린 쿤스, 저자

"10년 전 이 책을 읽으면서 나만 홀로 외롭게 영적 여정을 가고 있는 것이 아님을 알게 되었다. 그 후 세월이 흐르면서 작가와 교사로서 나의 일에 이 책이 대단히 소중함을 깨닫게 되었다. 마치 오래된 귀한 친구처럼 이 책은 온전함과 하나님으로 향하는 길을 꾸준히 가도록 점잖게 권면한다. 리처드 포스터의 사상과 표현의 힘과 명료함은 가장 어두운 순간까지도 비추어준다. 그러면서도 그의 매끈한 문장과 예리한 관찰은 어려운 개인 및 단체의 영적 훈련을 즐거운 경험으로 만들어준다."

_ 주디스 레크먼, 저자

"우리는 이기적인 시대를 사는 너그러운 사람들이다. 그리스도인들조차도 신체적 훈련이든, 지적 훈련이든, 사회적 훈련이든, 영적 훈련이든, 훈련이란 것을 좋아하지 않는다. 그러나 성령의 인도하심을 받는 천재적인 재능으로 이 주제를 다루는 책이 바로 리처드 포스터의 『영적 훈련과 성장』이다. 그는 자신의 믿음과 체험을 바탕으로 우리가 잃어버린 것 — 영적 훈련으로 그리스도께서 약속하신 충만한 삶을 얻는 즐거움 — 을 보여준다. 출판된 지 10년이 지났지만 지금도 나는 이 책을 인용하고, 추천하며, 그 원리를 실천하고, 항구적인 기독교 문학에 시의적절하게 기여한 데 대해 찬사를 보낸다."

_ 데이비드 매케나, 『영적 성장으로 가는 즐거운 책 읽기』, 애즈베리 신학대학 명예 총장

"나는 복음주의의 찬송은 '나 같은 죄인 살리신'이라고 말하면서 우리 복음주의자들이 이와 같은 찬송을 쓰지 못한 데 대해 안타까워했다. 그러나 이제는 그렇게 말할 필요가 없다. 리처드 포스터가 내면의 삶을 통해 내가 알던 것보다 훨씬 많은 것을 가르쳐 주었기 때문이다. 『영적 훈련과 성장』은 기쁨을 전염시켰다. 나는 과거의 값싼 은혜로부터 묵상하는 삶으로 인도받아서 삶이 변화되었을 뿐 아니라 변화된 나의 사역을 통해 교인들도 기쁘게 변화를 받아들이게 만들었다."

_ 칼빈 밀러, 작가

"비오는 날 오래된 집 다락방을 탐험하여 보물이 가득한 상자를 발견하고, 형제자매들을 모두 불러서 발견한 것을 나누는 어린이처럼, 리처드 포스터는 현대 세계가 저장해 놓고 잊어버린 영적 훈련을 발견하고는 신이 나서 우리를 불러 그것들을 소개한다. 그가 보여주는 것처럼 그것은 즐거움의 도구요, 성숙한 기독교 영성과 풍성한 삶으로 들어가는 길이다."

_ 유진 피터슨, 『메시지』의 저자

"리처드 포스터의 『영적 훈련과 성장』은 기독교 영성에 관한 현대의 책들 가운데 최고의 책이다. 지난 십년 동안 나는 이 책을 여섯 차례나 읽었고 강의실과 소그룹에서 사용했다. ……성경 외에 기도와 영적 성장이라는 내면의 여정을 발전시키는 데 이만큼 유익한 책은 없었다."

_ 로널드 사이더, 『가난한 시대를 사는 부유한 그리스도인』의 저자

"『영적 훈련과 성장』은 내가 그리스도인의 삶을 이해하고 실천하는 데 도움을 주었다. 특별히 공동체에 대한 포스터의 예리함—개인적 훈련은 물론 함께 하는 훈련을 강조한 점—을 칭송하고 싶다. 『영적 훈련과 성장』은 우리로 하여금 교회의 진정한 실재를 경험하게 해주었다."

_ 하워드 스나이더, 『새 술은 새 부대에』의 저자

"고전으로 인정되는 대부분의 책은 적기에 쓰여진 좋은 책이다. 리처드 포스터는 『영적 훈련과 성장』을 적기에 썼고, 수많은 사람들이 이 책을 고전이라고 부른다. 그 때는 1970년대 후반으로 하나님께서 미국과 세계의 교회들을 영성에 대한 새로운 관심 시대로 불러들이기 시작한 시기였다. ……리처드 포스터는 성령께서 교회에게 하시는 말씀을 제일 먼저 듣고 자신이 들은 것을 세상에 알린 사람들 가운데 하나다. 이 책은 하나님의 새 시대로 들어가는 문의 가운데에 있는 돌쩌귀이다. 그 메시지는 널리 퍼져서 모든 그리스도

인들이 그들의 하늘 아버지와 깊은 사귐을 갖도록 했다."

_ 피터 와그너, 『성령의 은사와 교회 성장』의 저자, 풀러 신학교 교수

"지난 이십 년 동안 나 개인의 영적 순례는 지적 증거 중심 신앙을 강조하는 명제적 합리주의 마음 자세에서 실천과 체험의 신앙으로 바뀌었다. 리처드 포스터의 『영적 훈련과 성장』은 우리 모두를 그런 종류의 신앙으로 초대한다. 이 책은 그냥 믿는 것만으로는 부족하다고 말한다. 하나님이 원하시는 것은 실천, 예배의 실천, 훈련의 실천, 체험한 신앙의 실천이다. 나는 이 책이 우리 시대를 위한 책이라고 굳게 믿는다. 이 책은 마른 땅의 오아시스와 같은 것으로, 우리 현대인들을 기독교 전통에 깊이 뿌리박고 있는 영성의 샘으로부터 신선한 영적 물을 마시도록 인도한다."

_ 로버트 웨버, 『예배학』의 저자, 휘튼대 교수

"『영적 훈련과 성장』은 지구 곳곳의 수많은 사람들의 삶에 조용히 영향을 끼치면서, 이십 세기 후반 영성 생활의 고지로 인도하는 가이드 자리를 차지했다. 어느 곳을 가든 이 책을 통해 변화받은 사람들을 만난다. 이 책은 모든 환경에서 예수님과 동행하는 데 성공한 사람들과 함께하는 삶으로 우리를 인도하고, 하나님 나라와의 교류가 보장될 수 있는 행동 방식을 보여준다. 이것이 이 책이 가진 능력의 비밀이다. 당신이 직접 성경에서 하나님이 보여주신 은혜로운 삶의 실체를 알기 원한다면 리처드 포스터 이상의 상담자를 찾을 수 없을 것이다."

_ 댈러스 윌러드, 『영성 훈련』의 저자

"1978년 포스터의 처녀작 『영적 훈련과 성장』이 팡파레도 거의 없이 출간되었다. 초기 판매도 별로 신통치 않았다. 훈련과 경건을 요구하는 책이 자기 탐닉적이고 자기 몰입적인 60년대 이후 세대들에게 팔릴 것이라고 생각하는

마케팅 전문가들은 거의 없었다. 결국 동굴에 들어앉아 2주 동안 금식하는 수도원의 수도사들이 아니라 BMW를 운전하며 페리에 생수를 마시는 여피족이 나타났다.

그런데, 전문가들이 틀렸다. 이 책을 처음 읽은 소수의 사람들이 소문을 퍼뜨리기 시작했다. 그리스도 안에 있는 해방으로 들어가는 진정한 문이 영적 훈련이라는 것이었다. 포스터는 퀘이커의 유산을 반영하여, 경건과 절제라는 내면의 삶에 대해 썼다. 그것은 가능하고 바람직한 것이고 충만하게 할 수도 있는 것이다!

1978년 이후 전 세계 수십만의 사람들이 『영적 훈련과 성장』을 읽고 또 읽었다. 나도 그들 가운데 한 사람으로, 나의 기도 생활이 이 책 때문에 크게 도움을 받았다. 이 책이 두 번째 십년으로 들어가는 지금 바라는 것은 새로운 세대들이 『영적 훈련과 성장』의 중심 메시지, 즉 예수 그리스도와의 인격적인 관계를 계발하는 것이 진정으로 영적 성장에 이르는 길이라는 것을 발견하게 되는 것이다."

_ 존 윔버, 빈야드 교회협회 창립자

사명선언문

너희가 흠이 없고 순전하여……세상에서 그들 가운데 빛들로
나타내며 생명의 말씀을 밝혀 _ 빌 2:15-16

1. 생명을 담겠습니다
만드는 책에 주님 주신 생명을 담겠습니다.
그 책으로 복음을 선포하겠습니다.

2. 말씀을 밝히겠습니다
생명의 근본은 말씀입니다.
말씀을 밝혀 성도와 교회의 성장을 돕겠습니다.

3. 빛이 되겠습니다
시대와 영혼의 어두움을 밝혀 주님 앞으로 이끄는
빛이 되는 책을 만들겠습니다.

4. 순전히 행하겠습니다
책을 만들고 전하는 일과 경영하는 일에 부끄러움이 없는
정직함으로 행하겠습니다.

5. 끝까지 전파하겠습니다
모든 사람에게, 땅 끝까지, 주님 오시는 그날까지
복음을 전하는 사명을 다하겠습니다.

서점 안내

광화문점 서울시 종로구 새문안로 69 구세군회관 1층
02)737-2288 / 02)737-4623(F)

강남점 서울시 서초구 신반포로 177 반포쇼핑타운 3동 2층
02)595-1211 / 02)595-3549(F)

구로점 서울시 동작구 시흥대로 602, 3층 302호
02)858-8744 / 02)838-0653(F)

노원점 서울시 노원구 동일로 1366 삼봉빌딩 지하 1층
02)938-7979 / 02)3391-6169(F)

일산점 경기도 고양시 일산서구 중앙로 1391 레이크타운 지하 1층
031)916-8787 / 031)916-8788(F)

의정부점 경기도 의정부시 청사로47번길 12 성산타워 3층
031)845-0600 / 031)852-6930(F)

인터넷서점 www.lifebook.co.kr